藏在古画里的大明史

于洁 - 著

U0125372

台海出版社

　　历史上的每一个朝代都有属于它的精彩，无论你赞美、贬低或是遗憾，它都无法改变。大明王朝是中国历史上上承元朝、下启清朝的朝代，是以汉族为主推翻蒙古族统治者而建立起来的汉族复兴王朝，也是中国历史上最后一个由汉族建立的君主制王朝。明朝从开始到结束经历了将近三百年的历史，是中国封建史上手工业作坊经济十分发达、市井文化空前繁荣的时代，也是中国封建史上商业经济与农业经济的社会矛盾空前尖锐，朝廷统治濒临崩溃边缘的时代。

　　《藏在古画里的大明史》通过揭秘一个个生动故事的内幕，如实地展现了明朝历史的原貌，解读了后宫嫔妃错综复杂的宫廷争斗，再现了朝廷到各级官府内惊心动魄的政治斗争，揭露了从官场到商场波谲云诡的尔虞我诈，说明了国与家命运的休戚与共。

　　《藏在古画里的大明史》通过讲述一个个人物的所作所为，生动描绘了大明历史的长卷。那些已经消逝在历史长河中的古人，他们的一言一行，一颦一笑，都通过这本书活生生地重现在我们眼前。在这本书中，我们见证了美丽动人的爱情，也看到了无情的屠杀和斗争；书中有正义与邪恶、廉洁与腐败的较量，也有名人传颂千古的风流文采……一批栩栩如生的历史人物从如烟的迷雾中有血有肉地向大家走来。

　　《藏在古画里的大明史》通过分析一幕幕历史事件的前因后果，彻底重现了大明历史的奇闻。最为独特的皇帝朱厚熜二十多年避居西苑，练道修玄，却为什么还能牢牢掌控整个大明朝的统治大权？党羽密布、权倾朝野的大奸臣严嵩为什么在家产被抄没、儿子被砍头之后仍然能独保其身，直至寿终正寝？数百年来民间广为颂扬的清官典范海瑞，为什么不惧牢狱和死亡的威胁敢于挑战皇权？……

作者著作本书的目的，是想向读者揭示一些大明王朝所不为人熟知的真实历史，希望读者通过阅读本书，能够得到一些收获，对历史有更深入的了解。

目 录
CONTENTS

第一章　两明帝王：是非贤庸成过往

第二章　皇后妃嫔：荣辱悲欢空遗恨

第三章　皇子公主：曲折人生谁与知

目 录
CONTENTS

第六章 政坛风云：日暮途穷成泡影

第七章 奇案冤狱：是非曲直终有报

目 录
CONTENTS

第十章　迷踪帝陵：神秘传奇十八陵

藏在古画里的大明史

明朝是汉族建立的最后一个封建王朝，从开始到结束有将近三百年的历史，共有十六位君主，但称职的究竟有几个呢？

在本章，我们不仅能看到明太祖朱元璋如何谱写从和尚到皇帝的传奇人生，看到明成祖朱棣如何举起大旗逼得自己亲侄引火自焚，看到明代宗朱祁钰如何扭转危局、拯救大明于危难之中，看到明武宗朱厚照如何玩掉自己的宝贵生命，而且能体会到明宪宗朱见深对大自己十几岁的万贵妃至真至纯、生死相许的感情，体会到明思宗朱由检竭尽全力但终究回天乏术的无奈……

第一章

两明帝王：是非贤庸成过往

朱元璋的传奇人生

朱元璋，这个中国历史上活生生的人物，以他独特的经历书写了一部充满神秘色彩的传奇。可以说，他就是当时整个中国社会生活的缩影，关于他的故事，五六百年来有各种各样的神话传说。那么，这位明朝的开国皇帝，其身世到底如何？他又是如何从落魄不堪一步步走向辉煌的呢？让我们拨开历史的迷雾，从中窥得一些真实情景。

朱元璋（1328～1398年），明王朝的开国皇帝，汉族，元朝元文宗天历元年（1328年）出生于濠州钟离太平乡的一个贫苦农民家庭，排行第四，家族兄弟排行第八，原名重八，后取名朱国瑞。由于父母兄长均死于瘟疫，年幼的朱元璋孤苦无依，只好入皇觉寺（位于凤阳城西门外）为小沙弥，图个温饱。但入寺不到两个月，因荒年寺租难收，寺主封仓遣散众僧，朱元璋在不得已的情况下离乡为游方僧，后于至正八年（1348年）又回到皇觉寺。

关于朱元璋为什么去当和尚，也有一些传说和附会。

传说刚刚降生的朱元璋，不知什么原因，一直都不会吃东西。这让父母很是着急，四处求医问药。一天，淳皇（朱元璋的父亲）在求医回来的路上，看到一个相貌奇伟的和尚坐于门侧，并且主动与他打招呼，问他干什么去了。淳皇说："我新生了一个儿子，但是不会吃饭。"和尚说："不用着急！到今晚子时，自能进食。"淳皇半信半疑，承诺说要是真如其所说，就把孩子给他做徒弟。到半夜的时候，朱元璋真的会吃东西了。

还有一种传说：朱元璋在婴儿时期经常闹病，家里人为了让孩子好养活，就依当地风俗将孩子舍入寺庙——等孩子长大后就让他入寺当和尚。但是朱元璋并没有早早进入佛门，原因是他的母亲舍不得，事情因此拖延了下来，一直到后来村子里闹起了瘟疫，朱元璋无奈之下才在家乡的皇觉寺拜僧人高彬为师。

回说前话，作为一个游方僧，朱元璋形同乞丐，他身如飘蓬，常常栖身于荒山古寺，靠别人的施舍勉强维持生命。他"南历金、斗，西抵光、息，北至颍州"，走遍了淮西、豫南的山山水水，就这样一下子过了三年多。三年的艰辛生活，让他拓宽了视野，增加了经验，磨砺了在逆境中生存的本领。这时，二十出头的朱元璋怀念家乡，于是又回到了皇觉寺。

在外面游历了三年的朱元璋回到皇觉寺后，开始发奋努力，伴随青灯黄卷，早功晚课，读书诵佛。据《皇朝本纪》上说："（朱元璋）复入皇觉寺，始知

明　佚名　明太祖半身像

此为朱元璋长脸异相，即「龙形」之像。

明　佚名　明太祖坐像

立志勤学。"在这期间，朱元璋除诵读佛经外，也广泛接触了其他各类书籍。

又是三年的寺中生活过去，如果没有意外发生，以朱元璋的聪明勤奋，可能会成为一个精通佛经的高僧，但到了至正十一年（1351年），他的人生发生了转折性的变化——迈出了从和尚到皇帝的第一步。

那么，他是怎样走上这条成功之路的呢？

元朝末年，政治腐败，民族矛盾和阶级矛盾日益激化，再加上天灾频繁，走投无路的贫苦农民要活命，不得不揭竿而起。情势发展到了"豪杰振臂一呼，应者四方云集"的地步。这年五月，韩山童、刘福通在颍州发动起义，士兵们头裹红巾，号称"红巾军"。接着，徐寿辉起于蕲州，芝麻李、彭大、赵均用起于徐州，短短几个月，由于各地纷纷响应，形成了滔天大势。定远土豪郭子兴，原是定远地方的一个地主，由于经常受到地方官吏的敲诈勒索，积了一肚子怨气，就参加了白莲教。刘福通起义后，郭子兴也约了几个朋友，带了几千年轻人，揭竿而起。至正十二年（1352年）正月，郭子兴攻下了濠州城。后郭子兴自称元帅，据濠州而坚守，号令彰明，元军一时间对他无可奈何。

这时的元朝统治腐败，"将家之子累世承袭，骄奢淫逸，自奉而已"，所以军队毫无战斗力。元朝派来镇压濠州红巾军的军队不敢攻城，就在城外乱抓百姓，在抓到的百姓头上系上块红布就说是乱民，以报功请赏，百姓惶惶不安。

此时的皇觉寺已不是安全之地，和尚们也可能随时被当作"乱民"抓走。就在朱元璋徘徊无计的时候，他接到了友人的一封信。

信是谁写来的呢？原来是小时候一同放过牛的伙伴汤和。当时的汤和在濠州郭子兴麾下做千户，他深知朱元璋的能力，于是劝朱元璋"速从军，共成大业"。朱元璋跑到濠州，投奔郭子兴，郭子兴觉得他相貌奇特，器宇不凡，就把他收了进来，留为亲兵，还把自己的养女马氏许配给了朱元璋。

借着这层姻亲的关系，再加上朱元璋作战勇敢、机智过人，不久就被提升为镇守和州（今安徽和县）的总兵。朱元璋还把打仗缴获的物品全部分给部下，受到了士兵的热烈拥护，他的威信迅速提高，甚至引起了他的岳父和两个妻兄的猜疑。但不久后，郭子兴和他的两个儿子相继战死，朱元璋就名正言顺地成了这支起义军的领袖。1356年，朱元璋率领将士渡过大江，攻占了东南重镇建康（今南京），并将其改名为应天府。

明　魏克　金陵四季图

《金陵四季图》描绘了旧时金陵(今南京)的四季之景，包含山峦、湖泊、城外景色。画面意境幽深，设色淡雅。
太祖朱元璋之所以定都南京，因金陵地形险要，北有长江天堑，自古为形胜之地。

明　文徵明　东园图卷

东园位于南京钟山东凤凰台下，原是开国重臣中山王徐达的赐园，名为"太府园"，后来其五世孙徐泰时加以修葺扩建，辟作别墅，更名"东园"。

　　就在朱元璋积极准备向南方发展的时候，遇到了一个强大的对手陈友谅。陈友谅原来是反元义军徐寿辉的部将，后来他杀了徐寿辉，扩充了队伍，自立为王，占有今湖南、湖北、江西等地的大片土地，建立起当时南方一个比较强大的割据政权。陈友谅认为朱元璋是自己扩大势力的障碍，便率领几万水军，顺江东下，攻打朱元璋所在的应天府。

　　这时的朱元璋力量已经不同以往，军队人数增多了，内部矛盾也解决了，他小时候一起放牛的伙伴徐达、周德兴都投奔了他，为他冲锋陷阵；许多知识分子也都投靠了他，替他出谋划策。朱元璋的实力大大增强起来。但是面对陈友谅全军动员的大规模挑战，他仍然表现得小心翼翼。新来的谋士刘基（刘伯温）给他出了一个主意，建议他以逸待劳，用诈降计诱敌深入，再聚而歼之。果然，这一战后，陈友谅损兵折将，元气大伤。本来没有水军的朱元璋几乎掌握了长江流域全部的水上力量。

　　不甘心失败的陈友谅，养精蓄锐三年，又造了几百艘战船，再次率军攻打

朱元璋。历时三十六天的鄱阳湖一战，使得陈友谅深陷粮食断绝之地，就在其亲率一百条战舰欲突出湖口取粮时被一支流矢射中眼睛，当场身亡，旗下将士见主将已死，也立刻崩溃。

打败陈友谅以后，朱元璋的势力迅速扩大，没几年就自立为吴王，又设计除掉了小明王韩林儿。他不费吹灰之力，又收拾了张士诚和方国珍为首的两支起义军队伍，统一了南方。

元至正二十七年（1367年）十月，朱元璋派徐达和常遇春两位大将率领二十五万人马北伐，不久就占领了山东。1368年春天，在北伐顺利进军中，朱元璋在应天称帝，国号大明，他就是明太祖。

朱允炆下落之谜

明惠帝朱允炆，明朝的第二个皇帝，但他实在没有当皇帝的命，不过短短四年，就被自己的叔叔燕王朱棣取而代之。靖难之役，南京城破，燕王朱棣夺取帝位。巧合的是当天宫中起火，建文帝不知所踪，有说自焚宫中，有说化装成僧人出逃。一场大火湮灭了一段历史，建文帝的下落也就成为明史上一大未解之谜。几百年来引人探寻的是，在大明王朝的广袤土地上，竟然始终找不到建文帝的影子，在当时战火纷飞的南京城中，他究竟是生是死？生在何方？又死在何处？

明惠帝朱允炆，史称建文帝，明朝的第二个皇帝，是明太祖朱元璋嫡孙，出生于洪武十年（1377 年）十二月。

早在朱元璋即位之初，就确立了皇位嫡长子继承制，意在为皇位的合法继承树立一个正式的规则，希望以此杜绝将来在皇位继承问题上的纷争。同时，马皇后所生的长子、建文帝的父亲朱标被立为太子。据史书记载，朱标在许多方面都不像他的父亲，他是一个仁孝、温和而有儒士风度的人。明太祖虽然对他的第四子朱棣的军事才能非常赏识，但为了王朝的利益，他仍把朱标看作他最合适的继任人选。

如果不是遇到意想不到的变故，朱允炆可能会一直默默无闻下去。但历史往往变幻莫测，朱标这位饱学之士，在他的盛年三十七岁时不幸死去。

按照规定，接班的次序是很清楚的：朱标的嫡妻所生的长子已在十年前死去，时年不足十五岁的朱允炆，作为朱标最年长的合法儿子被立为储君，准备将来继承大统。

年轻的建文皇帝书生气十足而又温文尔雅，他继承了父亲温和且好思考的

朱元璋长子朱标半身像

朱元璋称吴王时便将其立为世子,随宋濂学习经传。自幼受到悉心教导,明太祖对他寄予厚望,多方培养。

脾性。他腼腆,又毫无治国经验。且不说和他的先皇祖相比,比起雄才大略的叔父们,他也没有那种自信心和坚强的性格,甚至没有那种能力。这位年轻皇帝的温顺性格和儒家教育,使得他非常关心祖父的高压行政措施对平民百姓的影响,因此他衷心向往的是实行理想的仁政。因此,他努力实行了一些较大的变革,但这些变革却招致了灾难性的后果。

建文帝采取一系列削藩措施,严重威胁藩王利益,坐镇北平的燕王朱棣起兵反抗,随后挥师南下,史称"靖难之役"。1402年,朱棣攻破明朝京城南京,战乱中建文帝下落不明。同年,朱棣即位,即明成祖。第二年,改元永乐,

明　佚名　明成祖坐像

朱棣为明朝第三位皇帝，明太祖朱元璋的第四子，在位二十二年，年号"永乐"，图为南薰殿《明成祖坐像轴》，现藏于台北故宫博物院。

改北平为北京。1421年，迁都北京，称北京为京师，南京为留都。靖难之役，是明朝开国皇帝朱元璋死后不久爆发的一场统治阶级内部争夺皇位的战争。

对于建文帝的下落，有两种说法流传得最为广泛，其中最具传奇色彩，最为人津津乐道的就是"出亡为僧，流落西南"的说法。这种说法认为，燕王陈兵南京城外，建文帝想求和，但是燕王不答应，建文帝被逼得走投无路，意欲自杀，但被身边的人拦了下来。老太监王钺告诉他说："你祖父临死时，给你留下一个铁箱子，让我在你大难临头时交给你。我一直把它秘密收藏在奉先殿内。"群臣一听，急忙把箱子抬出来，打开一看，原来里面放了三张度牒，上面写好了三个名字。还放着三件僧衣、一把剃刀、白金十锭、遗书一封，遗书中写明"建文帝从鬼门出，其他人从水关御沟走，傍晚在神乐观西房会集"。按照这封信的吩咐，建文帝和两个下人剃了头，换上了僧衣，只带了九个人来到鬼门。鬼门在太平门内，是内城的一扇小矮门，仅容一人出入，外通水道。建文帝弯着身子出了鬼门，其他人也随着出了鬼门，就见水道上停放着一只小船，船上站着一位白眉白须的老僧。老僧招呼他们上船，并向建文帝叩首称万岁，建文帝问他为何到此等候，僧人回答："我叫王升，是神乐观的主持，昨天夜里梦见先帝，他本也是我佛门中人，特叫我在此等候，接你入观为僧。"至此，建文帝似乎是削发为僧，继承了朱元璋的祖业，也当了和尚，云游四方去了。

关于建文帝下落的另一种说法是"阖宫自焚"说。这种说法见于很多史料记载，正统的官修史书多采用此种说法。大概是说朱棣率兵打到宫门时，建文帝眼看大势已去，不得已下令焚宫，建文帝和他的皇后马氏携手跳入火中自焚，他的妃嫔侍从也大都投火而死。燕王朱棣入宫后，曾大肆搜查三日，寻找建文帝的下落。宫中未死的内侍都说建文帝已经自焚，并从火堆中找出一具烧焦的尸体作为证据。燕王见到尸体，内心虽有怀疑，但也没有其他办法，在他即位称帝后，只得以天子之礼安葬了这具尸体。但是，这种说法在正史的记载中前后矛盾，语焉不详，不能不让后人产生怀疑。甚至明朝后来的皇帝也不能完全相信这种说法。史书记载朱棣以帝王之礼安葬了那具尸体，可是到底葬在何处，却又没有记载。被烧焦的尸体分不清男女，所以又有人说那具尸体其实是马皇后的，建文帝则外逃了。烧死在宫中的，到底是皇帝还是皇后呢？谁也说不清

明代龙袍

龙袍是古代皇帝参加庆典活动时穿着的礼服，色彩选用颇有研究，十分严格，其中龙的图样象征至高无上的权力。

楚。后世的史官在编写《明史》时几乎为此吵得打破了头，也还是没有定论。如果建文帝真的烧死了，那朱棣又为什么几次三番地派人到处去找他呢？

也有人指出，建文帝自焚身亡是史实，因为当时燕王军队兵临城下，把紫禁城团团围住，建文帝想逃也来不及了。更何况经过考察，紫禁城也并没有鬼门、御沟等逃路。建文帝也深知他的四叔是个贪权尚武、残暴无情的武夫，落在他手里绝没有好下场，不如一死了之。朱棣也决不能让建文帝继续活下去，否则，他就不能登上帝位。但是为了不留下"杀侄夺位"的骂名，朱棣在发现那具烧焦的尸体时假装痛哭流涕，声称自己出兵只是为了诛杀奸臣，辅佐建文帝。可是后来他又苦心寻找建文帝的下落，留下了一段历史疑案。

朱棣为什么要清洗后宫

　　明成祖朱棣作为继朱元璋之后的另一位传奇皇帝，他不仅篡位夺天下给后人留下了无穷的遐想，而且他神秘的后宫同样也充满了历史疑团。永乐八年（1410 年），宫中发生了一起诛杀朝鲜妃子的大清洗事件，明成祖朱棣几乎杀光了他的朝鲜籍妃子，株连此案被杀者达三千人以上。在他莫名其妙的举动背后，究竟有什么不可告人的历史秘密？

　　明成祖朱棣是明朝的第三代皇帝，明太祖朱元璋第四子。

　　朱元璋去世后，继位的建文帝朱允炆实行削藩，朱棣于是于建文元年（1399 年）七月发动靖难之役，建文四年六月攻入南京，夺取了皇位。死后原庙号为"太宗"，一百多年后由明世宗朱厚熜改为"成祖"。

　　明成祖是明代最具有雄才大略的皇帝，他野心勃勃，曾一度想把明王朝建为世界帝国。在他当皇帝的二十几年时间里，几乎都是在带兵征伐中度过，就连死也是在回师的路上。正因为如此，明王朝在他的统治时间里无论是版图还是国力都达到了巅峰

明成祖着衮龙袍画像

状态，他的统治时期被称为"永乐盛世"。

朱棣虽然称不上是个荒淫无度的皇帝，但也绝不是清心寡欲。他刚一即位，便下令"求民间识字妇女入内职"。永乐元年（1403年），又命礼部访求在京官员军民之家女子年十五至二十容止端正、性情闲淑者备王妃之选。他曾命女官蔡氏到杭州选识字妇女入宫，闹得民间骚动。当时有人作诗说："已云玉闺归马足，更妆金屋贮娥眉。""临别亲邻莫惆怅，从来生女作门楣。"朱棣平时吃饭要有宫女伴唱，晚年因为身体有病，朝参也要有宫女陪伴搀扶，这在整个明朝都是很特殊的。

从元朝起，朝廷每年要让高丽进献美女。明朝相沿不改。洪武时期，后宫中就有不少高丽嫔妃。即位后的明成祖曾经多次明目张胆地向当时归顺明朝的朝鲜国王索要高丽美女，以供自己享乐。朝鲜国王对此很愤怒，但是又不敢反抗，于是只好多派送美女给他。

明　佚名　仁孝文皇后徐氏半身像

徐氏为明朝开国功臣、中山武宁王徐达长女，天资聪颖，幼年时便贞洁娴静，喜欢读书，有"女诸生"的美誉。

永乐六年（1408年），朱棣派内使黄俨等人到朝鲜去广求美女，最后选中五位淑女入宫，五女之中，朱棣最宠爱权氏。这权妃长得如花似玉，却又不同于中原美女，别有一种迷人的异国情调，而且又善吹玉箫，所以深得朱棣宠爱。明代诗人王司彩曾作《宫词》赞她："琼花移入大明宫，旖旎浓香韵晚风，赢得君王留步辇，玉箫嘹亮月明中。"据《明太宗实录》记载，永乐八年（1410年），权妃随明成祖朱棣北征，却是天妒红颜，年纪轻轻的就病逝于途中。朱棣极为伤

明　唐卡　永乐御制红阎摩敌刺绣唐卡

心，将她葬在峄县，打算将来把她迁葬在徐皇后陵中。

权妃为什么突然死去，起初无人猜疑。但在一次吕美人和权妃两家奴婢的吵骂中却透露了不寻常的消息。权妃入宫时，徐皇后已死，朱棣让她接替皇后，掌管六宫之事。吕美人对此十分不满，曾面责权妃说："有子孙的皇后也死了，你管得了几个月，这般无礼！"于是，吕美人串通宦官金得、金良，从一个银匠家里借来砒霜，研成末子，放进胡桃茶中送给权妃吃了，权妃因而毙命。

朱棣得知此情，大怒，将内官、银匠一并处死。吕美人罹刑最惨，朱棣命人用烙铁烙她一个月，最后将她杀死。吕美人在宫里的从人也一起被杀，牵连被诛杀者达数百人。朱棣还逼迫朝鲜王廷将吕美人的母亲抓来杀了。

曝出此事后又有了新的内情。原来，权妃、吕美人等被选入宫后，又有商人之女吕氏被选入宫。吕氏因与吕美人同姓，欲相结好。但吕美人不乐意，吕氏因而怀恨在心。后来权妃猝死，吕氏便乘机诬告吕美人毒死了权妃，以致造成上述惨案。

那个吕氏因为达到了目的而非常得意。但事后不久，她的报应就来了，她与宫人鱼氏私通宦官，被人发觉，无颜而自缢。明成祖又大发淫威，亲自审讯，查知了吕美人的死纯属冤枉，更加暴怒，一场刑杀的大祸就不可避免了，连坐被杀的竟达两千八百人。行刑之日，朱棣亲临刑场监督，要亲眼看着将她们一一剐死。就连宫妃的用人也被抓起来，直到明成祖死后才释放。依此看来，由吕氏造成的谋杀案就应是明成祖制造的冤案了。

那么，明成祖的宠妃权美人究竟是被谋杀的，还是病死的呢？宫廷的斗争本就阴暗诡秘，这个问题恐怕是无论如何也弄不清了。我们只能说，权妃即使不是被人谋杀，恐怕也是活不久的。一个生活在皇帝后宫的女人，一旦受宠，将要面对的就是千人所指的怨恨，难免会感到忧惧；但如果不受宠，她将要面对的则是终生的孤独与寂寞——无论走哪一条路，皇帝的女人们也逃脱不了红颜薄命的命运。

几百年后，我们仍为那些被断送的青春和被虐杀的生命而叹息，她们恐怕是封建王朝的女人中最为可悲可怜的了！

明仁宗暴亡背后的隐情

明仁宗确实是一个短命的皇帝，在位仅仅十个月。他很难有所作为，因为时间实在太短。但令我们感到纳闷的是，在朱棣夺取皇位的过程中立下了汗马功劳，曾经做过世子的朱高炽，为什么会突然死亡？这究竟隐藏着哪些鲜为人知的隐情呢？

永乐二十二年（1424年）七月，明成祖朱棣在北伐回程途中死在榆木川。八月，太子朱高炽即位，改年号为"洪熙"。他采取了一系列不同于他父亲的政策，国家面貌大大改观。第二年五月，朱高炽暴亡，在位不足十个月，享年四十八岁。

朱高炽去世前三天还在和大臣们商议处理政事。他从感觉不适到"崩于钦安殿"，前后仅两天时间。明代学者黄景称其"实无疾骤崩"。壮年天子，登基未足一年，"无疾骤崩"，其中必有不为人知的缘由。但与朱高炽有关的明史料如《明仁宗实录》《明史·仁宗本纪》等，都只字未提其死因。朱高炽究竟因何暴卒呢？

一种观点认为，仁宗是死于

清　佚名　明仁宗朱高炽像

明　佚名　明仁宗坐像　　　　　　　　明　佚名　明宣宗坐像

纵欲过度。仁宗的贪欲好色人所共知，当时的大臣李时勉在仁宗即位不久上了一份奏疏，其中有劝仁宗谨嗜欲之语："侧闻内宫远自建宁选取侍女，使百姓为之惊疑，众人为之惶惑。若曰，天子之宫，古有常制，则大孝尚未终；左右侍御，不可无人，则正宫尚未册。恐乖风化之原，有阻维新之望。"仁宗览奏后，怒不可遏，当即令武士对李时勉动刑，李时勉险些丧命。直至垂危之际，仁宗仍难忘此恨，说"时勉廷辱我"。由此可见，朱高炽确实纵欲无度，否则不会如此耿耿于怀。继他之位的宣宗朱瞻基曾御审李时勉："尔小臣敢触先帝！疏何语？趣言之。"李时勉叩首答曰："臣言谅阴中不宜近妃嫔，皇太子不宜远左右。"朱瞻基叹息，称李时勉"忠"，复其官职。可见，朱瞻基对仁宗嗜欲之事也一清二楚。

　　朱高炽因纵欲过度而得不治之症，在明人陆釴《病逸漫记》中有记述："仁宗皇帝驾崩甚速，疑为雷震，又疑宫人欲毒张后，误中上。予尝遇雷太监，质之，云皆不然，盖阴症也。""阴症"之说出自朱高炽时一太监之口，应当有一定可信度。限于当时的医疗水平，治疗此等"阴症"恐无特效良药，这使一些奸佞之徒有机可乘。对此，《明史·罗汝敬传》中曾有记载，"……先皇帝（仁宗）嗣统未及期月……献金石之方以致疾也"。由此看来，导致仁宗死亡的直接原因，可能是服用治"阴症"的金石之方而中毒不治。

另一种观点认为，张皇后的生日在五月，这天宫中的嫔妃要给她上寿敬酒，郭妃按照规矩给张皇后送了一杯酒，张皇后接下来以后，放到桌子上没有马上喝。当时在场的朱高炽说："皇后，你是不是又多心了？"说着，就把这杯酒拿起来喝了，第二天，仁宗崩逝。

明仁宗的死很奇特，是一个历史之谜。是不是因为宫中嫔妃、皇后之间的矛盾，误杀了朱高炽呢？还有更为骇人听闻的，有人说明仁宗在安葬的时候，只有尸体而没有头颅。那么明仁宗究竟是怎么死的呢？

还有一个说法，认为朱高炽是被其长子，即继他之后登位的宣宗朱瞻基害死的。朱瞻基善骑射，谙武事，热衷权力，工于计谋。深得祖父朱棣赏识。后来朱高炽即位，虽立朱瞻基为太子，但对其充满警惕。可是，朱瞻基为了自己早日登位筹谋，全然不顾亲情。洪熙元年（1425年）三月，朱高炽命朱瞻基南行祭陵（凤

明　佚名　诚孝昭皇后张氏半身像

明英宗即位后，张氏被尊为太皇太后，由于英宗年幼，她便成为实际上的摄政，也是明代第一位太皇太后。她信用阁臣"三杨"及礼部尚书胡濙、英国公张辅等五大臣辅政，使正统初年的朝政相对清明，被称为"女中人杰"。

明　佚名　明宣宗马上像

李时勉

永乐二年，李时勉中进士，参与修成《太祖实录》，升为翰林侍读。永乐十九年，上书反对迁都北京。明宣宗时，因言事下狱，至宣德初年复官，官至国子监祭酒。

阳的皇陵与南京的孝陵），朱瞻基于四月十四日离京，随侍朱高炽的宦官海涛原本是朱瞻基亲信，他按预先密谋，于五月十三日加害朱高炽。

朱瞻基离京后，没有按既定日程行进，而是直奔南京。但在离开南京前，南京城中就有传言"仁宗上宾"。要知道，当时北京还未发丧，亦无如今现代化的传播工具，可见朱高炽"上宾"是在一些人预料之中的。当时，朱瞻基还说："……予始至邃还，非众所测。"显示他有人们难以想象的重大安排。他匆匆北返，在途中等待赍诏而来的海涛，于六月三日抵北京。一到北京，就有大臣劝诫：人心汹汹，不可掉以轻心。朱瞻基答曰："天下神器非智力所能得，况祖宗有成命，孰敢萌邪心！"显示一切都在自己的掌握之中，流露出对弑父谋位活动的自信和自得。

明仁宗死以后，他的儿子朱瞻基担任了皇帝，这就是后来的明宣宗。后人对明宣宗如何评价呢？历史上把明仁宗和明宣宗统治时期称作"仁宣之治"。因为宣宗实在是明代历史上少有的几个有作为的皇帝之一，人们大概都不愿相信，这样一个难得的好皇帝的皇位居然是靠谋杀自己的父亲而得来的，所以一直不赞成这种说法。

明仁宗之死，众说纷纭。不过，现在历史学界流行的主流说法仍是明仁宗死于纵欲过度。

明宣宗朱瞻基火烧叔父

明宣宗,这位有"蛐蛐皇帝"之称的明朝第五位皇帝对后人来说并不陌生,因为他就是在《聊斋志异》里的名篇《促织》中提到的一代帝王。明宣宗是明朝难得的好皇帝,他继承先祖的事业,励精图治,把明朝推向了太平盛世,他和其父的统治被史家称为"仁宣之治"。就是这样一位有较高文化素养,但又喜欢射猎、美食、斗促织的游戏无度的皇帝,却在宣德元年(1426年),将自己的叔叔汉王朱高煦用鼎火烧死,诸子全部处死,这是为什么呢?

明宣宗朱瞻基(1399~1435年),明仁宗朱高炽的长子,这位明成祖宠爱有加的皇太孙,曾数度随祖父朱棣东征西战,功劳显赫。洪熙元年(1425年),朱瞻基即位,年号宣德,成为明朝第五位皇帝。他和其父一样,比较能倾听臣下的意见,他听从阁臣杨士奇、杨荣等建议,停止对交阯用兵,与明仁宗

明 佚名 明宣宗坐像

親披鑾輿
名山藏曰明宣宗宣德五
年清明節奉皇太后出遊
上齎鞬導從步披渡河

清 焦秉贞 历朝贤后故事图

此图描绘明宣宗为皇太后亲掖銮舆，太后游西苑，宣宗皇后皇妃侍，亲掖舆登万岁山，奉觞上寿，献诗颂德。

并称"仁宣之治"。宣宗时君臣关系融洽，经济也稳步发展。

传说在朱瞻基出生的那天晚上，他的皇祖当时还是燕王的朱棣曾经做了一个梦，他梦见太祖皇帝将一个大圭（在古代，大圭象征着权力）赐给了他，大圭上镌着"传之子孙，永世其昌"八个大字。就在朱棣为梦中的情景而琢磨时，忽有人来报告说王孙朱瞻基降生了。朱棣当时就断定这个孙子日后必能登上帝位，后来，还因为深爱朱瞻基这个孙子，而立了他的父亲朱高炽为太子，为其日后能顺利当上皇帝创造了条件。

传说归传说，自然不必当真，但后来的事实证明，朱瞻基也的确没让祖父失望，他从小就聪明过人，文韬武略。明成祖死后，朱瞻基的父亲即位为帝，就是历史上的明仁宗。但是这个短命的皇帝在当政仅仅十个月后便一命呜呼，于是年轻的朱瞻基登上帝位，是为明宣宗。

宣宗当了皇帝，朝中倒是十分平静，因为大臣们早已认可了他是合法继位，而且也都折服于他的出色能力。可是在朝外，他却有着一个最危险的敌人，这个人就是他的亲叔叔汉王朱高煦。朱高煦年轻时经常随成祖四处征战，立下了赫赫战功，因此成祖十分喜欢他，甚至曾在未当上皇帝时就答应日后要立他为太子。可是成祖即位后，却违背诺言，仍然按照立长的规矩立了朱瞻基的父亲为太子。这让朱高煦十分愤怒，觉得本应属于自己的帝位被朱瞻基父子抢走了，所以一心想把帝位夺回来。

其实，早在仁宗即位后，他就已经有了起兵反叛之意，只是还想多准备些时日再动手，不料短短几个月的时间，仁宗居然就去世了，由年轻的宣宗继承皇位。朱高煦觉得机会终于来了，宣宗太年轻，没有什么实战经验，朱高煦认为凭自己多年的征战经验，只要自己拉起叛旗，年少的侄儿一定不是自己的对手，到时帝位就唾手可得了。

宣宗登基还不到三个月，朱高煦就在自己的驻地设立了文武百官，还写了一封信送给宣宗，批评他无才无德，实在不配做皇帝，这可是对新皇帝的一封挑战书。宣宗颁布了一道诏书给朱高煦作为回应，大意是要朱高煦悬崖勒马，皇帝必有重赐等，语气十分平和。朱高煦接到了这封诏书，觉得小皇帝害怕了，更加趾高气扬，回信中更是语意嚣张，好像自己已经做了皇帝一样。宣宗没有办法，听从了大臣的意见，决定御驾亲征。其实宣宗刚开始时的做法只是一种政治手段，暗地里他早已经做好了战斗的准备。一旦决定亲征，军队马上就调动整齐，向朱高煦的封地进发。

在讨伐朱高煦的路上，宣宗还一直不断地写信给朱高煦，希望他回心转意。宣宗认为，如果朱高煦真能罢手投降，兵不血刃，无论对自己还是对国家都是最理想的结果，如果朱高煦还是一意孤行，自己也仁至义尽了。然而朱高煦依旧对皇帝的要求不理不睬，也许他还不知道皇帝带着军队已经在讨伐自己的路上了，仍是每日逍遥快乐地做着皇帝的美梦。他一直认定皇帝最终肯定会向自己屈服，所以居然连战斗的准备都没有做。看来，与宣宗相比，朱高煦实在是有勇无谋至极，也难怪他会这么轻易地就输在宣宗的计谋之下。

等宣宗带着大批的军队出现在朱高煦居住的城下，朱高煦才大吃一惊，慌忙组织士兵抵抗，可是这时城内早已经人心大乱，许多人都逃出城去向皇帝的军队投降了。到最后，想谋反的朱高煦发现自己居然成了孤家寡人，只好出城向皇帝投降了。闹得轰轰烈烈的反叛，到最后竟然就这样不战而降了。

抓到朱高煦后，宣宗知道自己刚刚即位，根基未稳，生怕杀了朱高煦会引起议论，而且这正是显示自己宽宏大量的好机会，所以他并没有马上杀掉朱高煦，只是把他幽禁在北京城一个隐秘的地方，叫作逍遥城。

这样一连过了几年，宣宗对叔叔总算不错，按说谋反是要株连九族的死罪，宣宗不但没有杀他，反而对他很是照顾，除了限制朱高煦的行动以外，其他的一切供给都十分丰富，还时常赏赐一些东西给他。在逍遥城内，朱高煦还是过着王爷一样的生活。可是，朱高煦实在是一个鲁莽之辈，日子一过得舒服，他又忘了自己的囚犯身份，还以为自己和以前一样是王爷，对人颐指气使，好不威风。他完全忘记了自己能活到现在都是宣宗的恩赐，他的莽撞个性不但使自己在起兵谋反时一败涂地，还让自己在过了这么多年的幽禁生活后难逃被杀的命运。

这一年，宣宗忽然想到逍遥城来看望朱高煦。皇帝来探视，本是莫大的荣耀，可是朱高煦这个莽夫一见到皇帝，就想到正是眼前这个人夺去了自己的皇位，心中的不平之意又再次升起。趁着皇帝走过他身边，他竟然伸出脚去，绊了皇帝一个大跟头！这一下可惹怒了皇帝。宣宗盛怒之下，命人找来一口大水缸，把朱高煦扣在下面，大概是因为实在不想再看到他了吧。不料朱高煦仍是不服气，仗着自己力气大，居然把水缸顶了起来。宣宗这时觉得他实在过于藐视自己了，忍无可忍之下，叫人把水缸固定住，在周围架上柴火，点起一把大火，就这么把朱高煦活活烧死在水缸里了。

野心勃勃的朱高煦终因自己有勇无谋、莽撞无知而失去了悔过的机会，落得如此可悲的下场。宣宗的做法虽然是狠毒了一些，可是朱高煦也实在没有什么能够让人产生怜悯之情。

明英宗朱祁镇两登帝位

　　明英宗朱祁镇，明朝第六位皇帝，是明宣宗的长子。这位九岁即位的皇帝，他的一生都充满了传奇色彩。他的神秘不仅在于他不明的身世，还在于他的两次即位。宣德十年（1435年）春正月，明宣宗驾崩，皇太子朱祁镇即位，正统十四年（1449年），瓦剌入犯，听从王振之言亲征，抵土木堡兵败被俘。郕王朱祁钰被拥立为帝，改元景泰。景泰元年（1450年），英宗被释回京，被尊为太上皇，软禁于南宫。景泰八年（1457年），武清侯石亨等乘朱祁钰病重发动兵变，迎英宗复位，改元天顺。这一幕幕历史故事的背后，演绎着明朝皇室怎样的权力之争呢？

　　洪熙元年（1425年），宣宗朱瞻基即位，他的正宫胡皇后举止得体、贤良温淑，是一位不可多得的好皇后。但宣宗还有一位孙贵妃，十岁时就被选入内宫抚养，工于心计的她深得宣宗皇帝的喜爱，所以在宣宗即位后，就被册立为贵妃。但这没能使孙贵妃满足，令她又气又恨的是，自己没有得到觊觎已久的皇后宝座。

　　宣宗皇帝的子嗣一直不旺，贵为一国之母的胡皇后没能为宣宗生下一个皇子。孙贵妃虽然也没能生子，但她想出了一个办法，她派人在宫中四处打探看哪位宫女被皇帝临幸后怀有了身孕，然后将已孕宫女藏在密室之中，派专人送饭、照看，又买通御医，伪装了许多自己怀孕的迹象。

　　十月怀胎，一朝分娩——宫女顺利地产下一子。孙贵妃马上派人将孩子抱到身边，将孩子的母亲秘密处死。就这样，宫女所生的小男婴就成了孙皇后的亲生儿子，而这个男婴就是后来的大明英宗朱祁镇。

　　这条偷梁换柱的计策使得孙贵妃如愿以偿，朱祁镇出生四个月后即被立为

明　佚名　明英宗坐像

清　顾见龙　中国历代名人画像

《明史》称赞于谦"忠心义烈，与日月争光"，他与岳飞、张煌言并称"西湖三杰"。

太监王振画像

史称"狡黠"、善于伺察人意，入宫后颇得明宣宗喜爱，被任命为东官局郎，服侍皇太子朱祁镇，也就是后来的明英宗。

皇太子，母以子贵，孙贵妃荣登皇后之位。

宣德十年（1435年）春正月，明宣宗驾崩，年仅九岁的皇太子朱祁镇即位，改次年（1436年）为正统元年。开始的时候大事权归皇太后张氏，由朝廷元老杨士奇、杨荣、杨溥主持政务，继续推行仁宣朝的各项政策，社会经济也有所发展。后随着张氏和"三杨"的相继去世与引退，政治日趋腐败，宦官势力急剧上升，明英宗非常宠信的太监王振即为其中的代表人物。

当时漠北的蒙古已经分为瓦剌与鞑靼两个部落，到了英宗时期，瓦剌部逐渐强大起来，实权掌握在太师也先的手里，不断南下骚扰明朝的边防。

当时明朝对进贡国家的使者，无论贡品如何，总要有非常丰厚的赏赐，而且是按人头派发。也先看中了这一点，经常派人以向朝廷进贡为名，骗取赏赐，派出的使臣不断增加，最后竟加到三千多人。朝廷对此忍无可忍，下令减少赏赐，于是也先以此为借口，发动了对明的战争。英宗年少气盛，想御驾亲征，王振也想耀武扬威，名留青史，于是极力撺掇英宗亲征，于是在正统十四年（1449年），英宗亲率二十万大军，浩浩荡荡向北进发。

由于连天大雨，粮饷匮乏，军队的士气非常低下。英宗和王振行至大同决定撤军。但由于王振的错误指挥，行军时间被耽误，就在怀来城外的土木堡，明军被也先军赶上并包围。也先假意议和，趁明军不备发动总攻，明军全军覆没，英宗被俘，英国公张辅、兵部尚书邝野等大臣战死，王振被明将樊忠杀死。这就是历史上有名的"土木堡之变"。

英宗被俘后，也先的弟弟伯颜帖木儿认为其奇货可居，于是英宗得以保全了性命。

不久之后的九月初六，孙皇后与朝廷重臣立郕王朱祁钰为帝，年号景泰，这样朝廷上下都安定了下来，同时皇帝也明发诏谕，不许私自与也先联系。也先想靠英宗大捞一把的计划失败后，便率领瓦剌精锐骑兵杀奔北京。明军以逸待劳，在兵部尚书于谦的带领下抵挡住了瓦剌军的攻势。

北京保卫战之后，也先大败而归，他看到把明英宗握在手里实在没用，想把皇帝送还给明朝，就主动要求明朝派来使臣把英宗接回去。但这时已经登基的代宗并不想把英宗接回来，他生怕自己的哥哥会重新夺回皇位。后经兵部尚书于谦劝告，代宗才不得不派人把英宗接了回来。景泰元年（1450年）八月，也先释放英宗。

英宗回到北京，被代宗尊为太上皇，但并没有受到应有的礼遇，而是被软禁在南宫，就这样，英宗就在惊恐与饥饿中度过了七年的软禁生活。

景泰八年（1457年）正月，代宗忽然得了重病卧床不起。在此之前，代宗强行废掉了英宗时立的太子，改立自己的儿子为太子。虽然这位新立的太子一年之后就病死了，但这件事在朝廷上引起了很大的争论，朝臣之间开始因为立储的问题产生裂痕。这时代宗病重，"易位"的问题又成了大臣们私下里谈论的话题。武清侯石亨和宫内太监曹吉祥等人都主张让原来英宗立的太子即位。大臣徐有贞却认为现在太上皇健在，代宗又病重，不如趁此机会拥立太上皇复位。

这天夜里，石亨、曹吉祥带着一千名兵卒闯到南宫，打破宫门强行进入，把英宗从被关押的地方带了出来，直接奔向奉天殿。曹吉祥马上派自己的亲信太监召集各位大臣，说有重要事情，让朝臣们马上到大殿朝见，莫名其妙的大臣们匆忙地来到朝堂上。见被幽禁许久的英宗走上殿来，坐在宝座上。纷纷都跪在地上，向复辟成功的英宗行了朝见大礼。

英宗刚一夺回自己盼望已久的皇位，就废除了代宗皇帝的称号。一夜之间失去了皇位的代宗，心中忧愤难平，没过几天就一命呜呼了。

明代宗朱祁钰因何失帝位

纵观明代宗朱祁钰一生，可谓命运多舛。八年前，为稳定大明局势，他登上皇位，力挽狂澜，救大明王朝于危难之中；八年后，在明英宗朱祁镇发动"夺门之变"后失去帝位，含恨而薨。关于他的死，给后人留下了团团迷雾，是什么人导演了他的人生悲剧？

明代宗朱祁钰，明宣宗朱瞻基的次子，明朝历史上的第七位皇帝。

朱祁钰出生于宣德三年（1428年），其生母吴氏原是明成祖朱棣次子汉王朱高煦府邸的一位侍女，后来明宣宗朱瞻基御驾亲征，在平定自己叔父汉王朱高煦的反叛后，将汉王宫中的女眷充入后宫为奴。在返京途中，朱瞻基被吴氏的美貌与聪灵所打动，于是让吴氏陪伴左右直到带回京城。回京后，朱瞻基将她安排在了一个紧贴宫墙的大宅院中，时常临幸。不久，吴氏怀孕，生下了次子朱祁钰，吴氏也因此被封为贤妃，但是仍住在宫外。

宣德八年（1433年），宣宗朱瞻基病重，派人将朱祁钰母子召进宫，并嘱咐自己的母亲张太后善待朱祁钰母子。后来，朱祁钰被封为郕王，朝廷还为他们母子修建了王府。

这对母子原本是可以平平静静安度一生的，但是造化弄人，这一切随着"土木堡之变"而完全改变。

"土木堡之变"的消息传到北京后，朝廷内外一片惊恐。眼看明英宗朱祁镇返国无望，皇太子朱见深不过才两岁，如何能治理国事？"国不可一日无君"，只有另立一帝，才可使国家度过这危难之秋。为了安定人心，保住江山社稷，不受俘虏了明英宗的瓦剌人威胁，在皇太后的主持下，由英宗的弟弟朱祁钰即位当了皇帝。

明　佚名　明代宗坐像

在瓦剌军队凌厉的军事进攻下，北方防御军队几乎丧失殆尽，大明王朝处于风雨飘摇之中。国难当头，朱祁钰继承皇位，承担起保卫大明王朝江山社稷的历史重任，遥尊已被也先扣押的兄长朱祁镇为太上皇，并立兄长朱祁镇的长子朱见深为太子，第二年（1450 年）改年号为景泰，史称景泰帝。

继位后的朱祁钰，将忠臣于谦由兵部侍郎升为兵部尚书，并对明朝政治、军事进行了一些改革，有效地防御了瓦剌军队的侵犯。尤其是于谦领导的北京保卫战的胜利，给了也先军队以沉重的打击，迫使其退回草原，危急一时的大明政权在这一战后稳定了下来。

接着，朱祁钰又整顿吏治，许多被太监王振排挤的忠志之士重归庙堂，吏制为之一新，因而这一时期与朱祁镇执政时期相比，政治上较为清明。那么，应该说朱祁钰是一位励精图治的好皇帝，可为什么后来会出现"夺门之变"呢？这是因为，朱祁钰在处理太上皇朱祁镇的问题上，尤其是在废立太子的问题上犯了严重的错误。

朱祁钰在坐稳帝位之后，担心自己的皇位受到影响，就不愿迎接太上皇朱祁镇回京。时为兵部尚书的于谦站出来向朱祁钰保证"天位已定，宁复有他"，朱祁镇归来不会影响他的皇位，希望能遣使去迎接，最终朱祁钰被说服，但仍然不过是派出使者打探消息，并没有提出迎接。谁知派去的使臣杨善随机应变，竟真的将朱祁镇迎回。

果然如于谦所说，英宗朱祁镇虽然回归，但一切已成定局，所以并没有影响到朱祁钰的帝位。朱祁钰于是将他软禁在南宫，可以说，在处理朱祁镇回归的问题上，朱祁钰表现得心胸过于狭窄，这是他一生所犯的最大错误，也是导致他日后人生悲剧的一个重要因素。如果说这一点还能让人理解的话，那么下面的事情也许就让人无法原谅了。

私心太重的朱祁钰为了巩固皇权，不仅自己要做皇帝，而且希望自己的儿子朱见济能够取代朱祁镇的儿子朱见深，成为皇位的合法继承人。于是他一手导演了贿赂朝臣的闹剧：授意太监去贿赂当时的重要大臣，希望他们支持自己重立储君。就这样，太子朱见深被废为沂王，而朱祁钰的儿子朱见济被立为太子。

但是天违人愿。景泰四年（1453 年）十一月，皇太子朱见济早早夭折，朱祁钰在精神上受到了沉重打击。不过好在朱祁钰尚在壮年，子嗣的问题对他来讲还不是忧虑的事，建储一事便暂时搁置下来。景泰八年（1457年）初，朱祁钰得了重病，建储的问题又成了热点问题被摆上了朝堂，但众大臣的意见并不统一，于是朱祁钰决定第二天上朝再与诸大臣商议，但由于身体不济，第二天早上起床后不久就又睡着了。

这一觉改变了朱祁钰的一生。就在这天夜里，发生了著名的"夺门之变"——明英宗朱祁镇复辟称帝，朱祁钰被废为郕王并软禁起来，明朝历史上朱祁钰的执政时期就这样宣告结束。没过多久，年仅三十岁的朱祁钰就死去了，他生前为自己营建的陵墓寿陵，也被明英宗朱祁镇下令拆毁，只是以亲王之礼葬于北京西山。

关于朱祁钰的死因，历来人们也存在着不同的说法。一种观点认为，朱祁钰是因病而死。在《明英宗实录》里就记载了有关朱祁钰身体疾病的很多事实，并认为朱祁钰最终是因为病情恶化而不治身亡的。

另一种观点认为，朱祁钰是被朱祁镇害死的。明朝陆釴《病逸漫记》中有这样的记述："景泰帝之崩，为宦官蒋安以帛勒死。"从朱祁镇复辟后的种种做法来看，这种观点应当是比较可信的。英宗朱祁镇刚一复位，在复辟诏书中严厉指斥朱祁钰，说他"岂期监国之人，遽攘当宁之位"。不久，又假借皇太后制谕宣布他的罪状：贪天位，用邪谋，废黜皇储，私立己子，变乱彝典，纵肆淫酗，不孝、不悌、不仁、不义，秽德彰闻，等等。这还不够，在朱祁钰死后，朱祁镇又宣布废其帝号，直到明宪宗朱见深继位后，才承认了朱祁钰对于明皇室的扶危功绩，恢复其帝号，改谥号为"恭仁康定景皇帝"，对其陵墓也给予了帝王的礼遇。到了南明政权时代，弘光帝朱由崧赐其庙号为代宗，可能是指朱祁钰不过是代替他人当皇帝而已。

清　佚名　明英宗朱祁镇像

明宪宗朱见深与万贞儿的恋情

中国历史上位及至尊的帝王也不乏多情种，纣王只因宠爱妲己，不理朝政，使成汤数百年江山毁于一旦；周幽王点燃烽火台，只为博得褒姒一笑，戏弄了诸侯……但若论情况之离奇谁也比不过明宪宗，他一生宠幸万贞儿，在他眼里，这个年长他十七岁的女人无疑是最有魅力的，这真让人百思不得其解。那么，宪宗朱见深因何贪恋万贞儿呢？

大明王朝的第八位皇帝宪宗朱见深，是明朝皇帝中特立独行的另一个典型，他一生的感情和命运都同一个大他十七岁的女人万贞儿纠缠在一起，演绎了一场奇异的老妻少夫的生死之恋。这样的差距，即使在今日看来，也是有些奇特的，更何况是民风守旧的明朝，但是万贞儿确实是创造了从宫女到贵妃的一步登天之奇迹。

万贞儿，山东诸城人，出生于宣德五年（1430 年）。其父万贵原本是一名县衙掾吏，因亲属犯法受到株连而丢官，之后被举家发配到霸州。

由于家道中落，儿童时期的万贞儿连吃穿都难以为继。当时，万贵有一个在京做官的同乡，探亲返回时经过霸州到万家做客，见年纪小小的万贞儿聪颖乖巧，便说朝廷现今正选侍女，既然家中这样艰难，何不将万贞儿带进京去混口饭吃。万贵无奈之下就让这位同乡将万贞儿带进了京城。这样，时年四岁的万贞儿被"选入掖廷，为孙太后宫女"。

孙太后是英宗朱祁镇的母亲，宣宗朱瞻基的皇后，宣宗死后，英宗继位，英宗的儿子朱见深在两岁时便被立为皇太子。面目清秀、聪明伶俐的万贞儿很得孙太后的喜爱，在朱见深被立为太子以后，孙太后就委派时年十九岁的万氏去侍候太子。十多年的后宫生活，使得粗通文墨的万氏深知宫妃之间错综复杂

明　佚名　明孝宗坐像

的斗争关系，也深知服侍太子——这位未来的皇帝意味着什么。于是，万贞儿
对小太子便像亲生母亲那样体贴备至，把自己孤寂的宫女生活中无法排遣的全
部热情及个人的所有美好理想和希望，都化作母爱式的温馨倾注在了朱见深的
身上。

　　"土木堡之变"后，朱见深的叔叔朱祁钰称帝，立即废去了朱见深的太子
之位。朱见深五岁那年，其父被囚于南宫，又见不到其母周氏，既失父母疼
爱，又无童年欢乐，孤苦无依的朱见深便对母亲似的万贞儿产生了特殊的依恋
之情。

　　几年以后，朱祁镇复辟，从其弟朱祁钰手中重新夺回帝位，时年十一岁的

朱见深再度被立为太子。时年近三十的万贞儿依然年轻美丽、机敏媚人。少年太子朱见深稚嫩而单纯，从未尝过感情滋味的他，怎么能抵挡得住这样一个风情万种的成年女子的主动挑逗和刻意勾引？于是，他不由自主地投进了万贞儿成熟、温暖而又丰腴的怀抱中不能自拔。万贞儿像母亲一样照顾着他，又像情人一样包围着他，让他纵情欢乐，别无烦恼忧愁。

天顺八年（1464年），时年十七岁的朱见深登基。此时的他，对万贞儿的爱情中混杂着缠绵的"恋母情结"，这种双重的感情足以抵挡住任何女性对朱见深的吸引。所以，尽管他身边有后有妃，但这位三十四岁的半老徐娘万贞儿在他心目中的地位，是任何女性都取代不了的。在他看来，只有万氏才是统领六宫的皇后之合适人选，但是，皇亲国戚和臣民百姓怎么也不能容忍一个大皇上十七岁的随侍宫女成为堂堂天朝母仪天下的皇后。因此，朝廷选择了吴氏为皇后。

万贞儿倚仗着皇帝对她的爱，恃宠而骄，在宫中作威作福。年轻漂亮的吴皇后本来心里就十分不满，再加上入宫之初就得不到丈夫的喜爱，更是憋了一肚子的怨气。于是有一天，她抓住万贞儿一个不合礼仪的罪名，命手下的宫女们将其痛打了一顿。

皇帝朱见深本来就对吴皇后没有感情，现在自己心爱的女人被打，岂能容忍？于是决定废后。立后不到一个月就要废后，很难令人心服。宪宗于是找了一个理由，说吴皇后是在太监牛玉的阴谋之下冒立的，于是将牛玉发配边疆，并趁机废除了吴氏的皇后称号，打入冷宫。

集皇帝宠爱于一身的万贞儿，从此在宫中更是横行无忌。继吴氏之后成为皇后的王氏本来就个性软弱，她吸取了吴皇后的前车之鉴，更是小心谨慎地看万贞儿的脸色度日，这样，后宫实际上就把持在万氏手中了。

万氏投皇帝所好，经常身穿戎装，骑着高头大马在皇帝的辇车前扬鞭开路，皇帝十分喜欢她这身装扮中带出的豪气，更加与她形影不离。这种诡异的情形，令宪宗的亲生母亲周太后都感到十分奇怪。

成化二年（1466年），万贞儿生下一子，母以子贵，于是被册封为皇贵妃，朱见深更是喜不自禁，不但将万氏一门尽数封官，还赏赐了万氏大量金银财宝。他还兴奋地派人到全国各地去祭祀山川河海、天地神灵。

明　佚名　明宪宗元宵行乐图

该图是一幅设色艳丽的宫廷画，反映了成化二十一年（1485年）元宵节当天明宪宗朱见深在内廷观灯、看戏、放爆竹行乐的热闹场面，是一幅反映宫廷生活的风俗画。

明 朱见深 达摩图

本幅画作描绘佛教禅门祖师菩提达摩的传奇故事。画幅为明宪宗三十三岁时创作。这位皇帝对于绘事颇为喜好，因此在处理政务的闲暇中，还能悠游于艺术。

可是好景不长，寄托了宪宗和万贞儿全部希望的儿子在一年之后就突然夭折了。万氏受到了巨大的打击。她的心理开始变得扭曲，为了保住自己的地位，她对宪宗临幸而怀孕的妃嫔万般凌辱，强令堕胎。成化七年（1471年），她又毒死了宪宗唯一一个在世的孩子——贤妃柏氏生下的皇子。

终于，有一个宫女纪氏，偶然被宪宗临幸，居然秘密地生下一个皇子，在宫中隐藏了六年才被发现。正为没有儿子发愁的宪宗当然是大喜过望，普天同庆，一直被蒙在鼓里的万贞儿气得咬牙切齿。皇帝为防不测，特意将孩子交给自己的母亲抚养。

成化二十三年（1487年）春，五十八岁的万贵妃去世了，宪宗肝肠寸断，伤心欲绝，他下令辍朝七日，用皇后的礼仪安葬了她。不仅如此，宪宗由于日夜思念万氏而郁郁寡欢，不到一年，思念成疾，追随万贵妃去了。他这种生死相恋、誓死相随的深情，在历代贪图美色的皇帝中是极为少见的。

明孝宗朱祐樘的幼年生活

皇室，应该是最为讲究身世的地方，因为在传统政治斗争中，身世因素起了极大的作用，只有身世可靠，才能获得终身的荣华富贵，甚至可以进位大统。因此我们很难想象，贵为天子，幼年生活却极为悲惨，这与皇室的靡丽奢华似乎极不协调。让我们走进明孝宗朱祐樘悲惨的幼年生活，去揭开深藏在大明后宫的重重谜团。

明孝宗朱祐樘是明朝的第九位皇帝，是宪宗皇帝第三子。由于他在位期间勤于政事、励精图治，使明朝再度中兴。然而，这位被评价为明代帝王中最具风范的明君，他的少年时代却过得危险而坎坷，他的亲生母亲纪氏更是在他年幼之时就遭暗害。当朝皇帝之子，出生尊贵，为什么没有锦衣玉食的童年生活呢？这背后究竟有哪些不为人知的秘密呢？

明孝宗的生母纪氏，是一个广西地方酋长的女儿。当年，明军杀死了纪姓土司首领，并将纪氏俘至北京送入后宫。天生丽质、伶俐聪慧、颇有文才的纪氏，由于是乱酋之后，所以没有资格侍候皇帝和宫中后妃，只是被派往一处宫室管理书籍。

宪宗喜好文墨，一天无聊之中偶然去翻阅书籍，正好巧遇纪氏。相谈之下，他发现纪氏知识广博，谈吐风雅，不觉暗自喜爱，又见纪氏姿容秀丽，于是就临幸了她。原本不过是游兴所致，然而纪氏却因此怀孕。

当时，明宪宗把所有的爱都给了较自己年长的万贵妃，把临幸过的纪氏早就忘得一干二净。

万贵妃因为自己的儿子生下不久就死了，所以十分嫉恨那些怀孕的年轻后妃们——她决不允许任何一个女人母以子贵，夺走宪宗对她的专宠。因此，她

明　佚名　明孝宗半身像

派人在宫中暗自侦察，千方百计地阻挠其他嫔妃宫女和皇帝接近，一旦发现谁被皇帝临幸，怀了孕，她就派亲信太监去逼那个怀孕的妃子喝下堕胎药。一时之间，被她强逼堕胎的宫人有好几个，她甚至还毒死了宪宗唯一在世的儿子。于是，在她的淫威之下，宪宗当了多年皇帝，临幸了无数女人，却依旧没有一个儿子。

纪氏同样也不例外，万贵妃一听说她怀了孕，马上派太监张敏去打探实情。但是不知出于什么原因，张敏竟然没有如实回奏纪氏怀孕的消息，而是以纪氏因病肚子肿胀骗过了万贵妃。但是万贵妃并不能完全放下心来，她还是将这个曾引起皇帝注意的女子关到西内的冷宫中去了。

纪氏在冷宫中忍受着孤独寂寞，几个月后居然生下了一个男孩。生下孩子的纪氏，心中仍然十分害怕，她担心万贵妃一旦得知真相，不但孩子和自己死于非命，还一定会牵连身边的好心人。经过痛苦的思虑以后，纪氏决定结束皇

明　佚名　明兴献王朱佑杬坐像

明　佚名　十同年图卷

这是一幅描写明弘治十六年（1503年）十位高级官员聚会情景的富有纪念意义的群像画。与会十人都是明天顺八年甲申（1464年）的同榜进士，都是在朝重臣，年龄以闵珪最大，七十四岁，李东阳最小，五十七岁。

子的生命。她让张敏抱出皇子，将他溺死埋掉。张敏大惊，慌忙进言说："皇上还没儿子，怎么能丢弃呢？"张敏不敢遵命，纪氏于是就留下了皇子。张敏帮助纪氏将小皇子藏在一个隐秘的地方，买了一些粉饵饴蜜之类的食品，细心喂养。宪宗的第一个皇后吴氏因为嫉恨万贵妃而被废，这时也居住在西内的冷宫中。共同的命运将吴氏和纪氏连在一起，心地善良的吴皇后，很同情纪氏的遭遇，于是两人共同对付万贵妃及其随从。她们就这样一起苦撑时日，细心地抚养孩子。皇子就是在这艰难的困境中一天天长大，一晃就熬过了六个春秋。

成化十一年（1675年）的一天，宪宗召张敏为他梳理头发。看着镜中的自己已经渐生白发，宪宗不禁长叹自己逐年老去但仍然无子。张敏闻言马上跪伏请罪，说万岁已有皇子！宪宗不禁愕然，忙问皇子在哪儿，张敏回答说："奴才说了即死，请万岁给皇子做主！"站在一边的太监怀恩，也随声伏地顿首说："敏言是，皇子潜养西内，今已六岁矣！匿不敢闻！"宪宗欣喜若狂，当即传令驾幸西内，并派使臣前往迎接皇子。

在这冷宫的凄风苦雨中度过了整整六年的皇子，由于长期幽禁，胎发都没有剃，此时已是长发及地了。宪宗抱着自己的儿子，老泪纵横，悲喜交加。

宪宗对这好不容易得来的儿子十分宠爱，为他取名为朱祐樘。朝中大臣得知后万分欣喜，纷纷入贺。宪宗立刻颁诏天下，封纪氏为淑妃，立即迁出冷宫，住进了宫城内的永寿宫。一时间，冷寂多年的后宫又热闹非凡。

万贵妃得知此事，恨得咬牙切齿，不久，宫里出了一件特大的怪事：刚刚住进永寿宫的纪淑妃，突然暴死。紧接着，帮助纪氏潜养皇子的太监张敏也不

知因何吞金自尽了。尽管史书中对纪氏和张敏的死都写得含含糊糊，但人们都知道这必定是万贵妃所为。

后来，万贵妃死去，对她一往情深的宪宗也很快追随而去。饱经磨难的朱祐樘终于登上了皇帝宝座，成为一代明君，这也足以使他那命运凄惨的母亲纪氏在天之灵得到一些安慰了。

明　佚名　孝康敬皇后张氏半身像

孝宗和张皇后是患难之交，一对恩爱夫妻。两人每天必定是同起同卧，读诗作画，听琴观舞，谈古论今，朝夕与共。

好色之君朱厚照

明武宗是中国荒淫帝王的典型。他是一个短命皇帝，一生腐化堕落，荒淫无度。他建造"豹房"，花天酒地，欺男霸女，整天泡在美女们的温柔乡中，醉生梦死。明武宗过度追求声色之乐，重用太监刘瑾等"八虎"，致使朝纲混乱，百姓遭殃。国力衰弱，宦官专权，在他在位期间表现得相当突出。关于他的荒淫生活，恐怕是中国历史上任何一个皇帝都无法比拟的。现在，让我们撩开历史的神秘面纱，再现这位荒唐好色之君的生活内幕。

朱厚照是明朝开国以来第一个以嫡长子身份即位的皇帝。弘治四年（1491年），刚满二十一岁的弘治皇帝明孝宗朱祐樘喜得贵子，这就是明朝的第十位皇帝明武宗朱厚照。弘治五年（1492年），年仅两岁的朱厚照被立为皇太子。

明孝宗在位期间，勤于政事，励精图治，使明朝再度中兴盛世，史称"弘治中兴"。但是，这位明朝的中兴之主却英年早逝。临死前，他最放心不下的就是太子，特别地嘱咐身边的亲信大臣要好好辅佐。弘治十八年（1505年）五月初七，明孝宗逝于乾清宫，刚满十五岁的太子朱厚照登基继位，是为明武宗——明朝皇帝中最荒唐的一个。

被正统古板的父亲压制了好久的年轻爱玩的明武宗，一朝登基做了皇帝，便开始了自己所向往追求的一种无忧无虑、自由快乐的生活。正好小皇帝身边有个一直跟随的太监刘瑾，他投其所好，专门弄来一些鹰犬、歌伎、角抵之类的东西供皇帝玩乐，因此大受皇帝宠信。

正德二年（1507年），明武宗听从了刘瑾的建议，干脆搬出禁锢他的紫禁城，下令在紫禁城西北修筑"豹房"，集纵情享乐和处理政务于一体。豹房始建于正德二年八月，一直到正德七年（1512年）十一月才最终完工，规模

明 佚名 明武宗坐像轴

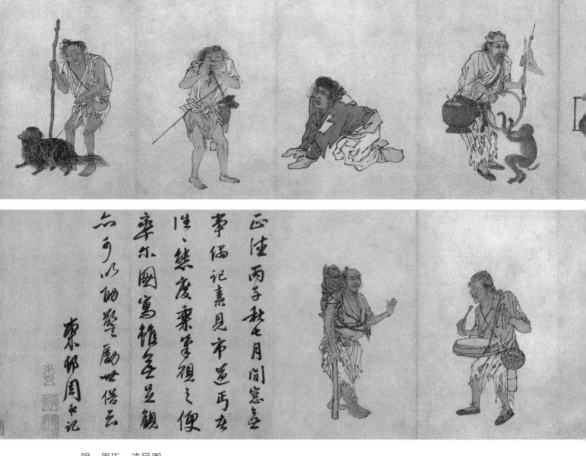

明　周臣　流民图

正德十一年，以权宦刘瑾为首，"八虎"登台，朝政荒废，贪官大肆敛财。各省各地起义纷纷，百姓流离失所。江西宁王朱宸濠叛乱后，大量因战争而逃难的农民涌入江南。这便是周臣创作《流民图》的背景。

之宏大、耗资之巨达到了惊人的地步。据史籍记载，豹房建好以后，武宗和近侍随从"朝夕处此，不复入大内矣"。后来，明武宗又大肆整修和扩建豹房，花费白银二十四万两，增添人员和虎、豹、熊、狮等凶猛野兽，并不断令人为其进献美女。

据说，在豹房还专门设置了许多地下密室，专供武宗奸淫妇女之用，每一间都住着或强抢或宣召或进献来的美女。在玩腻了这些美女之后，武宗又令人到京官的府第中再物色一批能歌善舞的美女，并将她们留在豹房的密室中，与之同饮同演，醉生梦死。

一天，武宗的一个亲信侍卫江彬悄悄向他报告说，后军都督府的右都督马昂有一个美貌妖冶的妹妹，此时已经嫁给一个军官为妻，而且已经有了身孕。

武宗知道了这个消息后，才不管美人是否嫁过人、是否怀孕，急忙命身边的太监赶快去找这位美人马氏，把她带到自己的豹房中侍寝。丽质天生、千娇百媚而且又善于骑射、深通音律的马氏，使得武宗见之如获至宝，一时宠幸无人可比。马氏的家里人，不论年纪大小，每人都得到了一件武宗亲赐的蟒衣。马氏受宠，宫中最善于见风使舵的太监们纷纷跑去巴结马氏的哥哥马昂，还谄媚地称他为国舅。武宗还赐了一所巨大的宅第给马昂，又升了他的官，马昂一下子变得炙手可热，在京城中的权势无人能比。

　　正德十二年（1517 年），武宗又一次西巡大同，在偏头关稍做休息后，又大索美女乐伎于太原。在召至御前的一大批美女乐伎之中，有一个美艳惊人、能歌善舞的刘美人。她是太原乐工刘良的女儿，后来嫁与晋王府的乐工杨滕为妻，武宗却在巡视完毕后把她一起带回京师，留在自己身边，日夜相伴。

　　武宗宠幸刘美人，对她言听计从。左右随从若有触怒了武宗的，都要乞求她救命，而刘美人往往一笑而解之，众随从便视其为救星，连武宗的心腹江彬

明　佚名　明孝康张皇后箓职牒（一）

《张皇后箓牒图卷》全卷大致分为三个部分：第一部分为"三洞赤文总真仙简"（云篆）

明　佚名　明孝康张皇后篆职牒（二）　　第二部分是五十二张神仙画像。

等人也俯首帖耳，见到刘美人马上顿首叩见，以母事奉，并尊呼为刘娘娘。

　　后来，武宗又动了南巡的念头，名义上是派镇国公到泰山祭礼祈福，实际上却是想借机去江南游玩一番。在遭到了满朝大臣的强烈反对后，武宗大怒，上百名大臣在午门外被罚跪五日，十几个大臣被打死，数十人被投进监狱。

　　正在君臣对峙的紧张时刻，江南传来宁王朱宸濠叛乱的消息，武宗大喜过望，马上抓住这个机会下令亲征。他率领着大军缓缓前进，沿途还到处搜罗美女。就这样，刚走到涿州，江西就传来捷报，说巡抚王守仁已经收复南昌，活捉朱宸濠。

　　尽管叛乱已经平息，武宗还是到江南转了一圈，玩够了才开始返京。就在

返京途中，贪玩的武宗独自划船，不慎落水，差一点儿被淹死。虽然被随从救了上来，身体却从此虚弱不堪，骑在马上都会摔下来，三个月以后就一命呜呼了，年仅三十一岁。这位荒唐的皇帝在把国家当玩具的同时，也玩掉了自己的性命。

　　纵观武宗的一生，真是纵情享受、吃喝玩乐的一生。他是明代最荒淫好色的皇帝，在他的脑子里，没有什么伦理道德、法律规范的约束，他只知道，凡是他喜欢的就都要占为己用。在贪图美色这一点上，他的大胆与开放恐怕是中国历史上任何一个皇帝都无法比拟的。

嘉靖皇帝炼丹中毒

明嘉靖二十一年（1542年）的一天深夜，宫女杨金英带领十几名年轻的宫女企图用绳索勒死皇帝明世宗，但是由于当时慌乱，宫女们错将绳子结为死扣，无法勒紧，垂死之中的皇帝被人救了过来，这就是发生在紫禁城里的"壬寅宫变"。由于事涉宫闱隐私，史籍资料很少有记载。但在民间，这一消息不胫而走，成为明代宫廷史上最搞笑的一笔。他是谁呢？为什么贵为天子却差点被宫女们杀死？

明世宗朱厚熜，明朝的第十一位皇帝，明宪宗庶孙，在位时年号嘉靖，历史上称嘉靖皇帝。

早在藩王朱厚熜还没有成为明世宗前，就喜欢炼丹修仙，将大半的心思都花在了钻研如何成仙上。他称帝之后，一心想得道成仙。为了配合道家提倡的清心寡欲之说，嘉靖皇帝总是宣称自己不好女色，可是就官方史籍中所记载有名字的妃嫔就多达六十多个，他还常常找各种借口在全国各地采选年轻美貌的女子入宫，这恐怕在明代的皇帝中也算是首屈一指了。

这些宫女们，尤其是年幼的，她们除了作为宫女的一般身份外，还有一种谁也想不到的特殊身份——为皇帝制药。

嘉靖十五年（1536年），年已三十的嘉靖皇帝尽管宠幸后妃无数，却一直没有一位皇子，这使得他心里非常着急。当时有个道士叫邵元节，嘉靖皇帝非常信任他，为他在皇宫中建立斋宫，入宫祈祷，由文武百官亲自轮流进香。后来，邵元节请求回山里继续修炼，临走之前告诉皇帝说不必为子嗣的事而烦心，因为上天念皇帝信道心诚，皇子的降生应该是指日可待。说来也凑巧，就在邵元节走后不久，嘉靖皇帝的阎贵妃真的就生下一子，接着，其他的几个妃子也相继生下皇子。嘉靖皇帝于是马上派人把邵元节请回宫来大加赏赐，可惜

明 朱邦 明代宫城图

没多久，这位被皇帝信为"神仙"的邵元节却得病死去了。

嘉靖皇帝又开始宠信一个叫陶仲文的道士。

这个陶仲文的骗术更为高超，他一入宫，就从嘉靖皇帝的长生不老之念入手，设法博得其欢心。他向皇帝推荐一种被称为"元性纯红丹"的丹药，说服下此药以后就可长生不老。不过，此药的药材易得，药引却难得。这"元性纯红丹"的制法非常特别，必须用处女首次月经来潮的经血来做药引。把收集来的处女经血盛在金或银的器皿中，再加上半夜起身采集来的第一滴露水，再加入乌梅等各种药物，连煮七次，使药浓缩成黏稠状态，这时再加进乳香、没药、辰砂、松脂等其他有凝固作用的东西，以火提炼，最后炼制成一粒粒丹丸。

于是，嘉靖皇帝令礼部派员在京城、南京、山东、河南等地挑选了民间女子千余人进宫，以后又多次采选宫女，多达数千人。仅嘉靖二十六年（1547年）至嘉靖四十三年（1564年）间的四次大选，就有一千零八十个八岁至十四岁的幼女被选入宫。

为了采得足够的炼丹原料，皇帝强迫宫女们服食催经下血的药物，轻则极大损伤宫女身心，重则造成失血过多甚至血崩，许多人因此丧命。此外，为了防止泄漏炼药的秘密，甚至会杀掉取过血的宫女灭口。当时部分宫女目睹宫内姐妹饱经残害，自知这种灾难早晚会降临到自己头上，因而才决定拼死一搏。

明　顾鼎臣　邵元节像

邵元节幼年时就父母双亡，送于龙虎山上清宫达观院出家为道士，师事范文泰得《龙图规范》之秘。后又师事李伯芳，黄太初，尽得其术。

嘉靖二十一年（1542 年），嘉靖皇帝命宫女们清晨采集甘露兑服参汁以期延年，致使上百名宫女病倒。不堪忍受折磨的宫女们，合谋要把这个残暴的皇帝勒死。当时，嘉靖皇帝正在乾清宫西暖阁熟睡，宫女杨金英领着十几个年轻柔弱的宫女和两个妃子，溜进了皇帝的寝室。"咱们下手吧！强如死在他手里！"她们有的蒙面，有的按腿，有的拉胳臂，另几个把绳子套在嘉靖皇帝的脖子上使劲勒。由于一时慌乱，绳子结成死扣，无法勒紧，嘉靖皇帝被勒得气绝但没有死。两个妃子一看事态不妙，就扔下了其他宫女，向皇后报告，想以此得到宽恕。皇后立即带人救下了气息奄奄的嘉靖皇帝。以杨金英为首的宫女差点将嘉靖帝勒死，这就是历史上罕见的宫女弑君的"壬寅宫变"。

大为震怒的嘉靖皇帝动了杀机——十几名宫女和那两个向皇后打报告的妃子都被截断四肢，割断咽喉，凌迟处死，其他含冤致死者多达一百多人。但是，宫变后，嘉靖认为大难不死是神灵庇佑，故比以前更痴迷于丹药方术。从此，他搬出了乾清宫，住在西苑万寿宫，终日修道以求长生达二十多年。

嘉靖皇帝由于长期服用这种"元性纯红丹"，造成了慢性汞中毒——这灵丹妙药不但没能使他长生不老，反而要了他的命。

万历皇帝的"玉盒密约"

　　在皇权至上的中国古代，皇储无疑是一个国家稳定的象征。对于皇室大臣们来说，皇太子是预备的君主，是国家的根本，可以杜绝旁人对皇位的觊觎。宪宗在儿子朱祐樘六岁的时候就册立其为太子；武宗因为没有儿子，所以就接连出现宗室亲王图谋皇位的叛乱。因此，自万历十四年起，一场长达十五年的"国本"之争在皇帝与大臣之间拉开序幕，虽然许多大臣被生气的神宗罢黜，但是，册立皇太子的呼声却从来没有间断过，直到万历二十九年正式册立皇太子为止。

　　明神宗朱翊钧十岁即位，年号万历，因此又被称为万历皇帝，他是明代帝王中在位最久的皇帝——在位长达四十八年。在他当皇帝的头十年中，他完全被他的母亲慈圣皇太后和大臣张居正牢牢控制着，他的一举一动都受到监视，这种压抑的生活造就了他暗藏在心底的反叛意识。

　　在明神宗成年时，太后为他选择了知书达理、端庄贤淑的皇后王氏和昭妃刘氏做伴侣。深藏在心底的那种反叛意识使得皇帝对这种强加的婚姻产生了强烈的不满，所以从一开始，他就对这两个妻子十分冷淡，因此几年过去了，王皇后和刘昭妃都没有生下皇子。

　　有一次，神宗去慈宁宫探望慈圣太后，在索水洗手的时候，巧遇王氏。王氏是一名普通的宫女，平时在慈宁宫侍候慈圣皇太后。神宗一时兴起，私下里宠幸了王氏，并赏了她一副首饰。此事虽然有随侍的文书房宦官记载于《内起居注》上，但是，神宗觉得自己与一名宫女发生关系很不光彩，便秘而不宣。一天，太后问起此事，神宗沉默不语。太后命人取出《内起居注》，让他自己看。神宗面红耳赤，静候太后的发落。太后认为自己年岁已大，但仍然没有孙子，如果有孕在身的王氏能生个男孩，也算是宗社之福，没有什么可忌讳的。

明　佚名　明神宗坐像

再说母以子贵，不应该分什么贵贱等级。于是，在万历十年（1582 年）六月，王氏受封为恭妃，两个月之后，生下了皇长子朱常洛。

在正宫皇后没有生下嫡子的情况下，这个长子按照惯例就应该被立为太子。虽然恭妃王氏始终没有受皇帝的宠爱，而是带着皇长子僻居别宫，但是朱常洛的名分和地位大家也都没什么异议，朱常洛被立为太子只是时间上的问题。

如果没有福王朱常洵，或者如果朱常洵的生母不是受宠的郑贵妃，一切也许会十分顺利，也不会有后来的大臣们与神宗就册立皇太子一事展开的长达十五年的拉锯战。

后来，神宗遇到了他这一生最爱的女人——郑贵妃，而且在他二十四岁的时候，郑贵妃为他生下了皇三子朱常洵。

郑贵妃原本是一个宫女，在万历初年入宫。她容貌秀美，机智聪敏，而且喜欢读书，颇有谋略。她处处显露出少女的纯真与大胆，敢于毫无顾忌地挑逗神宗，同时又能倾听皇帝的诉苦。毫不夸张地说，她成为精神匮乏的明神宗精神上的支柱。两人互相奉为知音，朝夕相伴。

这个皇三子朱常洵的诞生，一下子打破了宫闱和朝廷的平静，在宫廷的地位升迁中，母以子贵或者子以母贵的可能性都存在。明神宗爱屋及乌，对这个刚出生的孩子表现出了极大的宠爱，还直接把郑贵妃晋封为皇贵妃，地位仅次于皇后。这样，生育皇长子朱常洛的恭妃在位分上反居于郑贵妃之下，这下，更引起了大臣们的警觉。因为，按照子以母贵的说法，皇三子朱常洵的地位反而要高于皇长子朱常洛。大臣们纷纷上疏，要求：一、按有嫡立嫡，无嫡立长的继承制度，应册立朱常洛为皇太子；二、郑贵妃与王恭妃应当同时进封。但是，神宗一一驳回。

在神宗内心深处，肯定希望由朱常洵继承他的皇位。但是，神宗同时也深知这样对于继承规则的破坏，可能会产生严重的后果。所以，他一直在犹像。

据《先拨志始》记载，神宗曾经与郑贵妃一同去紫禁城西北角的大高元殿行香。其间郑贵妃要神宗立下誓约——立皇三子朱常洵为太子，于是神宗把立朱常洵为皇太子的誓言装入玉盒中交给郑贵妃，这就是所谓的"玉盒密约"。

本来朝廷上下就为立太子的事情争论不休，这个传闻的出现更是在朝野中引起极大震动，群臣们认为立皇三子是不顾祖宗礼法，为了社稷，就是罢官掉

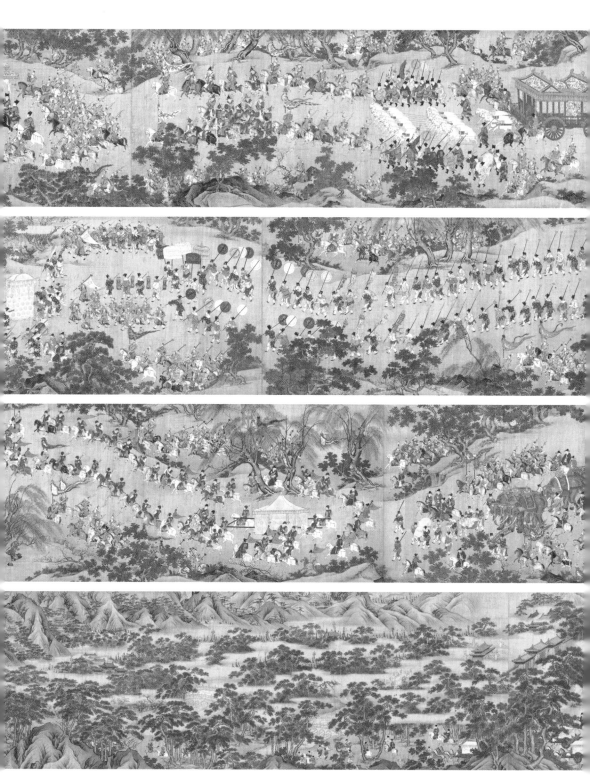

明　佚名　出警图

此图描绘的是神宗皇帝在宫廷侍卫的护送下，骑马出京，声势浩大地来到京郊的十三陵祭拜先祖。

明　佚名　入跸图

此图描绘的是神宗皇帝祭拜后，坐船返回北京故宫的情景。

脑袋也坚持要立皇长子为太子，立储之争达到了白热化程度。

慈圣太后这才感到了儿子"废长立爱"的决心，于是就质问皇帝。神宗只得找借口说："他（指朱常洛）是宫女的儿子。"太后申斥说："你不也是宫女的儿子吗？"

慈圣太后本来也只是一名宫女，后来进了裕王府，才生下了朱翊钧。这一说，吓得神宗惶恐万分，于是，他就把册立太子的事推迟，采取"拖"的办法。理由是皇后还年轻，说不定能生一个嫡系的皇子出来，"立嫡"的原则是优先的，那时再立太子也不晚。

本来，神宗是想把皇后废了，立郑贵妃为后，那时朱常洵就会变成"嫡子"，可以名正言顺地立为太子了。可是，一方面，他怎么也找不到废皇后的理由；另一方面，恭妃王氏对皇长子的约束甚严，从出生到十多岁，皇长子都是随母亲一同起居的。所以，当万历二十二年（1594年）郑贵妃诬陷皇长子与宫女有染已非童贞之身时，恭妃王氏怵哭，说："十三年与我儿同起居，正为此也，果有今日。"因此，朱常洛在未被立太子之前，行动始终循规蹈矩。

直到万历二十九年（1601年），已经年届不惑的神宗决定册立太子了。但是，由于放置多年，手谕早已经被蛀虫咬坏了，尤其是写着"朱常洵"名字的地方更是被蛀成一堆碎屑，在手谕正中开了一个大洞。迷信的神宗不由惊叹说此乃天意，至此终于死了"废长立幼"的心思，不久就下旨立长子朱常洛为皇太子，皇三子朱常洵则被封为福王，终于结束了这场旷日持久的"国本"之争。

"玉盒密约"不仅事与愿违，反而还助长了神宗立长子的决心，这恐怕真的是天意吧。

明光宗的"红丸案"

　　朱常洛是明代传奇色彩最浓的一位皇帝，明宫三大疑案都与他有关。明神宗不喜欢这位太子，他的位置曾一度岌岌可危，苦熬了许多年之后，才终于得到了梦寐以求的皇帝宝座，但是就在他即位第三十天的清晨，这位一心要有所成就的皇帝却忽然间莫名其妙地去世了，留给后人一个谜团。那么，究竟是什么缘由致使朱常洛突然暴毙而亡呢？

　　明光宗朱常洛（1582～1620年），明代第十四位皇帝，年号泰昌，明神宗朱翊钧的长子。在位仅一个月，因病后服红丸而死，终年三十八岁，葬于庆陵（今北京市十三陵之一），是明朝在位时间最短的一位皇帝。

　　明光宗的生母恭妃王氏，原只是慈圣皇太后的宫女，明神宗偶然临幸而生皇子。但明神宗宠爱郑贵妃，将郑贵妃所生的皇三子朱常洵视若掌上明珠，并一度产生过废长立幼的想法。他先是册封郑氏为贵妃，不久又提出了三王并封的主意，将众皇子都封为王以降低长子的地位，只是为朝臣所阻而没有成功。在册封太子的问题上，大臣们和皇帝的争斗激烈，直至万历二十九年（1601年），朱常洛才在朝臣的极力谏争和慈圣皇太后的支持下，被册立为皇太子。这就是历史上有名的"国本之争"。

　　当上太子后的朱常洛，面对朝内党争和宫闱纠纷的威胁，在各方面的表现都中规中矩，让明神宗找不到废太子的理由。

　　万历四十八年（1620年）八月，明神宗病逝，朱常洛于同月丙午日继位，改年号为"泰昌"。

　　朱常洛继位后，进行了一系列革除弊政的改革，使朝政有了些起色。

　　当年，在"国本之争"中，神宗宠妃郑贵妃使尽了手段，甚至还出现了"玉

明　佚名　明光宗坐像

盒密约"事件，因此，郑贵妃担心一朝登上皇位的朱常洛会因前嫌而报复自己，于是采取了两项措施：一是勾结朱常洛所宠爱的李选侍，请求朱常洛立李选侍为皇后，李选侍则请朱常洛封郑贵妃为皇太后为回报；二是进献美女以取悦朱常洛。

对于郑贵妃送来的美女，朱常洛照单全收，这在《明史》和《明史纪事本末》中均有记载。朱常洛本来就因为生活压抑而身体虚弱，骤然要承担如此多的政事，又贪恋美色，"退朝内宴，以女乐承应""一生二旦，俱御幸焉"，他根本支撑不住，即位才十天就病倒了。八月十二日，一心想做一个好皇帝的朱常洛拖着病体接见大臣，大臣们看到皇帝形容憔悴，"圣容顿减"。八月十四日，召内侍御医崔文升诊治。崔文升草草地看过之后，用了一剂"通利药"（即大黄）。大黄的药性是攻积导滞、泻火解毒，相当于泻药，所以服下不久，朱常洛便觉不适，一昼夜竟腹泻了三四十次，身体极度虚弱，处于衰竭状态。

后来，朝臣们对崔文升进行了猛烈的抨击，给事中杨涟说："贼臣崔文升不知医……妄为尝试；如其知医，则医家有余者泄之，不足者补之。皇上哀毁之余，一日万几，于法正宜清补，文升反投相伐之剂。"杨涟认为，朱常洛本来身体就虚弱，应当进补，而崔文升反而进以泻药，其心叵测。当时，朱常洛的生母王氏、原皇太子妃郭氏两家外戚也都认为其中必有阴谋。因为崔文升本是郑贵妃宫中的亲信太监，朱常洛即位以后，升崔文升为司礼监秉笔太监，兼掌御药房。大家都认为是郑贵妃指使崔文升以掌御药房太监的身份向皇帝进"通利药"的。

八月二十二日，朱常洛召见首辅方从哲等大臣，六科给事中杨涟也在召见之列。朱常洛看了杨涟很久，说："国家事重，卿等尽心。朕自加意调理。"之后，朱常洛下令，将崔文升逐出皇宫。

八月二十九日，鸿胪寺丞李可灼说有仙丹要呈献给皇上。太监们不敢做主，将事情禀告内阁大臣方从哲。方从哲说："彼称仙丹，便不敢信。"接着，内阁大臣们进乾清宫探视朱常洛。朱常洛此时已着意安排后事，将皇长子交由阁臣小心辅佐，又问起自己的陵墓的营建事宜。在安排好一切之后，朱常洛问："有鸿胪寺官进药，何在？"方从哲说："鸿胪寺丞李可灼自云仙丹，臣等未敢轻信。"朱常洛此时病急乱投医，虽然自知命在旦夕，但还是抱着试一试的

明　吴彬　岁华纪胜图册

《岁华纪胜图册》是明代画家吴彬创作的一幅纸本设色画。万历年间吴彬曾官工部主事，本图绘的是当时明朝人元夜时的活动。

想法，命李可灼入宫献药。到中午时分，李可灼调制好一颗红色药丸，让皇帝服用。服药之初，朱常洛觉得很舒服，一个劲地夸李可灼是忠臣，并传谕众臣："朕用药后，自觉身心醇畅，也想吃饭了，卿等放心。"到了傍晚，朱常洛担忧药力缺乏，命李可灼再进一粒红丸。尽管御医们都表示反对，但是朱常洛坚持要再服一颗。于是，李可灼再让皇帝服用了一颗红丸。但这次他的感觉却是十分不好，第二日（九月初一）五更时分，在召集诸臣见了最后一面后，这位登基只有短短一个月的皇帝，就带着满腔遗憾离开了人世。

皇帝暴毙，大臣们纷纷指责李可灼的"红丸"是断送皇上的罪魁。红丸到底是什么药，是否有毒，崔文升为什么要向皇帝进泻药，这些都已无法弄清。后来，有人指出朱常洛服用的"红丸"，其实与嘉靖皇帝当初服用的"红铅丸"类似，是用女子经血、秋石、人乳等调制而成，性热，正好与当初崔文升所进的大黄药性相反。本来身体虚弱的朱常洛，一下子服用两味性能相反而且猛烈的药物，岂能不暴毙而亡！而有人则认为因郑贵妃请封皇太后而不许，怀疑是她指使李可灼下的毒。

这就是历史上的"红丸案"，此案最后不了了之，成为明宫一大疑案。

明 泰昌通宝

喜欢做木匠的明熹宗

他真是一块做木匠的好料！许多人都承认，如果他不是一个皇帝的话，一定会是一个出类拔萃的优秀木匠。他的这份天赋并没有错，但错就错在他是一位大明朝的皇帝，他整日沉湎于木匠活计，把治国平天下的事统统抛到脑后，并因此毁了国家。魏忠贤专权误国，而他却耳无所闻，目无所见。他是谁呢？他就是明熹宗朱由校，可叹他是一名出色的匠工，却使大明王朝在他这双巧手上摇摇欲坠。

明熹宗朱由校，明光宗长子。光宗即位不及一个月，服"红丸"而死。泰昌元年（1620年）九月，朱由校继立为帝，次年改元天启。

明熹宗朱由校在历代帝王中是很有特色的一个皇帝，他并不像他的祖辈们一样，或贪恋女色，或游戏无度，或追求长生不老。他十六岁登基，二十三岁病死，在做皇帝的这七年中，他完全像一个还没有长大的孩子，只想做一些自己喜欢做的事，而不想做一个整日受人约束的皇帝。

明熹宗心灵手巧，对制造木器有极浓厚的兴趣，凡刀锯斧凿、丹青髹漆之类的木匠活，他都要亲自操作，他手造的漆器、床、梳匣等，均装饰五彩，精巧绝伦。明代天启年间，匠人所造的床，极其笨重，十几个人才能移动，用料多，样式也极普通。熹宗便自己琢磨，设计图样，亲自锯木钉板，一年多工夫便造出一张床来，床板可以折叠，携带、移动都很方便，床架上还雕镂有各种花纹，美观大方，为当时的工匠所叹服。

熹宗常常自己雕刻一些小人、小玩具或是小动物，每一个造型都惟妙惟肖，栩栩如生。小人的表情都各不相同，小动物的形态各异，好像都是实体微缩了似的。熹宗派身边的太监把这些木雕拿到市场上去卖，总是能卖到很高的价钱，

明　佚名　明熹宗坐像

熹宗因此更加高兴，工作起来也更加废寝忘食，往往干到半夜也不休息。熹宗对漆工活也很在行，从配料到上漆，他都自己动手，并喜欢创造新花样，让身旁的太监们欣赏评论。熹宗还喜欢在木制器物上发挥自己的雕镂技艺，形象逼真。他所雕刻的一整套护灯小屏，其上面的花鸟鱼虫，巧夺天工。他让太监拿这套作品到市场上去卖，要价就是十万两，可是仍然有人抢着购买。熹宗高兴时也常常精雕细琢地做一些精美玉章，赐给身边的大臣、太监。

熹宗不仅仅是制作一些小玩物，他天生还是一个出色的建筑师。凡是他看过一眼的木器用具、亭台楼阁，都能照原样制作出来。他曾经在宫中仿照乾清宫的样式，做了一座微缩模型宫殿，高不过三四尺，但曲折微妙，巧夺天工。后来他终于在现实中过了一把建筑师的瘾。

天启五六年间，朝廷对紫禁城的三座主殿太和殿、中和殿、保和殿进行了大规模的重建工程。熹宗在工程中大显身手，从起柱到上梁，再到外部装饰，他都亲临现场，仔细指导，高兴了还会当场脱掉外衣，挽起袖子，和工匠们一起大干一场。

有时熹宗心血来潮，还在宫中建一些小巧别致的房屋，内设精密的机关。建成后他总是高兴得手舞足蹈，对自己的作品很是得意，找来身边所有的人一起欣赏。时间一长，他的兴趣过去了，就派人立刻毁掉，再重新建造别的花样，总是在建了拆、拆了建中玩得乐此不疲。至于建这些没有用处的房屋需要花费多少金钱，就不是他关心的问题了。即使是按照他的设想，需要在门上安装一颗宝石做门环，他也毫不犹豫地照样去做，力求做到完美无缺。等到房子被拆掉的时候，这些贵重的材料就和其他的一些建筑垃圾一起被废弃了，宫中的许多太监都借此发了大财。

熹宗还发明了中国最早的喷泉。宫中的人都叫这种喷泉为铜缸水戏，这在当时可是天下一绝。那时宫中都用铜缸或是木桶盛水饮用，他就在这些盛水的容器下方凿一个孔，在里面设置机关，用机关操作，缸中的水就飞散出来，有时泻如瀑布，有时又散若飞雪，最后变成一根玉柱，打击放在缸外面的许多小木球，木球就浮在水柱尖上，随着水的喷吐而跳跃不已，久久不息。每回玩这个游戏时，熹宗都和他的嫔妃们一起在旁边观赏，随侍的妃子和宫女都拍手赞叹，对皇帝钦佩不已。这肯定是熹宗最高兴、最得意的时候吧！

明 陆云龙 魏忠贤小说斥奸书

《魏忠贤小说斥奸书》是明代陆云龙（一说冯梦龙）创作的白话长篇世情小说，自万历十六七年事至崇祯元年，数十年间情事，娓娓而叙，忠于史实，文笔亦较流畅，人物刻画传神。

熹宗还喜欢看一种水傀儡戏。当时的梨园子弟用木头雕刻成海外四夷、仙人仙山、将军士兵等各种形象，用这些雕出来的人物演戏。熹宗的木雕手艺比那些专业的雕刻工匠还要高超，他也经常雕一些演戏用的人物，男女不一，形象各异，上面全涂上五彩油漆，一个个栩栩如生。这种水傀儡戏就是在一个水池里添满水，水中放置各种游鱼，在事先做好的小木人脚下安置一块小木板，使之浮在水面上。小木人的脚下浸在水中的一部分还安着走过场的竹板，通过机关可以在水池外控制。演戏时在水池周围围上布帘，旁边的艺人在暗处操纵机关。木人在水面上移动，再随着动作配上声音，就成了一台精彩绝伦的好戏。那时熹宗最喜欢看的是一些热闹有趣的剧目，像《孙悟空大闹天宫》《八仙过海》《东方朔偷桃》《三保太监下西洋》等，演得活灵活现，惟妙惟肖，十分新奇有趣。

熹宗整日沉湎于木匠活计，把治国平天下的事统统抛到脑后。爱玩弄权术的魏忠贤常趁熹宗引绳削墨兴趣最浓时，拿上公文请他批示。魏忠贤为什么要这样做呢？这是因为，在明朝旧例，凡廷臣奏本，必由皇帝御笔亲批；即使是例行文书，也由司礼监代拟批词，也必须写上遵阁票字样，或奉旨更改，用朱笔批，号为批红。正潜心于制作木器房屋的熹宗当然很不耐烦，把公务一概交给魏忠贤，使得魏忠贤借机排斥异己，专权误国，而熹宗却耳无所闻，目无所见。可叹他是一名出色的匠工，却使大明王朝在他这双巧手上摇摇欲坠。

崇祯皇帝为什么不南迁

　　可以说，他是我国最勤政的皇帝，也是个有远大抱负的皇帝。如果不是生在明朝末年，他也许能做出一番功绩来，最起码也可以成为一个后人称颂的守成皇帝。但他虽有雄心，却也生性多疑，在清太祖皇太极的离间计前，轻率地杀掉了名将袁崇焕，很难想象在他心中有什么人是可以信任的，包括他的儿子。万一要是北京没有失守呢？已经十六岁的儿子要是在南京自立为帝，奉自己为太上皇，该怎么办呢？所以，在担心北京难保、玉石俱焚的焦虑中，崇祯皇帝死死拉着三个儿子与自己一起坐等着北京淹没在农民军的汪洋大海。

　　明思宗朱由检（1611～1644年），明光宗朱常洛第五子。天启七年（1627年）八月，明熹宗病故，由于没有子嗣，信王朱由检继承皇位，第二年改年号为"崇祯"。崇祯皇帝在位十七年，李自成起义军攻破北京后自缢，终年三十四岁。

　　崇祯皇帝朱由检继位伊始，就大力清除阉党。他先是铲除了魏忠贤及其党羽，此后又将阉党二百六十余人，或处死，或遣戍，或禁锢终身，使气焰嚣张的阉党受到致命打击。崇祯皇帝谈笑间铲除了魏忠贤集团，曾一度使明王朝有了中兴的可能。

　　当时的明王朝外有后金连连攻逼，内有农民起义军的烽火愈燃愈炽，而朝臣中门户之争不绝，疆场上则将骄兵惰。面对危机四伏的政局，朱由检勤于政务，整饬边政，与前两朝相较，朝政有了明显改观。

　　矛盾丛集、积弊深重，无法在短期内使政局根本好转。朱由检刚愎自用，急躁多疑，因此在朝政中屡铸大错，最终无法挽救明王朝于危亡。尤其是在与后金战争的紧要关头，朱由检中了后金皇太极的反间计，冤杀袁崇焕，使辽东防卫几近崩溃。

明　佚名　明思宗半身像

明思宗即为崇祯皇帝，是明朝最后一位皇帝，他一方面勤俭自律、清心寡欲、励精图治，试图重现明王朝当年的辉煌景象；另一方面，他疑心重重，频繁更换和滥杀大臣，以致众叛亲离，最终在煤山自缢。

清　佚名　袁崇焕像

明思宗朱由检即位后，袁崇焕得以重新启用，击退皇太极，解京师之围后，遭遇弹劾，皇太极趁机实施反间计。崇祯三年（1630 年）八月，袁崇焕被朱由检认为与后金有密约而遭凌迟处死，家人被流徙三千里，并抄没家产，实则家无余财。

清军接连攻占了山东、河北的许多州县；张献忠一路沿湖北、湖南夺关占地，准备全面占领四川；更严重的是，李自成已西进潼关，占领西安，控制了西北，并整顿兵马直取北京。国家社稷危在旦夕，如果此时崇祯皇帝权衡利弊，当机立断，迁都南京，也许尚可保住江南的半壁江山，明朝或许不会这么快就灭亡，但是崇祯皇帝迟迟没有南迁，放弃了一条生路。

国势飘摇，大难临头，崇祯皇帝为什么迟迟不肯南迁呢？他真的不想南迁吗？这与其优柔寡断的性格有着紧密的联系。

崇祯十七年（1644 年）正月初四，朱由检急召陈演、魏藻德、丘瑜等大臣到御书房议事，讨论兵部兵科给事中吴麟征、陕西总督余应桂和蓟辽总督王永吉三人提出的速调吴三桂入京勤王的三道紧急奏折。这本是一个拯救危亡的折中方略，虽然不得不因此放弃山海关，但能避免京城落入李自成之手。然而，朱由检却踌躇再三：面对外患，如果弃地守京，就会落下丢失国土的千古罪名；面对内忧，坐以待毙，又会蒙受失政于寇的奇耻大辱。这个两难的选择使他犹豫不决。

因此，崇祯皇帝决定"早朝廷议公而决之"。于是，正月初九的早朝上，众朝臣展开了唇枪舌剑的争论，一派主张弃地守京，另一派主张决不弃地，结果相持不下，不欢而散。那么，主张决不放弃一寸国土的臣子们，真的是心口如一以死报国的忠臣吗？当然不是。当时的宰相、首辅大臣陈演就怀着不可告人的目的。他当廷表态不弃国土，只是为日后在丢失国土的罪名上做推脱。他恐怕有朝一日秋后算账，这个刚愎自用又心胸狭窄的皇帝，为了开脱自己的罪责会找一个因弃地守京而丢失国土罪名的替罪羊，而陈演则明哲保身，他后来又不公开反对"弃地守京"，似乎正说明了这一点。试想，朝政把持在这种满脑子为个人打算的人身上，怎么会定下个万全之策呢？退朝不久，左中允李明睿求见崇祯皇帝，献上南迁之计，他认为大敌当前，即使弃地也难保京，应该效仿晋、宋南迁，以后再图恢复北方，缓目前之急。可以说，这个消极的应付对策确实是当时保朱明王朝的可行之策，崇祯皇帝心里也是赞同的。但是，这个优柔寡断、只顾虚名的皇上认为南迁是丢弃宗庙社稷的大罪，比"弃地守京"更甚，不愿承担这个千古骂名。于是，这个正确的策略便被搁置一边了。

三月初，李自成攻克了宁武，明军一败涂地，京城岌岌可危，崇祯皇帝又连夜召诸大臣商议对策。这时，李明睿再次奏请南迁，岂料左都御史李邦华竟提出皇上应该守京师，让太子下江南。崇祯皇帝怒斥道："朕经营天下十几年尚不能济，孩子家做得了什么大事？"众人顿时吓得哑口无言，其实人人心里都明白，皇帝自己本想南逃，却硬是死要面子，要众大臣说出来。他们又一想，如果皇上南迁，一些大臣们便会留在京师辅佐太子，变成替死鬼；而那些随驾南迁的人，一旦京师失守，说不定也会因力主南迁而替人受过，这实在是个两面不讨好的苦差事。众人都看透了崇祯皇帝的心理，但谁也不想背这个黑锅，于是个个沉默不语。结果群臣议来议去，还是说不出个所以然来，到了最后，也只是下了个"入京勤王"的圣旨，等待各路大军来京护驾。

但是此后的几天内，勤王的军队迟迟没有到，告急奏折却像雪片一样飞来，这时李明睿又来紧急求见，力劝崇祯皇帝南迁。崇祯皇帝当然想马上南迁，可是他又总是盼望着在大臣都一致赞成南迁，都来哭求时再半推半就地答应下来，这样虽然仍是不免"弃京南逃"之名，但总还能营造出一种不得已而为之的情景，让人对他这个皇帝的被动无奈深表同情。因此，在形势已经万分危急的关头，他还抱着一线希望。可是他又一次失望了——大臣们仍是沉默着。正在僵持之际，保定失陷了！这一下，南迁的路被从中掐断，南迁之议成为泡影。

崇祯十七年（1644年）三月十七日，农民起义军围攻京城。三月十八日，李自成率领的农民起义军攻入北京，崇祯皇帝无路可逃，最后在紫禁城后的煤山上自缢，屹立了近三百年的明王朝灭亡了。

李自成进城后，将崇祯皇帝的尸体抬到东华门，葬在昌平州，当地百姓又将他合葬在田贵妃墓中。清军入关后，将他移葬思陵，谥为怀宗，后改谥庄烈帝。南明政权谥他为思宗烈皇帝，后又改谥为毅宗，史称崇祯。

明　明思宗御笔"九思"

本幅大楷书"九思"二字，用墨浓丽，下笔遒劲有法度，另幅中御押"由检"，亦为少见的思宗花押。

南明福王的登基之路

从少年起就到处漂泊、颠沛流离的朱由崧，想不到在临近不惑之年却时来运转，居然出于偶然的机遇接近了最高权力的殿堂。但是，至尊无上的皇权宝座，在他看来，只不过是恢复曾经本该为他享有的王府温柔富贵的工具而已。他称得上是历代亡国之君的典型，昏庸无能，目光短浅。在醉生梦死之中，他浑然忘却了自己拼命抓到的权力在风光无限的背后隐藏的重重杀机，在为帝的短短一年之中，他不曾对自己的国家、子民、家族甚至自己负责，不久，这部由帝王将相演绎的大戏在金陵城外的寒风中轰然散场。不过再怎么说，他毕竟还是南明史上的第一位皇帝。那么，他是如何登上南明帝国的皇位的？

南明福王朱由崧因称帝后曾改元弘光，史称弘光帝，是历史上南明政权的第一位皇帝。

朱由崧的身世显赫，他就是明神宗朱翊钧之孙，福王朱常洵之子。1617年，十岁的朱由崧被封为德昌郡王，后来又立为福世子。本以为可以锦衣玉食，没想到李自成一朝攻破洛阳，要了其父朱常洵的命。

历史记载，朱常洵一生胡作非为。崇祯十四年（1641年），李自成率领农民起义军攻破洛阳，杀了残暴腐朽、淫乐无度的朱常洵。在洛阳城破之时，

弘光帝

明　佚名　绣像国姓爷忠义传　弘光帝像

朱由崧和母亲邹氏有幸逃脱出城，流落江淮，昔年福王府的荣华富贵化作一场春梦。但是谁能想到，就是这个一败涂地的破落亲王，竟然有一天会时来运转，登上南明帝国的皇帝宝座。

崇祯十六年（1643 年），朱由崧继承了福王封爵。清兵入关后，在亲兵的护卫下，他辗转来到淮安（今江苏省淮安县）避难。崇祯十七年（1644 年）四月，李自成率领农民起义军攻克北京，崇祯帝朱由检自缢于煤山。

消息传到南方，聚集在南京的一班明朝大臣不甘心政权就此灭亡，决计拥立朱家王室的藩王重建明王朝。原来形同陪衬的南京留都的政治作用就凸现出来，摆在留守诸臣面前的首要任务就是拥立新君，组织政权。

由于朱由检的三个儿子都没有逃出北京，大臣们只有从藩王中挑选。当时藩王中尚存的神宗直系子孙，有福王、惠王、瑞王、桂王四人，后面三者分别在僻远的广西、四川，离南京近的只有从河南逃来的福王朱由崧和旁系的侄儿潞王朱常淓。而福王由于血统亲近，比起其他两个远在广西的藩王来，自然近水楼台先得月。经过激烈的争吵，南京大权在握的阉党阮大铖与凤阳总督马士英联络总兵黄得功、刘良佐、高杰、刘泽清等实力派，决定拥立福王朱由崧为帝。

然而事情并没有这么简单。江南士绅中部分东林党人以福王昏庸为名，坚决反对。这是为什么呢？原来，早在天启朝时，为反对老福王继统和老福王之母郑贵妃干政，东林党人已和福藩结下不解之仇。从狭隘的一己私利出发，为防止朱由崧登位之后趁机报复，以东林领袖钱谦益为首，他们借立贤之名，大张旗鼓地推出了一个莫名其妙的继承人——潞王。

尽管潞王血统偏远，缺乏继立的理由，但他所谓的贤名却赢得了许多人的支持。那么，潞王是不是真的贤明呢？我们先抛开这个不说，就封建王朝的嫡长子继承制，自有其现实考量。

当时的政治是以内阁负责，也就是说，即使皇帝昏庸，负责的臣下仍可以维持政治机构的正常运转。而以当时的局势而论，留都诸臣需要的只是一个形式上的领袖，并不一定非要雄才大略的贤君不可。只要臣下齐心协力，定能维持危急局势。现在如果以立贤为名抛开福王去立潞王，那么，明王朝散居各地、小有贤名的龙子龙孙大有人在，自然会有大批的野心家趁机下手，借拥立争功，南明的局势必将土崩瓦解，一发不可收拾。

就在南京的拥立之争热闹不堪时，远在淮安的朱由崧着急了。他本来是三大竞争者之一，却并没有人来表忠心，就是搞投机的也寥寥无几，这一切都使朱由崧感到情况不妙。

出人意料的是，这位在大家看来糊涂昏庸的朱由崧竟走出一着妙棋，一举击溃了南京城内自以为得计的诸公。

《南渡录》中记载："时王（朱由崧）闻，惧不得立，书召南窜总兵高杰与黄得功、刘良佐协谋拥戴。刘泽清素狡，先附立潞议，至是以兵不敌，改计从杰等。"朱由崧直接向雄踞江北的三镇总兵求助。高杰、黄得功本来就是野心勃勃的流窜军阀，见有"定策拥立"的好机会，于是甩开他们的顶头上司凤阳总督马士英，做起了定策元勋。

清　杨鹏秋　《中国历代名人画像谱》　钱谦益像

消息传到南京，所有人大惊失色。马士英老于官场，觉得事已至此，再想来争也没用，于是连忙向朱由崧表明心迹，成为从龙文臣第一人。史可法一开始还蒙在鼓里，甚至还在写给马士英的信中痛骂朱由崧昏聩，没想到却成为别人手中的把柄。随即马士英便带领大军杀气腾腾地护送朱由崧来到南京浦口。大势已定，满心悔恨的史可法和东林党人也只好接受这个现实。

崇祯十七年（1644年）五月初一，福王朱由崧被马士英等人迎入了南京。五月初三，朱由崧就任监国，以南京兵部尚书史可法、户部尚书高弘图、凤阳总督马士英以及旧臣姜日广、王铎等五人为大内阁大学士，同时划分江北明军为四镇，共拥兵三十万。五月十五日，朱由崧正式即位称帝，改元弘光，这样南明第一个政权——弘光政权建立了。

南明　弘光通宝

明绍宗朱聿键壮志未酬

　　他是在南明诸帝中少有的一个有所作为、颇具政治眼光的人物，在明王朝的其他藩王中，尤其显得矫矫不群。他的淡出政治舞台，使得南明中兴的最后一线希望趋于幻灭，徒令后人扼腕凝噎不已。他是谁？他就是明绍宗朱聿键，这位充满了传奇色彩而又历尽磨难的帝王，他的被俘，给后人留下了不解之谜。现在让我们拨开历史的迷雾，再现当时的真实情景。

　　明绍宗朱聿键（1602～1646年），南明皇帝，明太祖朱元璋的九世孙。

　　清顺治二年（1645年）五月，弘光帝朱由崧被俘，闰六月，朱聿键受郑鸿逵、郑芝龙、黄道周等人的拥立，称帝于福州，改年号为隆武。

　　史学家普遍认为，朱聿键是南明几个小朝廷中比较有为的一个皇帝，只可惜个人的力量不足以改变整个局势。在南明的各个小朝廷中都有一个相同的现象，就是重臣秉政，皇帝不过是政治斗争中的傀儡。朱聿键也一样，在朝中真正执掌大权的人是拥立他做皇帝的郑芝龙。郑芝龙原来是一个纵横东海的海盗，以他的实力，足可以组成一支堪与明王朝对抗的军队，明王朝无奈之下只好招安了他的部队，而他作为总兵，仍然率领其原班人马。由于他手握兵权，所以他才是这个政权的真正主人。

　　本来，福建地方地广人稀，又有崇山峻岭相阻隔，是一个易守难攻的好地方，尤其是天险仙霞岭更是一道阻碍敌人攻势的天然屏障。隆武皇帝几次催促郑芝龙整顿军队，做好北伐的准备，但是郑芝龙总是以各种理由推托，始终按兵不动。后来，他冷眼旁观中原的战事情况，认为明王朝大势已去，无法挽回了，就私下里积极和清朝统治者通信，商议归降之事。等他们谈妥以后，他命令自己的军队退至二线，清军不费吹灰之力就越过了仙霞岭，长驱直入福建腹

清 佚名 隆武皇帝像

绍宗即位不及半月，即下诏亲征，影响颇大。江浙、安徽、江西各地义军纷起，响应抗清号召。然而军政大权掌握在地方实力派郑芝龙手里，绍宗本人也为其挟制，实际并无建树。

地，顺利地占领了隆武政权的首都福州，南明这位立志中兴并小有作为的皇帝朱聿键蒙难。

关于隆武皇帝殉国之事，史书上的记载有些纷乱，甚至相互矛盾。

一种说法是，在清军攻占福州的时候，隆武皇帝却在延平。当他得到福州被占领的消息后，惊慌失措地在随从人员的保护下逃亡。逃到汀州的时候，被清军派来的骑兵部队抓住后就地处决。

也有学者根据史料记载推断，认为隆武皇帝虽然是在汀州被俘，但并不是在汀州被杀。因为作为一国之君，对清朝是有很大意义的，不可能那么轻易地就被杀掉，最起码应该是被带到大部队停驻的地方，由主帅在请示清朝廷并得到回复批准后，才有可能杀了他。

目前最让人信服的说法是这样的：

当时在清军占领福州之时，隆武皇帝确实不在福州。因为前一年冬天他想出省与其他地区的抗清力量联合，但走在路上却被郑芝龙阻止，只好回驻延平。

清军占领福州，也攻占了汀州，但是汀州很快被隆武军收复了，这时候隆武皇帝还活着。

之后，隆武皇帝率领的御营军队受到清兵的攻击，溃不成军。在混乱中，隆武皇帝身边的亲信扮成他的样子，隆武皇帝则换了便装趁机逃走了。这个代替他死掉的人，一说是大学士杨鸿，一说是一个叫张致远的人，还有一说是隆

荷兰人所制海图　　本图主要描写大海盗郑芝龙与郑成功国姓爷的基地：金门与厦门一带地区。

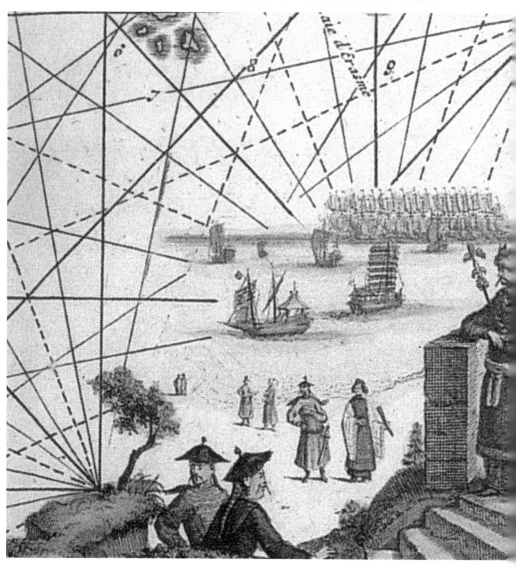

武皇帝的弟弟朱聿钊，总之，隆武皇帝本人是活着逃出了福建。

　　隆武皇帝后来到了广东，在那里继续进行抗清活动。早在清军进入福建之前，隆武皇帝就派自己的亲信张家玉到广东惠阳、潮州一带联络地方豪杰共同抗清，并在那里招兵买马，置备武器。当张家玉听说郑芝龙投敌叛变，清军已经进入福建的消息时，立刻派人去寻找隆武皇帝的下落。后来得知隆武皇帝已经逃到福建上杭一带，他马上带领着人马去迎接。隆武皇帝对他及时前来救驾十分感激，马上给他以"登坛拜印"之宠，并跟随他回到了广东。此后，张家玉一直跟在隆武皇帝的身边继续联络抗清势力，与清军奋战。当地的许多地主武装也加入到了他们的抗清活动中。

　　后来，隆武皇帝的军队与清军在平远的交战中失败，隆武皇帝本人也在这次战斗中英勇战死了。直到现在，广东平远一带民间仍然流传着隆武皇帝在此抗清的传说，而且这种说法在海外也一直流传着。据说，隆武皇帝率军迁移，在深夜之中被清军的骑兵部队追及，君臣全部被俘，后来被押送回福州，隆武皇帝在福州绝食而死。最具传奇色彩的是，当地百姓因为隆武皇帝的死而痛哭流涕，就连当地的竹林都被染上了红色斑点，这种竹子以后就被称为"隆武竹"，至今犹存。

　　关于隆武皇帝是否在汀州被俘，虽不能找到一个定论，但不管是殉国也好，逃难也罢，其淡出政治舞台，则使得南明中兴的最后一线希望幻灭，徒令后人扼腕凝噎不已。无论如何，隆武皇帝都是在南明诸帝中少有的一个有所作为、颇具政治眼光的人物。

"海上天子"朱以海的坎坷一生

历史就是这样让人难以预料，他本来有着"皇家血统"之煊赫身世，应该过着锦衣玉食的生活，然而，他的一生，几乎全都是在国破家亡、颠沛流离中度过。甚至在强敌压境之时，阴差阳错地被推上了监国之位。令人失望的是，这位毅然肩负起抗清大旗的皇室后裔，却没有励精图治的才能，不仅政权腐败，而且在即位后不久便开始了极为荒淫的生活。还在大敌当前之时与隆武皇帝自相残杀。他是谁呢？

南明鲁王朱以海（1618～1662年），是明太祖朱元璋的第十世孙。

第一代鲁王朱檀，是明太祖朱元璋的第十个儿子，当时藩封于山东兖州。等鲁王爵位传到朱以海的父亲朱寿镛时，已经是第八代了，被嗣封为鲁肃王。朱以海是鲁肃王朱寿镛的第五子，朱寿镛死后，朱以海的哥哥朱以派被嗣封为鲁王。

崇祯十五年（1642年），清兵挥师南下，攻破山东兖州后，朱以派遇难，死里逃生的朱以海于是在崇祯十七年（1644年）二月袭封鲁王。但在位不到一个月，农民起义军攻克北京，进兵山东，朱以海只得南逃，在弘光皇帝朱由崧时期寓居于浙江台州。

在那个时候，浙江东部各地的反清运动风起云涌。于是，明朝原任管理戎政兵部尚书张国维和在籍官僚陈函辉、宋之普等人商议，要迎立一位明朝宗室出任监国。而当时在浙江的明朝亲、郡王中，只有在台州的鲁王朱以海没有投降清朝，这样，朱以海就成了浙江复明势力拥立的合适人选。

清顺治二年（1645年）闰六月二十八日，朱以海在张国维、方逢年等人的拥护下，从台州来到绍兴，就任监国，立张氏为元妃，同时改次年为监国元

明末　铜鎏金人物故事图八方螭耳金杯

此杯为明末铜鎏金杯，两边螭龙象征皇家威严，八方口杯寓意龙守八方，雕刻精细，做工精美。

年。这样，在强敌压境之时，朱以海被推上了监国之位。

但是，令人失望的是，这位毅然肩负起抗清大旗的朱以海，却并没有完成使命，而是在即位后不久便开始了极为荒淫的生活。

在明代大旅行家徐霞客的《西施山戏占》诗中，详实地描绘了朱以海监国时的状况："鲁国君臣燕雀娱，共言尝胆事全无。越王自爱看歌舞，不信西施肯献吴。"

朱以海虽然在对待清兵上并没有太有效的抵抗，但为了所谓的正统地位却与福建隆武皇帝朱聿键的政权相互倾轧，争斗不已。这种"攘外必先安内"的做法实在是可笑之极。其实，早在朱以海出任监国前，唐王朱聿键就已经于崇祯十五年（1642 年）闰六月初七在福州称帝。清顺治二年（1645 年）九月，已称帝的朱聿键派遣兵科给事中刘中藻为使者，前往绍兴颁诏，宣布两家无分彼此，鲁监国委任的朝臣可以到隆武朝廷中担任同等官职。

然而，在熊汝霖、张妃的兄长张国维等人的坚持下，终于决定拒绝接受隆武政权诏书，重新迎回朱以海。这样，唐、鲁争立从此愈演愈烈，最后兵戎相见。

就在唐、鲁为互争正统杀得难解难分之际，清兵大军压境。清顺治三年（1646 年），清朝贝勒博洛乘朱以海主力与隆武军作战的机会，渡过钱塘江大举进攻，绍兴、杭州、义乌、金华等城相继失守，张国维兵败身亡。前来投靠朱以海的原弘光皇帝佞臣马士英、阮大铖，乘机唆使部将劫持朱以海降清。朱以海察觉后，慌忙只身一人逃到石浦，遇到了定西侯张名振。

在定西侯张名振的护卫下，朱以海逃亡海上，后辗转于浙江、福建海上，过着"水上为金汤，舟楫为宫殿"的艰苦生活，时人称之为"海上天子"。

清顺治三年（1646 年）六月，朱以海在张名振等保护下乘船渡海到达舟山。驻守在这里的肃虏侯黄斌卿借口自己是隆武朝廷所封，不承认鲁监国的合法性，拒绝朱以海进城。于是，朱以海在舟山群岛上借住了两三个月。九月间，据守金门、厦门一带的永胜伯郑彩、定波将军周瑞带领舟师四百艘来到舟山，见朱以海处境困难，决定把他迎往福建。十月二十五日从舟山出发，十一月二十四日到达厦门，朱以海才得以在郑彩军驻地安顿下来。

从顺治四年（1647 年）开始，尽管东南沿海抗清武装中还有郑鸿逵、郑成功、黄斌卿等人以尊奉业已不存在的隆武朝廷为名，拒不接受朱以海的领导，但大多数文官武将和浙江、福建绅民都以他作为抗清复明的旗帜。当时，博洛已率清军主力返回北京，东南兵力薄弱，抗清运动在他领导下风起云涌，取得了一系列胜利。

到顺治五年（1648 年）上半年，以鲁监国为首的明朝义师已经收复了福建建宁、邵武、兴化三个州及漳浦、海澄等二十七个县。事实表明，闽浙各地百姓迫于清朝的暴虐统治，如火如荼地掀起反抗斗争，朱以海不失时宜地组织抗清，颇有一番作为。特别是顺治五年（1648 年），江西、广东相继反正，整个南方的抗清运动一度进入高潮，南明复兴的形势相当可观。

然而，南明各派势力之间的钩心斗角，互相倾轧，终致错失良机，使清廷得以凭借有限的兵力各个击破，所复州县重新落入清军之手。顺治六年（1649 年）九月，张名振和荡胡伯阮进杀死黄斌卿，并接朱以海至舟山，建立鲁王行宫，张名振、阮进等主持军事，重新整顿朝政。从这时起到顺治八年（1651 年），舟山群岛成为鲁监国领导下浙东抗清武装活动的中心，牵制了东南地区大量清军，为郑成功部在福建沿海的扩展创造了有利条件。

顺治八年（1651 年）八月，清朝总督陈锦等率兵攻舟山。九月初二，城陷，朱以海又在张名振、张煌言陪同下，赴厦门投靠郑成功。郑成功原为隆武帝政权的坚决支持者，不满朱以海大敌当前还与隆武皇帝自相残杀，削弱了抗清的力量，但念朱以海是明朝宗室，还是以礼相待，安排他居住于金门。次年三月，朱以海取消监国称号，在海上与郑成功联合各部义军，坚持抗清多年，直到康熙元年（1662 年）九月十七日在金门去世，结束了他坎坷的一生。

藏在古画里的大明史

后宫，是女人的舞台，也是生死博弈的场所；凤冠，是人生辉煌的象征，也是权力争斗的道具。在本章，我们将看到，在大明王朝颠覆皇权的政治游戏里，这些后妃宫女们是如何狡诈阴险的。

明朝是个既有故事又有魅力的时代。透过一幕幕的血泪画卷，一幕幕的生死相争，我们能够感到后宫女人的辉煌和不幸，更能感受到作者还原历史真相的努力。

第二章

皇后妃嫔：荣辱悲欢空遗恨

大脚马皇后仁慈一生

　　"只美鸳鸯不羡仙"，古今中外，美好的爱情故事总是让人津津乐道。可是帝王夫妻似乎是没有多少恩爱可言的，我们很难想象一个皇帝能够一辈子敬爱一个妻子，因此有"无情最是帝王家"之说。然而历史上却的的确确有这样一位皇帝，他一生都钟情自己的结发之妻——大脚马皇后。无论是在战争的艰难岁月里，还是在荣登皇帝宝座后。那么，我们不仅会问：这位身边佳丽三千、美女如云的皇帝，为什么对自己的大脚妻子一往情深呢？

　　明太祖朱元璋，这位明朝的开国皇帝，不仅用他的雄才大略演绎了一部从和尚到皇帝的传奇故事，而且他和结发妻子马皇后的爱情故事也为人所称道。

　　这对共同生活了三十多年的夫妻，无论是在刀光剑影的征战时期，还是在奢华靡丽的皇宫生活中，始终相敬如宾。作为一国开国之君的朱元璋，为什么对这位大脚的妻子一往情深呢？

　　这还要从朱元璋的发迹讲起。朱元璋出身于一个贫苦农民的家庭，父兄去世后，为解决生计，不得已进入寺庙做了和尚。二十多岁时参加了郭子兴的起义军，做了一个小小的卫队长。由于他生性聪明，作战勇敢，深受郭子兴器重，并将自己"善承人意""知书精女红"的养女马氏——日后的马皇后许配给他。娶了主帅的养女为妻，朱元璋的身价陡然提高了许多，军中上下都对他另眼相看，尊称他为"朱公子"。

　　马皇后（1332～1382年），是郭子兴老友马三的小女儿。马三原是宿州闵子乡信丰里的富户，据宋端仪《立斋闲录》中记载，他性格刚强，"见有为不义者，视之若仇雠"，又喜欢交际，"善施而贫"。后来马三因杀人避仇，带着小女儿逃到定远投奔郭子兴，二人结为刎颈之交。郭子兴揭竿起义的时候，

明　服饰

明太祖朱元璋根据汉族的传统，"上承周汉，下取唐宋"，重新制定了明代服饰制度。中后期更出现了前代未见的形制款式如立领，以及于一件衣服的显眼处大量使用纽扣。

马三回宿州策划起兵响应，但是回去不久就死了。郭子兴于是在悲痛之余便将其小女儿收为义女。

马氏身材修长，容貌秀丽，颇具大家闺秀气质。不过，尤其令朱元璋敬仰的，还是马氏天生丽质之外的那份端庄明智、知书达理。她十分体察这位夫君的雄心壮志，并尽心尽力地帮助他达成心愿。

朱元璋的岳父郭子兴是一个心胸狭窄、嫉贤妒能的人，朱元璋行事干练，颇有谋略，很得军中将士们的信赖，这使得郭氏父子大为不满，怀疑他有自立之心。每当有矛盾发生时，马氏总是从中调解，设法维护自己的丈夫。她甚至拿出自己的私房钱送去给郭子兴喜欢的小妾张氏，请她帮忙说些好话，缓和翁婿之间的矛盾。

在后来的征战中，马氏也是朱元璋的贤内助。她常常跟随朱元璋在军中，当时粮食紧张，马氏总是在平日就积攒一些蔬菜和肉食等，想方设法地让朱元璋吃上饱饭，而自己却饿着肚子。她还率领军中将士的妻子搞好后勤工作，拿出自己的积蓄慰劳将士。特别是在一次战斗中，朱元璋受了伤，陷入敌人的包围中，马氏不顾自己的安危，假

明　佚名　孝慈高皇后半身像

明太祖孝慈高皇后，马姓，明太祖朱元璋结发之妻，民间称为大脚皇后。

郭子兴

郭子兴是元末群雄之一，马皇后的义父，江淮地区的红巾军领袖，是后来明太祖朱元璋崛起的关键人物。

扮成村姑的样子，闯进敌阵中把朱元璋背出重围，救了丈夫一命。这些事情使朱元璋感念至深，即使他当了皇帝之后，也常常向群臣提起。

朱元璋登基称帝后，封马氏为皇后，并把她比作唐太宗的长孙皇后，说"家有良妻，犹国之良相"。她却回答说："陛下既不忘妾于贫贱，愿无忘群臣百姓于艰难。且妾安敢比长孙皇后，但愿陛下以尧舜为法耳！"

为强化封建专制统治，朱元璋用法庭、监狱、特务和酷刑震慑臣僚和儒士，诛锄异己。马皇后对此很是不满，屡加劝谏："陛下于人才固能各随其短长而用之，然犹宜赦小过以全其人。"侍讲学士宋濂因孙子宋慎卷进胡惟庸案受牵连，被逮到京师判处死刑。马皇后想起宋濂教太子读书的功劳，向朱元璋求情，遭到拒绝。到吃饭时，马皇后闷闷不乐，不饮酒，不吃肉，朱元璋问其中缘故。她回答说哀痛宋学士之刑，想代儿子为老师服"心丧"。朱元璋很不高兴，但第二天还是下令赦免了宋濂，改判谪戍茂州。

马皇后不仅自己不直接干预朝政，而且不私亲族，不让娘家人做官，以免外戚干政。洪武元年（1368年）正月，朱元璋派人找到马皇后的亲族，打算赐予官职，但遭到马皇后的制止，她说："国家官爵当与贤能之士，妾家亲属未必有可用之才。且闻前世外戚之家多骄淫奢纵，不守法度，有致覆败者。陛下加恩妾族，厚其赐予，使得保守足矣。"朱元璋觉得言之有理，于是仅赐予丰厚的爵禄，而不使任职预政。

马皇后还十分关心民间疾苦，遇到灾荒，就率宫人蔬食，遇到年成不好，则设麦饭野羹。朱元璋知道她的用意，告知已经下令赈灾。马皇后又建议说："赈恤不如蓄积之先备也。"朱元璋认为她说得有道理，后来便在各地设立预备仓，"选耆民运钞籴米，以备赈济"。

富贵之后，马皇后仍然保持过去那种俭朴的生活作风。朱元璋每御膳，她"皆躬自省视"。她平时不喜奢丽，衣裳破旧了，缝补洗净再穿。

洪武十五年（1382年）八月，马皇后患了重病。朱元璋寝食不安，群臣"请祷祀山川，遍求名医"。当时她年仅五十一岁，如能找到高明医生，对症下药，或许能治好病。但她担心一旦服药无效，朱元璋会迁怒诛杀医生，因此不肯就医而死。朱元璋抚着马皇后的尸身痛哭不止，从此以后再也没有立过皇后。

永乐皇帝生母之谜

　　朱棣在皇袍加身后，大规模篡改洪武、建文两朝的历史档案，希望能为自己的即位找到合理合法的依据，没想到这一篡改，给历史留下了许多未解之谜，其中，最让人感兴趣的就是，永乐皇帝朱棣的生母到底是谁？关于这个问题，几百年来众说纷纭，各执一词，使原本明明白白的问题变得扑朔迷离。

　　明成祖朱棣，是朱元璋的第四个儿子，大明王朝的第三位皇帝。因年号为永乐，所以历史上又称永乐皇帝。

　　明朝初年，朱元璋即位不久就封朱棣为燕王。朱棣因为勇武善战，深受明太祖喜爱与信任，十八岁的时候就手握重兵，和秦王、晋王等一起，成为明王朝北御蒙古人入侵的一道钢铁长城。据说，因为其文韬武略，所以在皇太子朱标病逝后，朱元璋还曾经考虑过把燕王立为太子，但最后，朱元璋还是遵从了礼法传统，立朱标的儿子朱允炆为皇太孙。朱元璋驾崩后，朱允炆即位当了皇帝。

　　皇位被年幼的侄子夺去，这使得雄心勃勃的燕王朱棣十分不甘心。建文元年，他以"清君侧"的名义举兵谋反，一路攻打到南京城下，逼得朱允炆闭宫自焚，朱棣如愿以偿地登上了觊觎已久的皇位。

　　用武力夺取政权的行为使得当时的许多人都非常不满，暗中称其为"燕贼"。于是朱棣开始大规模篡改洪武、建文两朝的历史档案，希望能为自己的即位找到合理合法的依据。他这一改不要紧，却给后世留下了无数谜团。最让人感兴趣的问题就是，朱棣的生母到底是谁？

　　明朝官方史料所认为的，也是为大多数人所相信的一种说法就是《明太祖实录》中记载的："高皇后生五子，长懿文皇太子标，次秦愍王樉，次晋恭王

明　佚名　明成祖仁孝文皇后像

徐氏，明成祖朱棣嫡后，明开国功臣徐达嫡长女。

桐，次上，次周定王。"这是关于永乐皇帝生母的第一种记载，也就是肯定朱棣是朱元璋的第四子，是高皇后马氏所亲生。在《明史·成祖本纪》也说："文皇帝讳棣，太祖第四子也，母孝慈高皇后。"与前一种说法如出一辙。可见，朱棣确系马皇后所生无疑。

　　但是，由于朱棣曾经大肆篡改史料，许多学者都不相信正统史书上的这种记载，认为其中有篡改之辞，不能信以为真。

　　因为，有些史籍上记载说马皇后并非生五子。例如，在《皇明世亲》说太宗与周王为高皇后所生，而懿文太子、秦王、晋王为妃子所生。《鲁府王牒》也说："今鲁府所刻玉牒，又以高后止生成祖与周王。"然而，《皇朝世亲》

与《鲁府王牒》都已经失传，所以这个说法现在也是真假难辨了。

我们知道，明朝在建立初期就定下立太子的标准——"有嫡立嫡，无嫡立长"，并且在朱元璋给其子孙们留下的祖训中，对此也有明确记载。这样说来，认为早死的懿文皇太子并非马皇后所生这种说法，恐怕站不住脚。相应地，人们就更加质疑成祖是马皇后所生之事，也许正是这位皇帝想抹杀朱允炆即位的合法性，使自己成为已故老皇帝的嫡子与长子，才使出这样的手段。

另一种说法是认为成祖是达妃所生。在黄佐的《革除遗事》中说，懿文、秦、晋、周王均为高皇后所生，而太宗（朱棣）为达妃所生。但是，在对黄佐的书做了分析后，我们就会发现，黄佐作品中对朱允炆下台表现出非常明显的同情，而对明成祖夺权大加贬斥。据此后人认为，黄佐把明成祖说成是达妃所生具有明显的个人感情色彩，也是别有用心的，不足以为信。

还有一种说法是成祖为太祖的蒙古妃子所生。持这种说法的人也是不无根据的。据《蒙古源流》记载，元朝的最后一个皇帝元顺帝有个妃子名叫格呼勒德哈屯，她是蒙古的一个部落首领瓮吉喇特托克托之女。当时，元顺帝逃离北京都城时，格呼勒德哈屯被朱元璋的军队俘虏，并被朱元璋纳为妃子。已经怀胎七月的格呼勒德哈屯，被俘房后不到三个月就产下一子，就是明成祖朱棣。这么一说，明成祖就应该是瓮氏所生，是元顺帝的遗腹子了。

这种充满传奇色彩的说法，猛一听似乎很真实，但细细琢磨起来，就让人觉得十分可疑。为什么这么说呢？细想，当时明太祖已经坐拥天下，他怎么会看上一个怀胎七月、大腹便便的元朝妃子呢？退一步讲，就算是他真的对这个妃子产生了兴趣，以朱元璋多疑的性格，怎么可能把她"越三月而生"的皇子当作自己的儿子委以重任呢？所以

明　永乐通宝

永乐通宝是大明王朝于永乐年间铸造的年号钱。明初推行纸钞为主的货币流通制度，使用大明通行宝钞，铜钱铸禁无常。

说，这恐怕是蒙古人编造出来的一出离奇故事，以此来证明元王朝的血脉犹在。

另外《南京太常寺志》的作者认为明成祖的生母是碽妃。碽妃是高丽选送给朱元璋的女子，后来被朱元璋处死了。当时碽妃尚未到预产期，朱棣便出生了，是个早产儿。朱元璋遂怀疑碽妃与人私通，于是龙颜大怒，赐碽妃"铁裙"之刑。这样，碽妃活活被折磨死了。

按照《南京太常寺志》的记载，以明孝陵奉先殿的陈设为旁证，奉先殿中间南向列太祖、马后两神座，东边排列的是诸妃神座，西边则独列碽妃神座。按照封建王朝的传统，后妃地位最尊的是皇后，其次就是继位皇帝的生母。奉先殿祭祀神座如此排列，很明显地表明了碽妃才是明成祖的生母，所以才得到如此的尊崇。

因为这个推测合情合理，所以许多清代学者也肯定了这种说法。但是，这种说法仍然没有确凿的证据。这是因为，第一，有关这位碽妃的记载，仅见于《南京太常寺志》，历史上从无其他相似记录；第二，这部《南京太常寺志》的作者是嘉靖时的进士汪宗元，而汪宗元所生活的年代距成祖出生时间已经间隔了一百七十多年，他的材料从何而来，是否准确，这些都是我们不能完全确定的。再者，朝鲜向中国称臣送贡女是从1365年开始，而史学上明确记载，朱棣生于1360年，其时朱棣已五岁了，难道朱棣是她从朝鲜带来的？显然是不可能的，根据这种推测，朱棣生母是碽妃的说法也不靠谱。

如此看来，由于明成祖蓄意篡改史料而造成的生母之谜，可能永远是个不解之谜了。

明宣宗孙皇后生子之谜

明宣宗的第二任妻子孙皇后，算是后妃群中数得着的幸运儿。然而她的幸运却是以无辜者的性命换来的。不过纵观她的一生，我们实在看不到"报应"两个字。孙氏能够当上皇后，是因她为明宣宗"生"了长子朱祁镇——未来的明英宗。然而，直到她母因子贵，平平安安地做了几十年皇后之后，英宗才知道，自己根本就不是孙氏所生。那么，这究竟是怎么一回事呢？

明太祖朱元璋在建国之初，就开创了"宫妃殉葬"制度：一旦皇帝归天，他留下的一大群寡妇中，除了嫡妻皇后和太子生母，其他妃嫔几乎都得殉葬。因而，数不清的无辜生命被这个旋涡卷去了。直到明英宗时期，这项殉葬制度才被废除，而废除这项制度的原因，据说是与孙皇后盗子成名有关。

明宣宗孙皇后，原籍邹平，因为父亲孙忠任永城主簿，她的幼年是在永城度过的。

幼年的孙氏天生丽质、聪明伶俐，被偶然返乡的仁宗张皇后的母亲彭城伯夫人带进皇宫，并不遗余力地向女儿女婿乃至明成祖朱棣及掌宫王贵妃等人推荐孙氏为太孙妃。成祖对孙氏确实非常满意，只是鉴于她的年龄太小，便决定将她养于宫中，待成年后再作打算。孙氏从此成为仁宗张皇后的养女，与宣宗朱瞻基一起长大。

永乐十五年（1417年），朱瞻基已经十九岁了，明成祖却决定要另为孙子朱瞻基选妃。于是，经过一番挑选，济宁人胡善祥成为朱瞻基的嫡妃，而朱瞻基一心想要迎娶的孙氏却只能充当姬妾，成为"皇太孙嫔"。

在朱瞻基的心里，只有与自己青梅竹马的孙氏一人，胡善祥在他眼里成了可有可无的人物，甚至让他反感。婚后不久的胡善祥明白了所有的前因后果，

明　佚名　明宣宗孝恭章皇后像

从此在丈夫的冷淡中郁郁寡欢，并因此久病难愈。

　　八年后，明成祖和明仁宗先后去世，二十七岁的朱瞻基终于成为大明王朝的皇帝，即宣宗。登基后的第二个月，他便着手册立皇后。因为胡善祥是原配嫡妻，宣宗没有别的选择，只得将皇后的凤冠戴到胡善祥的头上，将心爱的孙氏封为贵妃。

　　不久，宫中就传出了孙贵妃"有孕"的消息，这自然令整个后宫乃至整个朝廷都喜出望外。因为年近三十的宣宗虽然妻妾成群，却膝下荒凉，孙贵妃虽然专宠，但是也只生了一个女儿常德公主，胡皇后更是连女儿都没有生过。

　　于是，在宣德二年（1427年）冬十一月，在深幽的紫禁城里，一名男婴呱呱坠地。

然而，很多人都不知道，这个孩子并不是孙贵妃所生，而是另一名宫人所生。

在这个等级森严的封建社会里，在这个母因子贵的神秘皇宫中，如果皇后诞育了嫡子，那么，任何宫人生下了庶长子，即使孙贵妃再生个儿子，也只能被封为亲王，也改变不了宣宗百年之后，胡氏当上太后，她有可能被迫殉葬的命运。但是，宣宗几乎从不光顾胡皇后处，胡氏是永远没有希望孕育"嫡子"的，按照传统制度——"有嫡立嫡，无嫡立长"的原则，"庶长子"自然应为未来的太子。

因此，打从知道宫人怀孕开始，宣宗就声称怀上身孕的是孙贵妃，这样的话，无论生出来的是公主还是皇子，都万无一失。只是可怜了那名宫人了。

宫人生下的是宣宗的庶长子，在没有嫡子的情形下他是毋庸置疑的皇位继承人。一出娘胎，这个男孩就归在了孙贵妃的名下，他只知道孙贵妃是他的母亲。即使他贵为帝王，都再也没有得到过亲生母亲的丝毫消息。到底是谁生下了他？她的结局如何？她是何方人氏？没有任何人知道了。

无论如何，宣宗终于有了自己的儿子，他的兴奋自不必说，立即就下令大赦天下，免除税赋三分之一。接下来，宣宗决定快刀斩乱麻，立即确定孙贵妃之"子"的地位，好让孙贵妃母凭子贵。

当然，宣宗也知道，想要马上就确定皇长子的继承人地位，实在是有些困难，因为明初曾有严格的规制，藩王若想以庶子为世子，必须等到嫡妻年满五十，再也不可能生出嫡子之时，才能以庶长子袭封。虽说皇帝与藩王不同，但是皇后胡善祥毕竟未满三十，何况这位皇长子又实在太小，怎么能册为太子呢？

最后，宣宗想出一个主意。他来到坤宁宫，暗示胡皇后主动上表请立皇长子为太子。于是胡皇后不得不主动上表，请求宣宗"早定国本"，尽快册立皇太子。接下来，孙贵妃不免也要做一番表示，假意推辞说："皇后无子是因为身体不好，只要病一好，自然能够生下嫡子来，我的儿子怎么能够占嫡子的先呢？"这一番你推我让的表演，群臣看在眼里，于是联名上表，请求册立皇长子为太子。

宣德三年（1428年）二月初六，宣宗下诏册立皇长子为皇太子。这位皇太子是明朝最小的皇储。

在册立了这位皇太子之后，宣宗根本不顾"嫡后无子根本就不成其为被废

明 商喜 明宣宗行乐图

此图表现了明宣宗出行游猎的场面，人物众多，描绘细致。宣宗居队伍之首，身材魁梧，体态雍容，头戴黑色尖顶圆帽，身着红色窄袖衣，外罩黄色长褂。

的理由"，迫切地想废掉胡皇后，经过一番策划，在册立皇太子一个月之后，宣宗发布诏书，废胡皇后，册封孙皇后。被废后的胡氏称"静慈仙师"，服饰侍从等一切待遇照旧。孙贵妃终于等到了自幼年时就梦想的皇后桂冠。

宣德十年（1435 年）正月，三十八岁的明宣宗去世，殉葬的宫妃中除了何贵妃、赵贤妃、吴惠妃、焦淑妃、曹敬妃、徐顺妃、袁丽妃、诸淑妃、李充妃、何成妃这十名得到了封号的正式妃嫔之外，还包括不少曾经侍寝而无子女的宫人在内，不知在这些美丽的冤魂之中，到底谁才是英宗的母亲，这可能永远是个秘密了。

明　佚名　明宣宗射猎图

图中朱瞻基身着红黄两色的猎装，下马拾起射获的猎物，不远处一头鹿惊慌地审过，引得他回首张望，身旁的黑色骏马则在悠闲地吃草。画面对环境的描绘着墨不多，却很好地表现了野外的空旷，人物的姿态以及构图都富有动感。

英宗钱皇后哭瞎眼

她对丈夫的爱，天地共鉴。作为母仪天下的皇后，她是称职的；作为一个妻子，她是深明大义的；恩爱与敬重并存，让后宫单调的生活变得如此美好。中国从来不乏美好的爱情故事，然而，比"牛郎织女"的浪漫爱情传说更为经典的，则是历史上类似这样后宫佳丽三千，却独有专情的皇帝的故事……

钱皇后，海州人氏，她不仅生得容貌秀丽，而且知书达理、善良贤惠。正统七年（1442 年）五月十九，喜庆的气氛笼罩了整个北京，刚满十五岁的钱氏被选进宫，经过隆重热闹的册封大典，成了时年十六岁的英宗皇后。两个人年纪相当，十分投缘，感情甚好。

在封建王朝中，皇后能否生下正统继承人是非同小可的一件事情，如果皇后不育，其地位会受到威胁，甚至有可能因此被废。结婚七年，钱皇后却始终没有生下皇子，但英宗对她宠爱不衰，这让钱皇后十分感动。

正统十四年（1449 年），英宗受宦官王振的怂恿，率五十万大军亲征蒙古首领也先，结果明军全军覆没，英宗被瓦剌俘虏，成为人质，王振也在乱军中被杀。这就是历史上的"土木堡之变"。

消息传回京师，引起了朝野的巨大震动。一时之间人心惶惶，许多富商大族都纷纷准备携带家眷逃离京城，朝廷上乱成一片。

钱皇后听说皇帝被俘，从此生死难料，更是担心万分。而当得知瓦剌以英宗为质，来向明朝政府要钱时，钱皇后仿佛抓到了最后一根稻草，变卖了自己的嫁妆，变卖了慈宁宫中所有值钱的东西，甚至变卖了英宗以前送她的珠宝首饰，交给朝中的大臣，希望能尽快凑齐金钱，赎回英宗。然而，这一切都只是枉然，也先倚仗着手握重兵，挟持着英宗皇帝，说什么也不肯得钱放人。他还想利用英宗迫使明朝大臣们打开北京城门，放蒙古军队进城。

国不可一日无君，在情势万分危急之时，以兵部侍郎于谦为首的主战派大臣在朝廷的争论中取占了上风。他们获得了皇太后的支持，改立英宗的弟弟朱祁钰为新皇帝，就是历史上的明代宗，尊英宗为太上皇，以此来稳定军心。于谦拒绝也先提出的入城要求，迅速集结民兵，共同保卫北京城，阻挡住了也先的进攻。

钱皇后请求新皇帝设法营救英宗回朝，可是代宗为了自己地位的稳固，极不愿接英宗回来。钱皇后深知营救皇帝无望，终日以泪洗面。

白天，钱皇后要振作精神，不能让别人看出自己的软弱；晚上，她以泪洗面，跪在地上向上天祈祷，累了就在地上小憩一会儿。一年之后，由于长期受寒，钱皇后的双腿受压、变曲，以致一条腿终于残废。又因为终日忧伤哭泣，钱皇后的一只眼睛失明。

周氏，明英宗朱祁镇贵妃，明宪宗朱见深生母。谥号为孝肃贞顺康懿光烈辅天承圣皇后。

明　佚名　明英宗孝肃皇后像

她的祈祷成了现实。后来，也先觉得把英宗留在手中毫无用处，就想让明朝派人把英宗接回去。代宗还是十分不愿意，但在于谦的再三劝说下，终于勉强同意接太上皇回朝。被俘一年以后，英宗终于得以无恙归来。

原以为苦难的生活已经过去，谁知归来以后，英宗作为太上皇，被幽禁在宫城外的南宫。南宫高墙深院，门锁封死，院外重兵把守，由靖远伯王骥专任守备。英宗在南宫过着惨淡冷清的日子。只有痴情的钱皇后守候在他身边，照顾他的饮食，为他解去忧烦。南宫的生活供给贫乏，条件艰苦。钱皇后拖着病体，不停地做针线活，让人拿出变卖，以此改善生活。英宗和钱皇后就这样相依为命，在南宫度过了将近八年的时光，直到英宗重新从弟弟手中夺回了皇位。

当英宗再次登上皇位以后，他对与钱皇后在南宫八年相依为命的生活感念至深，并没有因为重登皇位就嫌弃身残眼瞎的钱皇后，反而更加爱惜尊重她，给她最好的待遇，以弥补钱皇后多年来遭受的痛苦。无论英宗在朝政上做了什么错事，但是在对待钱皇后的问题上，他始终衷情不改，两人历经磨难，感情反而更加坚贞。后来，英宗病危，在临终之前还对钱皇后念念不忘。他嘱咐太子日后要好好善待钱皇后，而且留下遗命，等钱皇后死后，与自己同葬，这样两个人即使死了，也能够再次相会。

本来皇后与皇帝同葬是礼法所规定的，但是英宗知道，太子不是钱皇后所生，太子的生母日后很可能阻挠钱皇后与自己同葬，所以临死前犹不忘留下遗命，并让大学士当场记录下来，日后可以遵照办理。

英宗的预料并没有错，日后这件事果然又引起了很大的争执。他死后，太子朱见深即位，宪宗的生母周贵妃自然被尊为皇太后，但是周贵妃却百般阻挠廷臣们给钱皇后上尊号，想一个人独尊后宫。后来因为大学士们据理力争，才尊钱皇后为慈懿皇太后。

几年以后，钱太后去世了。按照英宗的遗命，本应与英宗合葬。周太后却又想不遵英宗遗诏，不允许钱太后合葬裕陵。这又在朝廷上引起了巨大的争论。周太后一意孤行，大臣们就在宫前跪了一整天，得不到皇帝最后的圣旨就不肯退出。后来宪宗没办法，只好按照群臣的意思，仍把钱太后与英宗合葬。可是即便如此，钱太后墓穴通往英宗墓室的路仍被堵死，使这对生前情意深重的夫妻死后不能团聚，这可真是造化弄人了。

方皇后葬身火海

嘉靖二十六年（1547年）十一月十八日深夜，明世宗方皇后所居的宫殿突然失火，使得方皇后和几百名宫女太监葬身火海。这一切，到底是天灾还是人祸？谁是制造这一疑案的主谋？透过这重重迷雾，我们可以看到大明后宫什么样的争斗？

明朝的第十一位皇帝明世宗朱厚熜，在位时年号嘉靖，所以历史上称嘉靖皇帝。

方皇后，世宗的第三任皇后，江宁（今江苏南京）人，是左都督安平侯方锐之女。

世宗即位十年后，还没有皇子，大学士张孚敬于是上奏道："古者天子立后，并建六宫、三夫人、九嫔、二十七妇、八十一御妻，所以广嗣也。隆下春秋鼎盛，宜博求淑女，为子嗣计。"世宗于是在嘉靖十年（1531年）三月，选方氏（即方皇后）、郑氏、王氏、阎氏、韦氏、沈氏、杜氏等九人册封为九嫔。

方氏被册封为嫔后的第三年，世宗的第二位皇后张氏被废。方氏因"端慎不怠，甚称帝意"被册立为皇后。

当时，在被封的九嫔中，有一个王宁嫔。这个王宁嫔虽然相貌不是最美的，但十分有心计，很会逢迎，所以一度深得世宗的宠爱。但是，不久世宗又迷上了美艳的曹端妃，王宁嫔因而失宠。失宠的王宁嫔极为愤慨，常常骂曹是"狐狸精"。曹端妃气不过去，便在世宗前添油加醋地哭诉说王宁嫔骂陛下天天和狐狸精在一起，即使天天炼丹修仙，也因为一身狐狸味而得不到上天的眷顾。将大半心思都花在了钻研如何成仙上的世宗当即大怒，将王宁嫔脱光衣服一顿毒打后发配去采甘露。采甘露是个苦活，当时，天天潜心于炼丹成仙以求长生

明　佚名　明世宗孝洁肃皇后像

不老的世宗常常要让方士给他炼丹药，而在炼制丹药的过程中，需要用到每天清晨采集来的第一滴露水。而这第一滴露水，则需要宫女们半夜就起身采得。现在，世宗要王宁嫔去从事这个活，她不敢不从，但心中的仇恨却与日俱增。渐渐地，她同杨金英等十几位命运相连的宫女组成了一个小团伙。

恰在不久后，奸臣严嵩为讨好世宗，献上了一只"五色龟"，骗说是"神龟"。迷信的世宗果然将这乌龟奉为神灵，交给杨金英等宫女喂养。可这乌龟因被染色，尽管杨金英等人精心喂养，还是死了。惊恐的杨金英等人慌忙向王宁嫔求救，最后，王宁嫔竟想出一个毒计来，她说："每天早上，曹端妃都要亲自去御膳房监煮甘露，那时皇帝还睡着，没人敢打扰，宫里只有两位宫女。我去将她们支开，你们溜进去将皇帝勒死，再溜出来，神不知鬼不觉。皇帝暴死，宫廷大乱，谁还管什么五色龟的事，你们不就可以活命了吗？再说皇帝死在曹端妃宫里，她也逃不过干系。"这主意让宫女们很恐惧，可事到如今，也只能这样了，于是杨金英等人就说："反正都是一死，不如我们先动手，也比死在这昏君手里强些！"

嘉靖二十一年（1542年）的一天深夜，宫女们动手了。本来，一切都按王宁嫔的计划中有序地进行着。但惊恐中，宫女张金莲有些害怕，于是立即飞跑到方皇后处报告。方皇后火速赶到，将勒在世宗脖子上的绳子解开，将世宗救活。

事情很快便查清楚，主谋王宁嫔自知不可活命，便将平日与自己不和的人尽数牵扯进来，尤其是死咬着曹端妃，说她知道此事才故意避开。聪明的方皇后岂能不明白——其实稍微有点头脑的人都清楚，正在受宠的曹端妃绝不会谋杀皇帝，就算是杀，也绝对不会笨到选在自己的宫里动手。可方皇后对曹端妃的恃宠骄横也早心怀嫉恨，于是对王宁嫔对其的陷害听之任之，借着这个机会除掉曹端妃。这样，方皇后下令，将杨金英、张金莲等十几位宫女全部处死并斩首示众，王宁嫔、曹端妃凌迟处死，家族族诛。

方皇后因救驾有功，世宗对她更为宠爱和尊重，整个方氏家族都因此加官晋爵。方皇后虽然对曹端妃下手极狠，但在处理其他事情上还是颇为持重的，她经常劝世宗远离那些道士，并善待宫女，这引起了一些人的不满。

后来，终于有人将王曹二人临死前的对话告诉了皇帝，一直想不通为什么曹端妃要谋害自己的世宗恍然大悟，想着宠妃美艳的容貌，又想到她惨死的情景，他对方皇后的感激立即变成了仇恨，虽然表面上对方皇后依然恩宠有加，但心中的怒火却是越烧越旺。

嘉靖二十六年（1547年）十一月十八日深夜，方皇后所居的宫殿突然失火。因是半夜，宫门自然是锁着的，宫里人逃不出来，宫外的人也进不去。无论左右太监如何哀求，世宗始终不下令救火。他甚至还带人登上高台观看大火，使得方皇后和几百名宫女太监就这样被活活烧死。

这场大火是明史上的疑案之一。据推测，这大火很可能是世宗授意放的，以此为宠妃报仇。方皇后惨死后，世宗似乎又想起她生前的好处来，追谥她为"孝烈皇后"，下令以原配皇后礼仪葬永陵。

这位集荒唐、自大、残忍和喜欢玩弄权术于一身的皇帝，他的皇后们遭遇都很悲惨——陈皇后小产而死，张皇后因死冷宫，方皇后葬身火海。

神宗郑贵妃为何留千古骂名

她是一个阴险、毒辣的贵妃，把大明江山搅得天昏地暗，遗祸之深为历代罕匹。她也是一个野心勃勃的女人，为达到总揽大权的目的不择手段，诡计多端，致使万历一朝宫廷斗争波澜起伏，这也是明末社会不安定的重要因素。她可谓是活跃于万历一朝的风流人物，她是谁呢？从她的身上，我们是否能听到大明王朝的衰败之声呢？

明神宗郑贵妃（1565～1630年），大兴（今北京大兴）人。其父郑承宪，官至都督同知。刚入宫的时候，她因容貌艳丽、机智聪敏、颇有谋略、善于逢迎而深得神宗宠爱。

万历初年，李太后为神宗娶得原配妻子王氏。出身名门的王氏知书达理、品行端正，对神宗百依百顺。但是神宗并不喜欢她，再加上她没有为神宗生下一子，神宗对她更是十分冷淡。

万历九年（1581年）的一天，神宗到太后处请安，发现太后宫中有一位姓王的宫女，生得面容清秀、窈窕美丽，于是一时兴起，临幸了这位宫女。不久，这位王氏宫女生下一子——皇长子朱常洛（后来的光宗）。

神宗遵照李太后的旨意，封了王氏宫女一个恭妃的名号。按礼，母以子为贵，已生有皇长子的王恭妃，地位仅次于皇后，其他人是没有资格位居其上的。而受神宗宠幸的郑贵妃却于万历十一年（1583年）被加封为贵妃，地位仅次于皇后。这种做法显然是有违于礼制的，是习惯于封建正统礼法的朝廷百官们所不能接受的，于是举国上下议论纷纷，一时间，奏章像雪片一样袭来。

这还不算什么，在万历十四年（1586年），郑贵妃生下一子，就是三皇子朱常洵。神宗喜悦至极，于是将郑贵妃又晋升为皇贵妃——地位仅次于皇后，名分上高出皇长子母亲王恭妃两级。这样，郑贵妃在宫中地位就更加稳固了，随着地位的上升，其野心和私欲也逐渐膨胀起来。

在等级森严的封建宫廷中，往往是母以子贵。郑贵妃深知，要想当上皇后，首先要把自己的儿子推上太子之位，而此时最大的障碍就是皇长子朱常洛。因为在当时，那些坚持封建正统思想——"有嫡立嫡，无嫡立长"的朝中官员们，早已把皇长子朱常洛看作未来的皇帝。

郑贵妃一心想立自己的儿子为太子，于是就经常鼓动神宗立朱常洵为太子，神宗也因为偏爱郑贵妃而有立朱常洵为太子之意。但因此举不合礼法，势必要遭到众人的反对，所以神宗"储位久不定，廷臣交章固请，皆不听"，对立太子之事一拖再拖，以待时机。

然而，郑贵妃与神宗这种计谋瞒不过朝中大臣们。这一年，给事中姜应麟上书皇帝，提出立皇长子朱常洛为太子，以避免朝廷中的流言蜚语。神宗看过姜应麟的奏章后，顿时大怒，在郑贵妃的唆使下立举圣旨，将姜应麟贬往大同境内。

神宗原以为这么拖着就能蒙混过关，可反驳的奏章反而有增无减。人多口众，神宗如何能抵挡得了，这样拖了两三年，实在拖不下去了，最后神宗只好自己定出期限，让首辅传谕诸大臣，说立储一事应到万历二十年（1592年）议行，要诸臣安心等待，不要再为此惊扰圣上。"如果大家能遵守，我后年即行册立太子；若再有人生事的话，就等皇长子长到十五岁的时候再行大礼。"

立太子之事虽然又延了期，但郑贵妃眼看形势对自己不利，于是又想出一个"待嫡"之说。万历二十一年（1593年），神宗在给朝臣的诏书中说他"想待嫡子"。这就等于说是，除了嫡子，其他所有的皇子都没有当立为储的特权。这也显然与礼法上所谓"有嫡立嫡，无嫡立长"相矛盾——皇长子是不同于其他诸子的，所以这一说还没等公议，就被廷臣们推翻了。

见此计不成，郑贵妃转眼又想出了一招，请求神宗来个"三王并封"——在建储之前，先把皇长子朱常洛、皇三子朱常洵和另一个皇子朱常浩三人都封王。只要三人同时封王，彼此就都别无二致。大臣们仔细一研究，马上就识破这是郑贵妃为抑制皇长子布下的陷阱，于是这道谕旨也就不了了之。

就这样，在这场"国本"之争中，神宗与朝臣们较量了无数个回合，皇长子朱常洛也在这场争斗中到了二十岁。被这场斗争搞得精疲力竭的神宗，终于在万历二十九年（1601 年）册立皇长子朱常洛为皇太子，朱常洵随之被封为福王。万历四十二年（1614 年），福王正式离开京城到洛阳，这场僵持了十几年之久的立太子风波，总算是告一段落。

郑贵妃不仅野心勃勃，一心想当皇后，而且贪得无厌。

万历二十四年（1596 年）以后，神宗派出大批矿监税吏，赋予种种特权，到各处去搜刮金银财宝。这些矿监税吏们为了极力巴结受宠的郑贵妃，把从各地搜刮来的财物进贡给神宗与郑贵妃。有史记载，仅供郑贵妃和其他嫔妃使用的胭脂费，每年就支用白银十万两，而万历初年全国的田赋收入每年才不过四百万两。这些矿监税吏们倚仗着郑贵妃这个后台，在各地搜刮掠夺，无恶不作，在神宗与郑贵妃的极力维护下逍遥法外。

自郑贵妃得宠后，其家族也大沾其光，神宗对郑贵妃家人的赐封随心所欲，超出常制。郑贵妃的父亲郑承宪横行地方，骄奢淫逸，而神宗不仅不加过问，反而将他晋升为都督同知。郑承宪死后，他的儿子郑国泰超出父死子袭的常例，竟被破格授予都指挥使。

崇祯三年（1630 年）七月，这位一生享尽荣华富贵的女人，最终也未能实现自己做皇后的梦想，结束了奢侈腐化的一生。她死后被谥"恭恪惠荣和靖皇贵妃"，埋葬在银泉山。

李选侍一手制造"移宫案"

明光宗朱常洛的李选侍，史称西李。如果她是一个安分守己的人，本可以生活得非常好，并且有很多好的机遇，偏偏她自恃皇帝娇宠，待人骄横霸道，甚而敢当众殴打皇后。后来她亲手抚育朱由校，却万般苛刻，给孩子造成了极大的心灵创伤。也正是因为与太子的特殊关系，她成为"移宫案"主角之一；又因为与客魏集团关系尚可，她得以在宫中安度残年。

在众多朝臣的力争下，长达十几年的国本之争终于落下了帷幕，朱常洛好不容易才坐上了皇太子之位。万历四十八年（1620年），神宗过世，朱常洛即位，就是历史上的明光宗。

光宗朱常洛有三个皇后，但都比较早逝。第一个就是郭氏，万历二十九年（1601年），光宗被封为皇太子，郭氏也被册为皇太子妃。万历四十一年（1613年），郭氏过世，后来被熹宗追封为孝元皇后。另外两个皇后孝和王太后和孝纯刘太后，都是母以子贵，分别是熹宗朱由校和思宗朱由检的生母，在万历年间就都过世了，在其子即位后，她们先后被追封为皇后。她们虽然都没有活到自己的丈夫光宗登上皇位的时候，但都有资格附葬在光宗的陵寝，是光宗身边地位比较高的嫔妃。

为什么光宗没有亲自册封皇后，而都是他的儿子后来所追封？

原因很简单，由于朱常洛受到长期压抑，致使其脾气很坏，喜怒无常。再者，经过十五年的忍气吞声，靠着众多正直大臣的保驾护航才当上皇帝的他，一朝登基，就想着找回失去的享乐，于是极力纵情酒色，在位仅仅二十九天，就去世了。他不仅没来得及册封皇后，就是妃嫔也都没有册封。他有两个自幼被选进皇宫的李选侍，被称为东李、西李，选侍是妃子中地位较低的一种。

东李为人正直善良，虽然也长得光彩照人，但性格内向，又不喜趋炎附势，所以未获光宗倾心；而西李则不仅长得漂亮，而且妩媚迷人，小有心计，颇得光宗宠爱。

西李得宠而骄，专横霸道。王氏因生子朱由校在众多的选侍中名分最高，她看不惯西李的泼横，两人经常口角。西李仗着朱常洛喜欢她，竟敢当众动手打王氏。万历四十七年（1619年）王氏病逝，据说就是被李选侍打得气愤而死。

王氏去世时，皇孙朱由校十四岁。太子朱常洛请示神宗后将朱由校交给西李照

明光宗十二章衮服朝服像

顾。但李氏非常自私，不喜欢孩子，对朱由校并未尽职尽责、精心护理，而是由着自己的性子，对孩子辱谩凌虐。不久太子也知道让西李抚养朱由校是个错误，时常对孩子加以抚慰。后来由于西李生了女儿——皇八妹遂平公主，朱常洛才下令改由东李抚育孩子。

西李是个颇有心计的女人，她懂得运用多种关系来提高地位、获得权力。她虽然不喜欢孩子，却知道现在的皇孙就是未来的皇帝，因此要求朱由校与自己同居一宫，以达到控制朱由校的目的。

朱常洛即位之后，曾在病中召见阁部大臣，口谕"册封李选侍为皇贵妃"，李选侍甚为不满，当即从门幔中把陪同接见大臣的朱由校拉进去，要他向朱常洛说"要封皇后"。可惜的是，明光宗朱常洛登基不到一个月就病逝了，李氏的梦想随之破灭。

明　佚名　明光宗孝纯皇后像

刘氏，明光宗朱常洛淑女，崇祯皇帝朱由检生母。

明　佚名　明光宗孝和皇后像

王氏，明光宗朱常洛才人，明熹宗朱由校生母。

光宗过世后，李选侍仍然待在乾清宫，手里还牢牢控制着皇长子朱由校，不让他和大臣们见面。李选侍以为只要自己能以母亲的身份留在乾清宫"照顾"未来的皇帝朱由校，那朱由校登基后，自己也就顺理成章成了皇太后，甚至可以垂帘听政。

但是皇帝驾崩，皇位空虚，而李选侍挟皇长子自重，这种做法引起了正直大臣杨涟、左光斗等人的担忧，他们认为当务之急是先让朱由校摆脱李选侍的控制。他们先将皇长子安排在慈庆宫居住，又强行将李选侍逐出乾清宫，搬到了明代宫妃养老的哕鸾宫，使她的皇后、皇太后梦彻底破灭。

九月初六，明廷正式举行登基大典，朱由校继了皇帝之位，是为熹宗。

李选侍搬出乾清宫时，几个小太监趁机偷盗内府的秘藏，走到乾清门时，藏在怀中的金宝掉落到地上，而被发现。熹宗朱由校大怒，下令进行彻查，供词牵连到李选侍的父亲。当时便有流言说李选侍被逼得上吊，而她的女儿皇八妹也投井自杀。当时人不知真假，认为熹宗对李选侍太过于刻薄，因为李选侍毕竟是先帝的遗爱，既然李选侍已经搬出乾清宫，她就应该受优待，而不能对她这么逼迫。

朱由校马上出面澄清真相："朕之苦衷，外廷岂能尽悉。乃诸臣不念圣母，惟党选侍，妄生谤议，轻重失伦，理法焉在！朕今停选侍封号，以慰圣母在天之灵；厚养选侍及皇八妹，以敬遵皇考之意。"意即太监偷盗一案不会株连到其他人，意为不会牵连到李选侍，并且解释了移宫的始末。不仅如此，朱由校还说李选侍曾殴打自己的母亲致死，抚育自己时更是时常对自己凌辱虐待。虽然如此，为了尊重先帝的遗意，自己仍然会厚养李选侍和皇八妹。至此，移宫案的争论才慢慢平息下来。

天启四年（1624年），西李被熹宗封为康妃，东李同时被封为庄妃。不过，由于东李正直无私，为客魏集团所不容，最后抑郁而死。而西李对客魏集团颇有好感，在客魏集团横行的天启年间，她得以活下来，过了很长时间才去世。

力定社稷的张皇后

在大明王朝的历史上，人们大多数只知道有一位活不见人、死不见尸的皇帝——建文帝朱允炆，但是很少知道还有一位下落不明的皇后。她是谁呢？她就是明熹宗的皇后张皇后，就是她，凭借自己的机敏果断，完成了一项力定社稷的惊人之举，但她最终的归向，几百年来成为明末清初的一大历史谜案。那么，张皇后最终归向何方？

张皇后，名嫣，字祖娥，小名宝珠，是河南祥符县清生张国纪的女儿。张皇后不仅丽质天生、风姿绰约，而且知书达理、深明大义，是大明皇宫内一位不可多得的好皇后。

天启元年（1621年），张皇后与明熹宗举行大婚，当年四月便被正式册封为正宫皇后。但明熹宗就只知道玩乐，热衷于做木匠活，政权实际上控制在魏忠贤及其党羽手中。对这些人横行霸道、扰乱朝政的恶行，张皇后很是不满，常常借单独与明熹宗相处的时候劝诫，可只知道玩乐的熹宗听不进去。

当时宫中有一个客氏，是熹宗皇帝的乳母，她常以熹宗的母亲自居，在宫内大耍威风，根本不把众嫔妃放在眼里，对张皇后亦如此。这让张皇后非常反感，曾几次当面斥责客氏，因此，客氏、魏忠贤与张皇后结下冤仇，必欲除之而后快。

天启三年（1623年），张皇后怀孕了，客氏便将张皇后宫中的下人一律换成她的心腹。有一天，一个宫女给张氏捶背的时候故意用劲过猛，结果造成张皇后流产。

客氏又造流言蜚语，竟说张皇后是已被逮入狱中的海盗所生，以此来诬陷张皇后出身不正，怂恿熹宗废掉张皇后而立魏忠贤的侄子魏良卿的女儿为后。

熹宗听说了之后居然信以为真，不辨黑白就下旨革去了张国纪的爵禄，但似乎念及与张皇后的夫妇之情，并没有废张皇后，才使得魏忠贤与客氏的阴谋未能得逞。

天启六年（1626年），刚二十出头、身体一向很健康的熹宗，不知什么原因日渐虚弱起来。天启七年（1627年）八月，年仅二十三岁的明熹宗一病身亡。他身前虽曾有过三个儿子，但都夭亡，明朝再次出现皇位继承危机。

熹宗病危时张皇后也只有二十几岁，但作为天下之母，她还是很有政治头脑的。她清楚地知道，越是形势复杂，越要沉着冷静，为了阻止客、魏的篡位阴谋得逞，当务之急是解决皇位的继承问题。张皇后想到了朱由校同父异母的弟弟信王朱由检。朱由检素有贤名，定能当此大任，而且，遵照"兄终弟及"的惯例，也是可以名正言顺地继承皇位的。于是，张皇后就对病中的熹宗提起了信王，熹宗点头同意。但当时掌握朝廷大权的宦官魏忠贤却不愿意让难以摆布的信王继位，担心信王登基后会改变权力结构，而使自己失去手中的权力，于是百般阻挠熹宗召立信王。

为彻底粉碎魏忠贤的野心，张皇后密劝熹宗召立信王。此时，熹宗也意识到魏忠贤的阴谋，为了防止魏忠贤等人发动政变，在张皇后的偷偷安排下，秘密召见信王，要他答应入继大统，朱由检欲推辞，张皇后从屏风后走出，对信王说："皇叔千万不要再推辞，现在正是国家最危险的时候，你一定要担起社稷的大任。"信王这才拜受遗命。

天启七年（1627年）八月二十二日，明熹宗驾崩。张皇后立即下达熹宗遗诏，命英国公张维贤等迎立信王朱由检。事已至此，无奈之下的魏忠贤也于第二日向外宣布张皇后懿旨，"召信王入继大统"。为防止朱由检遭魏忠贤一伙的毒害，张皇后还特地嘱咐他："勿食宫中食！要自带食品。"经过张皇后的周密安排，朱由检得以在八

明　佚名　明熹宗半身像

明晚期 文王方鼎

根据《宣和博古图》的释文，文王方鼎为周公作祭文王的祭器。由于铭文简单易懂，内容又涉及两位重要的历史人物，故制成当时明人相当喜好的方鼎样式。

月二十四日即位，这就是历史上的明思宗。

这位喜欢玩乐、昏庸了二十余年的朱由校，一生只做了唯一一件明白事——接见信王并确立其为继位人。而在这件事中，张皇后起到了至关重要的作用，她凭借自己的机敏果断，完成了一项力定社稷的惊人之举。

登基后的朱由检，对张皇后十分尊敬，并封其为懿安皇后，尊养于宫中。

崇祯十七年（1644年），以李自成为首的农民军攻陷北京。眼见国破家亡，崇祯皇帝朱由检派人将儿子送出宫外，后又亲手砍杀了公主，令后妃们自尽，自己则带着太监王承恩到煤山上自缢而亡。但是，对于皇嫂张皇后的下落，历史上却并没有记载。几百年来，张皇后的下落成为明末清初的一大历史谜案。

那么，张皇后到底归向何方呢？

据《甲申纪事》记载，张皇后最终投降了李自成的起义军。由于张皇后屡次力劝昏庸的熹宗，保全了不少被魏忠贤迫害的大臣，所以民间对张皇后的评价很高。李自成的军队攻入北京后，军师命令义军不可伤害张皇后。没有来得及逃走的张皇后十分感念，于是投降李自成，只是在李自成兵败撤退之时却没了下落。但也有人对此说提出了异议，认为熹宗张皇后"严正有丈夫气"，不可能屈膝投降灭亡大明的起义军。

还有人说张皇后在城破之后，被李自成的义军杀死。据王源的《居业堂集》中记载："河南尉氏人王大本为义军将领，攻克北京后王与其他四人共同俘获了懿安皇后，有人对皇后不逊，王大本大怒：这是一代国母，怎能胡来？当即抽刀将皇后杀死，使其虽死却未受辱。"

以上说法孰是孰非，不一而同。但目前让人较为信服的说法是张皇后自尽了。据贺宿《懿安事略》记载，起义军攻入京城后，"宫中鼎沸，后闻变自缢"。在周同谷《霜猿集》中也记载"西安张孟坚从贼入宫，亲见后死，曾为予言之"。此外，官方正史《明史》《清史稿》等书中也认为张皇后是在城破之际自缢身亡，并且记载了清军入城之后，将其合葬于熹宗德陵的经过。不过这种说法也是猜测，张皇后到底最后归向何方，也许只有等到发掘熹宗德陵的时候这个历史谜案才能被破解。

明晚期　剔彩花鸟纹漆盘

此漆盘做工精制繁复，明代时剔彩漆盘由官方设厂专制御用的各种漆器，并由著名的漆艺家管理。

周皇后下落如何

明思宗朱由检，不仅是明朝历代皇帝乃至历代帝王中都少有的节俭勤政的一代君主，而且他的后宫也是少有的和谐。有这样的君主和这样贤惠的皇后，本来是不该亡国的，可惜大明的病症早已在前代帝后的时候就已种下，勤政的皇帝和他的后妃也无能为力，只留下遗憾和凄美让人传颂。

思宗朱由检，在明朝灭亡前夕曾扼腕叹息"朕非亡国之君，臣皆亡国之臣"。我们尚且不论对大明朝的灭亡朱由检是否应负责任，但他的皇后周氏的确是一个少有的好皇后。

思宗周皇后，祖籍苏州，后来徙居大兴。

朱由检是光宗的第五个儿子，十二岁时封信王，周氏被选为王妃。五年后，信王继皇帝位，周氏便被册为皇后。就是这位周皇后，在明覆亡时毅然以身殉国，悲壮之举为后人称颂。

幼年的周皇后有着惊人的美貌和柔婉的个性，深得家人喜爱。当时有个叫陈仁锡的文士，见其美艳绝伦，就对她的父亲说此女天下贵人，并教授周氏《资治通鉴》和经史之书，使得日后周皇后知书达理，颇通文墨，书生风度的思宗对才貌双绝的周皇后甚是宠爱。

入主六宫以后，周皇后便一直以瘦弱单薄的身躯担任着治理后宫的重任。由于她仪态万方、天生威严，所以在宫中的威望很高。不仅如此，她还生性简朴，刚一入宫就着手撤销宫中不必要的费用。

崇祯时期，内乱外患接连不断，周皇后就常常劝思宗要宽以待人，善待臣民百姓，安定人心方能团结对外。但是思宗固执自负，根本听不进周皇后的劝告，总是觉得全天下的人都辜负了他。当时因为军费紧张，关心着社稷安危的周皇后常常拿出自己的私蓄和宫中节省下来的费用充作军费。

但是宫中却仍不平静。当时，在宫中唯一一个能与周皇后争宠的人，就是贵妃田氏。田氏不仅美色与周皇后相当、多才多艺，而且还多了一分冷艳，深得思宗宠爱。田贵妃恃宠而骄，谁都不放在眼里。周皇后为了打击田贵妃的嚣张气焰，对于田贵妃来拜见，她故意拖拉，即使见到了田贵妃也是冷若寒霜。但对于其他贵妃，周皇后则表现出极大的热情。

受到了极大的污辱，田贵妃恨死了周皇后，于是便在思宗面前倾诉委屈。思宗自然不高兴，觉得皇后有些过分。

晚明　张希黄　留青竹刻《醉翁亭记》诗意图笔筒

这件事发生后不久，田贵妃却不小心惹怒了思宗，被斥居启祥宫三个月有余。思宗虽然表面上没有作声，其实在内心早就想念爱妃了，只是又不好意思直接去召见她。周皇后看透了皇帝的心思，而自己也于心不忍，于是借陪思宗在永和门看花之际乘机进奏，请召田贵妃，思宗见到了爱妃，甚是高兴，而田贵妃也因周皇后的不计前嫌而感激不已，两人前嫌尽释，从此和睦相处。

崇祯八年（1635年）以后，明王朝岌岌可危：各路农民起义军迅速壮大，严重威胁着大明的统治；同时，盘踞关外的后金大军虎视眈眈，伺机而动。朝廷上的政事和紧急的军情，使得思宗忧心不已，因劳累过度而日渐憔悴。周皇后心里着急，可她深知皇帝不会听其劝告，于是她只好让自己的母亲进宫，假称思宗的亲生母亲李纯皇太后托梦要她劝皇帝注意身体，而且还在宫中提前置办好美食，等皇帝回宫后享用。

明王朝的灭亡之日一天天逼近了，尽管思宗殚精竭虑，极力想挽回败局，但一切已无济于事。

崇祯十七年（1664年）三月十七日，闯王李自成领导的起义军终于突破重重阻力，直逼北京城下，许多文武大臣贪生怕死，望风而逃，实在逃不掉的，就投降了义军。被派去监军守城的太监更是见利忘义，大开城门，迎接闯王军队进城。

眼见大势已去，思宗万般无奈之下回到后宫，哭着对周皇后说："你是国母，理应殉国。"周皇后也哭着说："妾跟从陛下十八年，陛下没有听过妾一句话，以致有今日。现在陛下命妾死，妾怎敢不死？"说完解带自缢而亡。思宗想起多年的夫妻之情，不禁涕泪横流。他又命令三个皇子迅速改穿便装逃出宫去，其他妃子则一律赐死。然后他自己直奔皇宫后面的煤山自尽了。

周皇后这位明王朝的末代皇后，生前深明大义，勤于治家，深得天下人民的爱戴，当国家危急之时，又以身相殉，其悲壮凄美的一生，让人不得不由衷感叹。

明晚期　缂丝百鸟朝凤图屏

在中国古代，凤代表着皇后，代表地位尊贵。气氛热烈、仪态纷呈的《百鸟朝凤》图屏，实际上就是泛喻君主圣明，海晏河清，天下归附。

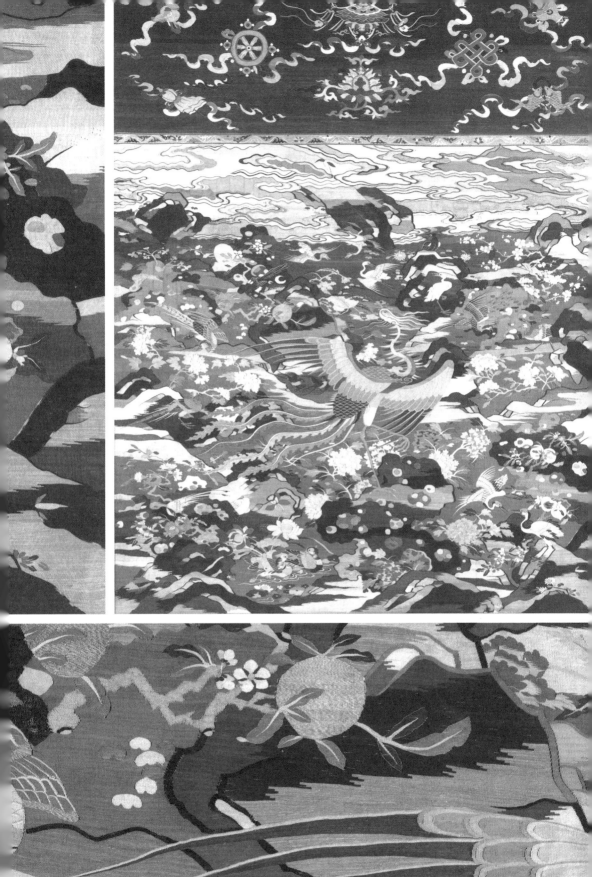

藏在古画里的大明史

第三章

皇子公主：曲折人生谁与知

在明朝漫长的历史中，有一类人总是备受关注，那就是皇室内的皇子公主们。他们尽管经常被标榜为金枝玉叶，似乎神圣不可侵犯，然而这些皇子公主的命运却并不见得有多好，明朝崇祯皇帝的女儿临死前就曾仰天长叹，愿自己来世别生在帝王家。他们的命运取决于别人，成长的过程也往往充满着血腥和阴谋。他们之中，郁郁而亡是幸运，死于非命是常态。本章将揭秘一些有关大明王朝皇子公主的事件，让读者品味皇室内微妙的政治博弈。

宁国公主为何牵衣索夫

父兄侄儿均为帝王、身世显赫的一代公主，竟因骨肉相残而颠沛流离，在夫君罹难的悲凉中郁郁终日，难圆平安温馨之荣华。透过公主的幽怨，我们一起来解读大明皇宫中鲜为人知的权力之争。

洪武三十一年（1398 年），朱元璋病死，由皇太孙朱允炆继位，史称明惠宗，又称建文帝。为了巩固中央集权，建文帝采纳了大臣齐泰、黄子澄的建议，决定先削几个力量较弱的藩王的爵位，然后再向力量最大的燕王朱棣开刀，并令诸藩王不得节制文武将吏。皇族内部矛盾由此迅速激化。建文帝命令将臣监视朱棣，并乘机逮捕之。朱棣得到这一消息，立即诱杀了前来执行监视逮捕任务的将臣，于建文元年（1399 年）七月起兵反抗朝廷。

朱元璋当国时，恐权臣篡权，规定藩王有移文中央索取奸臣和举兵清君侧的权力，他在《皇明祖训》中说："朝无正臣，内有奸逆，必举兵诛讨，以清君侧。"朱棣以此为理由，指齐泰、黄子澄为奸臣，须加诛讨，并称自己的举动为"靖难"，即靖祸难之意。因此，历史上称这场朱明皇室内部的争权战争为"靖难之役"。

这场内战前后相持了四年。建文帝迂腐怯弱，无论在政治上还是军事上都不是他叔父朱棣的对手。建文帝多次调兵遣将前往征伐，都为靖难军所败。建文四年（1402 年），靖难军攻占南京，建文帝下落不明。朱棣进入南京以后，杀掉建文帝的亲信大臣齐泰、黄子澄、方孝孺等，株连了很多人。朱棣登上了皇帝宝座，称为明成祖，改年号为永乐。

燕王朱棣篡位当了皇帝以后，对建文帝的旧臣进行大肆屠杀。这场屠杀为时甚久，牵连的人也很多，朱棣知道反对他的人很多，因此丝毫没有手下留情，

明　娇黄锥拱兽面纹鼎

此鼎具有圆鼎式炉身，口沿饰双立耳，通体罩施娇黄色釉，釉质透亮，纹变形，加以夸张，更加显示出器物的威严，寓意传国重器。将饕餮

一心想把不服从自己的人都杀光，哪怕是自己的至亲也不例外。

朱棣有一个亲妹妹宁国公主，一向最得父母宠爱。朱元璋费尽心力给她挑选了一个如意郎君，就是梅殷。梅殷知书达理，武艺高强，是一个不可多得的人才，因而深得岳父朱元璋喜爱和信任。

当年，太子朱标突然得病去世后，朱元璋立朱标的儿子朱允炆为皇太孙。但是他又担心皇帝年幼，所以时常嘱咐梅殷以后一定要尽心辅佐皇太孙。不久，朱元璋死去，燕王朱棣果然起兵谋反。他派了一个使臣去说服正在镇守淮安的梅殷归降自己。见到朱棣派来使臣，梅殷十分生气，于是命人割去了来使的鼻子，以示羞辱。朱棣一见少了鼻子的使臣回来，恨得咬牙切齿。

明 青花四季花果纹莲花式盘

永乐时期青花瓷器造型圆润、灵巧、清秀、
与宣德青花一道被称为"开创了中国青
花瓷的黄金时代"。

靖难之役后，朱棣终于如愿以偿地当上了皇帝，但梅殷仍在淮安坚守，始终不肯投降。朱棣就命令妹妹宁国公主用鲜血写信给梅殷让他回来。梅殷接到妻子的血书，无奈之下回到南京城。

回到皇宫，已物是人非，梅殷自觉辜负了朱元璋对他的嘱托和信任，心中无限悲痛。尽管朱棣一心想杀了梅殷，但是他已经答应宁国公主只要驸马回朝，就不杀他，所以装出笑脸，向梅殷道："驸马辛苦了。"

尽管梅殷深知自己处境危险，但仍是不愿服从这个篡夺皇位的不忠之人，于是话中有话地答道："不敢当，劳而无功而已。"

朱棣听了之后，心中很不是滋味，但是当着众人的面，也不好说什么，只是暗中捕捉着杀掉梅殷的机会。后来，他终于找了个借口，撤销了驸马的护卫队，还把驸马的家人全部发配到辽东去服苦役，就此把梅殷孤立了起来。

宁国公主暗觉情形越来越不好，但是她认为朱棣毕竟是自己的亲哥哥，而且他亲口答应会饶过驸马性命，所以尽管心中起疑，但还是坚信哥哥会信守诺言，只是不断劝说丈夫尽量地顺着皇帝的意思去做。而梅殷也觉得大势已经不可挽回，就听从了妻子的劝告，不再故意忤逆新皇帝。

可他们万万没有想到，朱棣定下的杀害梅殷之毒计，已经在一步步地实施了。

永乐三年（1405年）的一天早晨，梅殷像往常一样准时上朝。当他正走在一座桥上的时候，身边挤上一群人来。他还没有来得及细看，这些人就故意把他挤下了桥栏，然后靠在桥边哈哈大笑。

梅殷不会游泳，在水中挣扎了很久，终于因为无人抢救溺水而死。把他挤下水的人见他在水中不再动了，才装着很着急的样子跳下水去将他捞了上来，而此时的梅殷早已气绝身亡了。

当"驸马跳水自杀"的报告上报给皇帝时，却有当时恰巧路过的官员揭发了事情的真相，说那些人是故意杀害了驸马。朱棣迫不得已之下，只好命令把杀人凶手处死。

审问的时候，凶手很不服气，大声说："杀死驸马是皇上的命令，为什么要治我们的罪？"众人一听，知道这里面定是另有隐情，于是不敢再审，命人匆匆打落了凶手的牙齿，使他们说不出话来，然后斩首示众。

这个结果上报给皇帝后，朱棣还装作十分悲痛的样子，并且赐了梅殷一个"荣定"的谥号。

公主每日都在家中为驸马的安危忧心忡忡。这一天迟迟没见到驸马回府，就感到情形不妙。等听说驸马淹死了，凶手也已经被处死的消息后，她立刻就知道这一定是朱棣指使人干的，于是急忙赶到宫中。

见公主来到，朱棣本欲躲开，却被公主拽住了衣襟。她怒气冲冲地责问哥哥："驸马哪儿去了？"朱棣很不自在地回答："驸马被人害死了，我已经命人杀了凶手为他报仇，你不要再自寻烦恼。"

尽管在事后，朱棣给公主和公主的儿子都加升了爵位，但这对痛失夫君的宁国公主又有什么意义呢？

独臂的长平公主

在武侠小说《鹿鼎记》中，有一位纤尘不染、神功盖世、浪迹江湖的尼姑。金庸先生笔下这位相貌美艳、气质高贵的独臂神尼是谁呢？她就是大明崇祯皇帝的长平公主。那么，为什么贵为金枝玉叶的公主会成为漂泊于江湖的尼姑呢？

崇祯十七年（1644年）三月十七日，明末农民起义军将北京城重重包围，傍晚时分，李自成开始率军攻城，守城的宦官为了保命居然打开了彰仪门献城投降。崇祯皇帝和太监王承恩来到皇城的高处四下眺望，只见外面到处火光冲天，喊杀声不绝于耳，崇祯皇帝深刻地意识到，大明王朝大势已去矣。跌坐在龙椅之上无奈地悲叹良久后，他回到后宫中。

崇祯皇帝和周皇后将三个儿子叫到面前，让他们化装成平民逃出紫禁城。周皇后随之自缢身亡。

崇祯皇帝总共有六个女儿，其中四女早逝，还有两个女儿，即长平公主和昭仁公主。居住在寿宁宫的长平公主是他最疼爱的女儿，当时刚满十六岁。他本来已经为爱女选了周显做驸马，谁知这一切却即将化为泡影。

为了防止城破之后女儿受辱，崇祯皇帝命人叫来长平公主。长平公主恐惧地紧紧拉住父皇的衣襟，看着女儿那年轻的脸庞，崇祯皇帝长长地叹了一口气说："你为什么要生在我家！"说话之间，他就抽出身旁的宝剑，闭上眼睛，用衣袖遮住自己的脸，向女儿身上劈去。

这一剑砍得有些偏，公主的左臂膀顿时掉落地下，鲜血喷涌而出，公主已经昏死于血泊之中。看着女儿那痛苦的神态，崇祯皇帝染满了鲜血的手不禁颤抖起来，再也砍不下第二剑了。之后，他又转向袁贵妃，命她赶快自尽。袁贵妃遵命自缢，不料绳子却脱落了。崇祯皇帝见状，又挥着手中的剑砍伤了袁贵妃的左肩后，他就好像完全麻木了似的，接连砍倒了几个嫔妃。

十九日凌晨，崇祯皇帝登上钟楼，鸣钟召集百官，但无一人前来。万念俱灰的崇祯皇帝只好与宦官王承恩一起登上了后面的万岁山（今景山），自缢而死。临死遗言："朕非庸暗之主，乃诸臣误国，致失江山。朕无面目见祖宗于地下，不敢终于正寝。贼来，宁毁朕尸，勿伤百姓！今日亡国，出自天意，非朕之罪。十七年惨淡经营，总想中兴。可是大明气数已尽，处处事与愿违，无法挽回。十七年的中兴之愿只是南柯一梦！"

那么，被砍掉一条胳膊的长平公主最后哪儿去了呢？那几天紫禁城里乱成一团，谁也没有顾得上去看看长平公主的"尸体"，几百年来，关于她的命运在演义中无限地铺展开来。

在民间传说中，长平公主并没有死，而是出家做了尼姑。大致说法为，有一位武功超凡的独臂女尼，乃是明崇祯皇帝的嫡出长平公主，国破家亡，被父亲砍去手臂后流落民间。怀着深仇大恨的公主练就了一身武功，誓要为父母报仇雪恨，人称独臂神尼九难。后来，独臂神尼九难收了八个天下无敌的徒弟，其中有个吕四娘。吕四娘是九难的关门弟子，后来潜入深宫，刺杀了雍正皇帝，辗转为师父报了家国之仇。这八个了不起的徒弟，被称为"清初八大侠"，威震天下。

此外，在粤剧经典曲目《帝女花》中，长平公主在明亡后出家为尼，后来又被清朝廷找到，要她与驸马完婚，洞房花烛之夜，长平公主和驸马周显服下了砒霜，以死殉国。

这些故事听来虽然浪漫，但毕竟只是传说而已。那么，真实的历史又是怎样的呢？

有记载说，长平公主后来被人发现，被抬到周皇后的父亲周奎家中，五天后竟然苏醒过来。当她醒来的时候，北京城已经成了大顺天下。周奎不敢收留她，就把她交给了李自成，李闯王见长平公主居然死而复苏，感到很意外，于是将她交给刘宗敏救治。但两个月后，北京城破，李自成没有来得及带上长平公主，就在清军的追击下败逃远去。

多尔衮带清军入关后，为了笼络人心，下令五月初六至初八，为崇祯皇帝哭灵三日，上谥号怀宗端皇帝，后来又改称庄烈愍皇帝。并将他和周皇后的棺

明至清初　错金银双羊尊

此羊尊的母型为商代铜器。器物以表面的镶嵌突显出明晚期铜器的装饰特点，在错金银的部位周围均有錾痕与错金银痕，可证其为镶嵌。

144

木起出，重新以皇帝之礼下葬，葬在昌平明皇陵区银泉山田贵妃陵寝内，妃陵改称思陵。虽然国破家亡，长平公主也终于得到了一丝安慰。

清顺治二年（1645 年），长平公主向顺治帝及摄政王多尔衮上书希望自己能够出家为尼，断绝这尘世间的哀伤悲痛。然而，她是先朝长公主，为了让汉人归心，这个愿望，清朝廷是不会答应她的。不但不答应，在长平公主上书不久，顺治帝的诏命就跟着下达了——不许公主出家，而是让她与崇祯皇帝为她选定的驸马周显完婚，并且赐予府邸、金银、车马、田地。但仅仅过了几个月，长平公主就病逝了，时为顺治三年（1646 年），长平公主十八岁，赐葬广宁门外。

纵观长平公主短暂的一生，经历了风云变幻的际遇，历经了三个特殊的王朝：明、大顺、清。也许她真的选择了青灯古佛、青衣黄卷的生活，也许她一生都没有踏出过北京城一步，郁郁而终。

崇祯的太子哪儿去了

在诸多亡国之君中，恐怕很难再找出像明朝末代皇帝崇祯皇帝那样是在殚精竭虑、日理万机的情况下，无可奈何地用死来宣告自己王朝覆灭的皇帝，也很难再找出一个想尽办法救国而不为自己的家族考虑后路的皇帝。崇祯皇帝可以把皇后、妃子、公主们杀死或赐死，自己也可以一死殉国，但对于三个儿子，总还是存着他们能够逃出去重振社稷的希望，便把他们交给心腹太监们想办法逃出去。但这个太晚的决定并没有挽救皇子们的命运，那些平日里最受皇帝信任的太监们可没有什么赤胆忠心，面对北京到处都是农民军的情况，他们或是把皇子扔在街上让他们自生自灭，或是干脆带着皇子去向大顺军请功。于是，崇祯皇帝的三个皇子的下落成了千古之谜。

明崇祯十七年（1644年），明王朝面临灭顶之灾：明军在与农民起义军和清军的两线战斗中，屡战屡败，已完全丧失战斗力。三月十七日，农民起义军围攻京城。十九日凌晨，崇祯皇帝用三尺白绫吊死在煤山上。

据《明史·诸王传》记载，崇祯皇帝一生共生有七个儿子。李自成陷北京之时，皇太子朱慈烺十六岁，皇三子定王朱慈炯十三岁，皇四子朱慈炤只有十二岁。除了这三个儿子外，崇祯皇帝的其他儿子都早夭了。崇祯皇帝为给大明保留一丝血脉，让儿子们都换上平民衣服，由太监护送逃出北京城。临死，他还写下遗诏，要求各地官员协力辅佐太子，重振大明。

那么，这个出逃的太子和他的两个弟弟又到哪里去了呢？三个十多岁的少年，从一出生就生活在富贵乡里，他们能在纷飞的战火中生存下来吗？尤其是太子朱慈烺更是各种势力高度关注和争夺的对象，因为如果一个国家的继承人仍然活着，那就不能说这个国家已经亡了，他随时有可能召集愿意追随他的人重建国家。朱慈烺的归宿到底如何？

一种说法是：太子朱慈烺在兵荒马乱之中失踪。据说亲信太监接受崇祯皇帝嘱托，藏匿了太子等三人。李自成进入北京后，发布悬赏令，寻找这三个重要人物的下落。太监见利忘义，为重赏所利诱，很快交出了这三个人，邀功请赏。李自成鉴于他们还未成年，没有处死他们。太子乘机向李自成提出三条建议：第一，不可惊动祖宗陵寝；第二，迅速安葬父皇、母后；第三，不可杀害百姓。从以后的事态发展来推断，李自成似乎接受了这些建议。李自成出征山海关兵败后，把太子等三人交给了吴三桂。多尔衮命令吴三桂不得进入北京，向西追击李自成，吴三桂不得不把太子等送到太监高起潜处暂时落脚。随着政权的迅速更迭，兵荒马乱之中，太子等三人便不知下落了。

第二种说法是：被清廷捕获杀害。太子朱慈烺一行三人后来到了外公周奎家中，还和长平公主见过一面，大家抱头痛哭。皇亲周奎害怕引来祸水，便将他们逐出家门，以致他们被巡逻的士兵逮捕。叫来太监辨认，都说是真太子，于是把他们送入宫中，考察他们对宫廷的熟悉情况，都对答如流。而一些投靠清朝的前明官员为了避免麻烦，极力证明太子是假的。一时间众说纷纭，真假莫辨。摄政王多尔衮的态度很明确，不必继续争论，真假都无妨。随后他处死了主张太子是真的官员，又在次年四月初四，公开布告天下，说太子是假的，然后把他们秘密处死。清朝廷为什么这么做呢？不愿意承认前朝的太子，果断处死是为了避免改朝换代之际引起民心动摇。

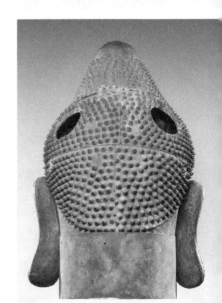

明 铁铸佛头

明代铜佛像面相丰润，细眉长目，额头较宽，大耳下垂，表情庄重而不失柔和。

明　黄铜鎏金天王像

此像通体鎏金，表情庄严平和，身着盔甲，有镇守一方之寓意。

这种说法在《石匮书后集》中的《烈皇帝本纪》及《太子本纪》中均可看到，应该说是符合历史真相的。但是，又有记载说后来太子在南方出现了，与此种说法似乎矛盾：慑于多尔衮的命令，吴三桂不得进京，他在途中释放太子，在皇姑寺把他交给太监高起潜。高起潜和太子前往天津，由海路抵达扬州。他发现南明当局并不欢迎太子，想杀死了事。他的儿子高梦箕（原任鸿胪寺少卿）极力反对，挟带太子渡江，辗转来到苏州、杭州。

这时候已经当了皇帝的朱由崧，听说崇祯皇帝的太子前来投奔，十分害怕，因为如果证明这个少年真是太子，他就得归政，于是朱由崧打定了主意，坚决不承认前来投奔的少年是真太子。不管在朝廷上如何盘问，少年都对答如流。从北方逃过来的老太监也都指认少年确实是太子朱慈烺，朱由崧还是一口咬定少年是假扮太子，不由分说把他关进监狱，并将知道内幕的一些大臣毒死。据说后来，清军攻破南京，太子朱慈烺被押回京，在北京被清朝当局处死。清朝方面的行动，使得真假太子之谜蒙上了又一层政治色彩，更难以辨别了。

还有一种说法是：太子跟随李自成败退，后逃出做了和尚。在李自成军队败退北京的路上，刘宗敏受了重伤，放松了对太子的看管，太子就找了个机会和他以前的老师李士淳从闯王的军中逃了出来，后来到李士淳的老家广东嘉应州阴那山出家当了和尚。据说太子死后，庙里就开始供奉一尊"太子菩萨"的神位。这尊神位始终保留着，直到辛亥革命后，清王朝覆灭了，人们才知道原来供奉的这尊塑像就是明朝的逃亡太子。李士淳的后人也声称他们的先祖确实在乱军之中救了太子，并把太子带回自己的家乡，两人还一同出家做了和尚。

种种说法，不一而足，不过，无论如何这总是皇太子生死之谜的一个解释，给历史增添了不少扑朔迷离的色彩，更显出它的魅力。

宁王朱宸濠叛乱始末

燕王朱棣称帝之后，为巩固自己的皇位，便继续施行建文帝时期的削藩政策。到永乐十五年，基本上把当时握有兵权的藩王，或削其护卫，或废为庶人。到宣德皇帝，朝廷进一步推行这种削藩政策，从此王府不再设立护卫，藩王就是再想反叛，也无异于以卵击石。但富于冒险精神的野心家们，仍然绞尽心机，费尽心思地满足自己的私欲。正德年间，宁王朱宸濠也走上了这条不归路。面对明朝最荒唐最胡闹的正德皇帝，他能不能取而代之呢？

明孝宗朱祐樘是大明历史上一位英明有为的君主。他婚后多年才生下正德皇帝朱厚照，因而对其十分宠爱，甚至达到了溺爱的地步。后来朱厚照的弟弟又早早夭折，朱厚照便成为他唯一的儿子，理所当然地成为明朝皇位的继承人。

弘治十八年（1505年），孝宗皇帝突然驾崩，把一个庞大的王朝留给了年仅十五岁、不爱读书而好逸乐的朱厚照，即历史上的正德皇帝。没有了父皇的管束，正德皇帝更是无法无天了，整天跟自己的亲信号为"八虎"的八个太监游戏取乐，把政务抛在一边，不知今夕何年。

在明朝初年，朱元璋的儿子宁王朱权被封在大宁一带，当时是北边非常有实力的塞王，号称"带甲八万，革车六千"。永乐皇帝登基后，为削弱宁王的势力以免除对自己的威胁，于是把势力最大的宁王改封到江西南昌，后来宁王也被削除了护卫。

这样一来，到了宁王朱权的五世孙朱宸濠继承爵位时，宁王府已经今非昔比。这个轻佻的宗室子弟，认为自己是龙姿凤采，有天子之相，一心想当皇帝，于是在几个术士的蛊惑下，决定以身试法。

但是，大明王朝在经过了几次宗室相残血的教训后，皇帝开始逐渐削弱藩

王的势力，以求彻底改变这种兄弟叔侄相残的局面。宣德皇帝平叛后，进一步推行这种削藩政策，从此王府不再设立护卫。也就是说，当时的宁王府已经没有半点武装力量，因此朱宸濠要想造反，当然是先谋求恢复宁王府的护卫。

当时，正德皇帝荒淫无度，不理朝政，朝廷大权实际掌握在"八虎"之一的太监刘瑾及其党羽手里。他欺上瞒下，权倾朝野，人称"立皇帝"，意思就是朝会时，刘瑾是站在正德皇帝身边的另一个皇帝。

朱宸濠用金银二万贿通刘瑾，终于把明王朝南昌左卫改为宁王府的护卫。之所以是南昌左卫，而不是江西的其他驻军，是有原因的。这是因为，在天顺年间，宁王府因罪被削去护卫，宁王府的护卫改为南昌左卫。但是好景不长，刘瑾不久便被赶下台，宁王府的护卫又被革去。但是，这一切并没有使朱宸濠心灰意冷，反而使得他恢复护卫的心更加急切了。

这一次，朱宸濠更是不惜巨金收买了当时的兵部尚书，并让正德皇帝宠爱的伶人臧贤代他四处游说王公大臣，得到了他们的默许。可惜在这时又遇到了

明 蔡世新 王阳明肖像

绊脚石费宏。

按规定，朱宸濠要恢复护卫，必须经过内阁的同意。而在内阁办事的明朝大学士费宏也是江西人，对朱宸濠可以说是知根知底，他识破了朱宸濠的野心，说什么也不同意朱宸濠恢复护卫。

于是，朱宸濠便利用进士廷试那天，内阁大臣要到东阁阅卷，趁费宏不在内阁办事时递上请求恢复护卫的奏疏。由于其他大臣已经被朱宸濠买通，均批准这个奏疏。但朱宸濠恐怕费宏会反对，于是又叫人在正德皇帝面前进谗言陷害费宏，费宏被迫辞职。

朱宸濠恢复护卫的心愿终于得偿之后，又千方百计讨好正德皇帝。他进献了很多奇珍异宝供正德皇帝玩乐，以削弱正德皇帝对自己的提

王阳明 《与郑邦瑞尺牍》（局部）

防之心。他还仗着自己在朝中收买了很多王公大臣作为后盾，在南昌无恶不作。他甚至擅自杀戮地方官吏，霸占百姓田宅，强夺良家妇女，搞得地方上乌烟瘴气。地方官屡屡向朝廷申告朱宸濠的各种不法行为，但正德皇帝并不放在心上。

正德十四年（1519年）六月十四日，朱宸濠以庆祝自己生日为由，带着自己蓄养的强盗响马们正式叛乱。他把地方官请到王府，声称自己奉了皇太后的密旨要起兵入朝，并将不顺从的地方官全部杀掉，后率领军队攻打安庆。当时的汀赣巡抚副都御史王守仁，是一个文武全才的大将，他对朱宸濠的举动早已暗自留心。当得知朱宸濠叛乱并攻打安庆的消息后，他马上集结兵力，直捣朱宸濠的老巢南昌。

朱宸濠叛乱的消息传到朝廷，正德皇帝不忧反而大喜。为什么呢？原来，正德皇帝有两个嗜好，一个是玩乐，一个就是打仗。比起做皇帝来，他更喜欢做将军，并曾多次巡游北方边防重镇，也曾率领军队小胜过鞑靼兵，还自己封自己为"总督军务威武大将军"。听到朱宸濠叛乱的消息时，正德皇帝简直喜出望外，决定御驾亲征。可惜的是，在正德皇帝刚到达涿州时，王守仁的捷报就已经送到了。原来朱宸濠围攻安庆不下，又听到老巢也已被王守仁攻下，急忙回身去救，在黄家渡与王守仁军遭遇，朱宸濠大败，被王守仁俘虏。

前后仅仅只有一个多月，叛乱就被平定了。正德皇帝一路游玩到南京，举行了献俘仪式，这才班师回朝，朱宸濠也在路上被处死。

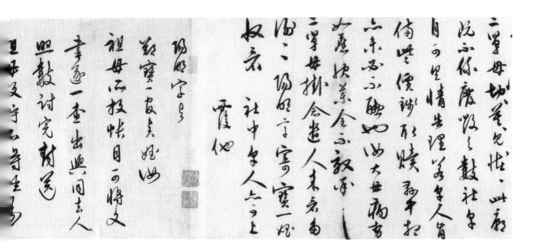

福王朱常洵挖空大明根基

对福王朱常洵，万历皇帝真是给予了慷慨无比的赏赐，据说福王藩库有金钱百万，远远超过了大内仓储。就在万历刻意做一个最慈爱、最慷慨的父亲时，他对朱家大明的江山的伤害却也深及骨髓，后世论者以为明朝之亡实亡于万历，可谓一语中的。而自以为奢侈靡丽的生活会永伴一生的福王，最终也落得个身死农民军之手的下场。

"土木堡之变"后，明朝慢慢走向衰落，特别是到了万历年间，明朝已经到了亡国的边缘——皇帝怠政，几十年不上朝，一心搜罗钱财，大臣们徇私结党，互相倾轧。一般认为，明朝末年的党争起源于万历朝，万历年间的党争则是起于国本之争，而处在这场纷争中的中心人物，就是神宗的郑贵妃和福王朱常洵。

福王朱常洵，明神宗万历皇帝朱翊钧的第三子。万历皇帝在位的四十多年间，皇三子朱常洵与皇长子朱常洛的储位之争一直困扰着皇帝、后妃和朝中的大臣们。这是为什么呢？因为，朱常洵的母亲是万历皇帝最宠爱的郑贵妃，爱屋及乌，朱常洵也就成为万历皇帝最钟爱的儿子了。万历皇帝一心想立朱常洵为皇太子，大臣们则恪守着祖宗的传统原则——有嫡立嫡，无嫡立长，坚持立长子朱常洛为太子。朱常洛的母亲王恭妃原是李太后宫中的一位宫女，神宗在一次偶然的机会中临幸了她而怀孕，生下皇长子朱常洛。争储双方的斗争激烈而长久，甚至导致了万历皇帝因为自己的心愿不能达成而二十年不上朝的恶劣后果。经过了差不多二十年的斗争，疲惫的皇帝终于向顽强的大臣们认输了，在万历二十九年（1601年），皇长子朱常洛被立为太子后，朱常洵随之被封为福王，这场"国本"之争从此落下了帷幕。

明　五彩龙纹花鸟蒜头瓶

这件蒜头瓶的造型规整饱满，釉彩亮丽，主题纹饰绘昆虫花鸟，笔触洒脱，意境朴华，是万历年间五彩中少有的精品。

另立太子的愿望没有实现，神宗就在郑贵妃的唆使下在经济上对朱常洵百般施惠。

按照规制，福王朱常洵受封藩王后应该立刻到藩国就任，但他却迟迟不肯前往。直至万历四十年（1612年），在群臣的一再呼吁和坚持下，郑贵妃只好让福王去洛阳，但是同时提出了条件。

郑贵妃提出要为福王在洛阳修建好藩邸方才就任。神宗一看大势所趋，这次福王是非去不可了，只好拨款二十八万两巨资在洛阳为朱常洵修建福王藩邸，费用比朝廷的规定高出九倍。然而，全部完工后，在郑贵妃的纵容下，福王仍坚决不到洛阳就任。借此，郑贵妃又要求划给福王庄田四万顷。在明太祖朱元璋时，为加强专制主义中央集权的统治，把他的二十四个儿子和一个重孙分封为王，称为藩王。在诸王中，以北方诸王势力最大，但除岁禄外，划给的草地牧场也多不过千顷，而郑贵妃要求给福王的土地大大超过了此数，这需要剥夺很多百姓的土地啊！后来因为以叶向高为首的大臣们坚决反对，福王朱常洵自己也表示可以少要一点，这样，神宗总算同意减到二万亩。

至此，郑贵妃还是不满足，又开始为儿子准备去洛阳的花费。如索要大学士张居正被籍没的财产及四川盐税和茶税，并要朝廷给淮盐一千三百引（重量单位，每引约四百斤），让福王在洛阳开店卖盐，垄断洛阳的卖盐权。神宗不仅答应了这些要求，又在福王临行之时，把历年来税吏、矿吏所进献的珍宝，大都交给福王带走。

福王到洛阳后，横征暴敛，胡作非为，造成黄河南北、齐楚河淮骚动，河南数年大荒，人民相食。而福王藩库有金钱百万，竟然超过了大内仓储。

崇祯元年（1628年），各地灾荒不断，朝廷政治腐败，人民生活很困难，爆发了以高迎祥为首领的农民起义。此后农民起义风起云涌，接连不断，而且规模越来越大，明王朝的统治摇摇欲坠。起义军发布的征讨檄文中对明王朝提出很多指责，其中重要的一条就是说神宗"耗天下以肥王"，就是说他搜刮了天下的财富以肥福王，并且指出洛阳比北京的皇宫大内还要富有。

当朝廷派去镇压农民起义的军队路过洛阳的时候，士兵们都纷纷指责说，福王的财产数以百万，富甲天下，却不肯拿出一点钱来犒军，让大家都饿着肚子上前线去为朝廷卖命。当时的南京兵部尚书吕维棋正在洛阳的家里，他见到士兵们气势汹汹，怕发生兵变，对明朝统治更加不利，就去拜访福王，把当前的严重形势和利害关系分析给福王听，建议福王拿出一部分财产当作军饷。可是福王朱常洵说什么也不肯出资，照样花天酒地，纵情享乐。

崇祯十四年（1641年），李自成的农民起义军逼近洛阳，朱常洵虽然十分舍不得，但还是拿出一千两金子招募了一些亡命之徒，夜里用绳子从城墙上吊下去突袭李自成的大营。

刚开始时起义军的确是稍稍退了一些，但很快就稳住了阵脚，又围上来。双方就这样对峙了几天。

洛阳城里的守军一向对福王的贪婪成性十分不满，根本就不想替他卖命。夜里，城上的守军就和城外的义军喊起话来，甚至还谈笑风生。双方士兵都是穷人，出来当兵不过是为了讨生活，当然不愿意自相残杀。于是几天以后，守城的士兵发动叛变，杀死了一些官兵，烧坏城门，放农民军进城。

生活在灯红酒绿中的朱常洵见洛阳失守，自知情势不妙，用绳子将自己吊出城外，躲在一座破军庙里。天亮后，义军派出的人马在庙里找到他，当着全城百姓、士兵的面，把他杀了，同时没收了王府中的全部财产。

尽管家财百万，但昏庸的福王最终也没有用钱财换得性命。

藏在古画里的大明史

明朝的历史上，不乏大量的忠臣，他们抛头颅，洒热血，唤起了我们的民族大义。扶大厦之将倾的于谦，死劾奸臣的杨继盛，治服黄河的潘季驯，赤诚为国的张居正……在他们的血液里，流淌着忠义仁孝，使我们的历史熠熠生辉。但同时也出现过很多弄权营私、残害忠良、不忠于君主的奸臣，他们被人唾弃，遭世人愤恨。光辉灿烂的中华历史中，正邪是相辅相成的。我们试着去领悟，探讨那些事……

第四章

将相权臣：忠奸贤佞任人评

刘伯温身死谁手

在中国历史上，刘伯温与诸葛亮一样，运筹帷幄、决胜千里。在三国群雄争霸时期，诸葛亮辅助刘备、刘禅父子蜀中称帝，刘伯温则在元末明初时被朱元璋礼聘出山，成为明朝的开国功臣。他们鞠躬尽瘁的精神为后人称道，千古留名。所不同的是，诸葛亮是自然而亡，而刘伯温则在晚年被人投药毒死，留下一个可悲可哀的结局！那么，刘伯温是被何人所害呢？

刘基，字伯温，明朝历史上卓越的军事家、政治家、文学家、哲学家和天文学家，元朝至大四年（1311年）出生于浙江处州府青田县南田村的一个名门望族。其父刘煜因喜得贵子，大摆酒宴以示庆贺，席间，一个仪表庄严的道士——一代道教宗师张三丰不约而至，要求刘煜抱来小公子一见。只见这耳阔手长、额宽如场的小孩注视着众人，一点也不害怕，并向张三丰道长大叫三声，声如洪钟。张三丰大喜道，此子声如洪钟，将来定成大器，可为国家基石也，就叫刘基吧，众人鼓掌叫好。

刘伯温从小好学，博览群书，幼年在家中受其父刘煜的文化熏陶，后来随老秀才刘若初读书七个春秋，对古人论及天文地理、用兵打仗等书籍刻苦研读，受益匪浅。这为刘伯温日后建功立业奠定了基础。

元朝至顺四年（1333年）二月，年仅二十三岁的刘伯温以卓越的文学才能考中进士，被任命为江西高安县县丞。

青年得志的刘伯温，原本想为元朝效力，做一番轰轰烈烈的事业，无奈当时正处于元朝末期，官场腐败，吏治贪污，整个社会统治集团已是摇摇欲坠。以身作则、为政清廉的刘伯温在上任不久即因受人嫉恨排挤而调任浙江儒学副提举，三个月后因上文弹劾监察御史失职，开罪于上司被排挤回家。

在回乡隐居的日子里，刘伯温如饥似渴地钻研《周易》《八卦》《兵书》《战略策》，并广交宾朋，名声越来越大。

元朝末年，各地农民起义连绵不断，朝廷终于想到了刘伯温，举荐刘伯温为江浙元帅府都事。深居简出十多年的刘伯温一到任，就力主用武力严剿方国珍，就在刘伯温布置出兵打仗的时候，元朝廷又决定招抚方国珍兄弟，授以重要官职。不久，朝廷下文说刘伯温在任期间作威作福，目无法纪，夺去刘伯温的兵权不算，还把刘伯温关押在浙江绍兴监狱审查，刘伯温再次弃官回到青田老家隐居。

之后，各地烽烟四起，群雄割据，腐败的蒙古政权面临着灭顶危机，朱元璋占据应天一带，打仗勇敢，谋略过人，与郭子兴的义女马秀英成婚后，更加受到郭子兴的器重，已成为领兵元帅。

元朝至正十九年（1359 年）二月，雄心勃勃的朱元璋极力寻求各地的知识分子，希望他们出来辅助自己的事业，刘伯温自然被列入邀请之列，此时年届五十的刘伯温考虑再三，决定出山。元朝至正二十年（1360 年）三月，刘伯温去了应天府。

明早期　缂丝狮子补

有明一代，官袍上都有特定的等级标志。鸟象征着文官官衔或等级身份，各种真实或想象的兽类象征武官军衔。狮子是最高军衔的象征。

刘伯温不但在军事上表现出卓越的谋略，而且在政治上、外交上也很灵活，做到战取与招抚并重，一切从现实出发，采取机动灵活的策略。朱元璋把刘伯温当成心腹谋士，事无大小，都要同刘伯温商量，常把刘伯温比作汉初的张良、三国时的诸葛亮，是他创立明朝江山的第一功臣。

在刘伯温的辅助下，陈友谅、张士诚被消灭，方国珍降服朱元璋。之后，朱元璋的势力日益扩大。元朝至正二十四年（1364年）一月，在李善长、徐达等人的劝进声中，朱元璋即位为吴王，任命李善长为左相国，徐达为右相国，刘伯温为太史令。元朝至正二十八年（1368年）一月，朱元璋在取得决定性胜利后称帝，正式建立明朝，改元洪武，定都金陵，任命刘伯温为御史中丞兼太史令。

刘伯温到任以后加强了吏治的管理，坚决果断地打击官吏违法行为，使得那些欲行非法的官吏如闻虎来，谈之色变。洪武三年（1370年）一月，刘伯温被授弘文馆学士，同年朱元璋统一北方，大封群臣，刘伯温被封为诚意伯侯，授开国翊运守正大臣、资政大夫、上护军，达到了他一生政治生涯的顶峰。但就在第二年，刘伯温决定急流勇退，告老还乡。

早些时候，朱元璋曾就任用宰相一事与刘伯温商议，刘伯温对朱元璋说：胡惟庸既没有能力又为人贪用，不合适为相。后来当上了中书省参知政事的胡惟庸，非常憎恨刘伯温说他坏话，总是寻找机会报复。在胡惟庸的陷害下，朱元璋开始对刘伯温有所怀疑。

为了避免遭受诬陷，刘伯温干脆住在南京，连老家青田也不敢回去了。时为宰相的胡惟庸不肯罢休，欲置刘伯温于死地。悲愤交加的刘伯温病倒了。

洪武八年（1375年）三月，朱元璋见刘伯温病情恶化，甚为怜惜，便亲自制表文，赐给刘伯温，并派使者护送刘伯温回家乡。回家后，刘伯温病情不但未能好转，反而病得更严重了。四十天后，一代谋略大师满腔怨恨地离开了人世，终年六十五岁。

后来，朱元璋将胡惟庸擒获，亲自提审，并重刑伺候，胡惟庸在人证、物证面前交代了杀害刘伯温的经过。原来，刘伯温在南京病重时，胡惟庸就想方设法买通医生刘华平，在开药方和捡药中放下石药毒，并每次投下少许砒霜，然后让刘伯温服用了两个多月，刘伯温肚中逐渐形成石块状，最终致死。

洪武十二年（1379年）一月，朱元璋颁布诰命：令刘伯温的子孙世袭诚意伯侯俸禄，并称刘伯温为"渡江策士无双，开国文臣第一"，以告慰九泉之下的刘伯温。

洪武十三年（1380年）正月，朱元璋将胡惟庸五马分尸，以警戒后人。

于谦因何被冤死

"千锤万凿出深山，烈火焚烧若等闲。粉身碎骨浑不怕，要留清白在人间。"这首出自明朝大臣于谦之手的诗作《石灰吟》，是作者对自己的总结，也是作者自身的写照。因为他，大明王朝躲过了第一次灭顶之灾。但是，这位可歌可泣的忠臣，最后却落得个被冤死的下场，让人嗟叹不已！

于谦，钱塘（今浙江杭州）人，字廷益，号节庵。他是我国明朝历史上有名的军事家。

正统元年（1436年），朱祁镇即位，是为明英宗。英宗年少贪玩，张太后去世后，军国大权渐渐被宦官王振把持。王振"卖官鬻爵，诛杀无忌"，形成了明宦官专权的黑暗局面。官员们贪污受贿成风，但是于谦不管世情如何，自己总是一尘不染，唯一拥有的就是两袖清风。他的刚正永留史册，但也得罪了当时的权臣，所以有一段时间曾被王振关进了大牢。

正统十四年（1449年）七月，瓦剌太师也先率军分四路大举南下，很快占领明朝宣府、大同等地。在王振的怂恿下，明英宗命郕王朱祁钰监国，自己率军亲征。由于明军缺乏战斗力，在土木堡（位于今河北怀来县）一战中，五十万大军全部覆没，明英宗也被也先所俘。

于是在皇太后的主持下，由英宗的弟弟朱祁钰即位当了皇帝，遥尊被也先扣押的明英宗为太上皇。

针对瓦剌利用英宗作为人质以要挟明朝的阴谋，于谦提出"社稷为重君为轻"的口号，使得也先的阴谋未能得逞。

十月，瓦剌军一路攻打，直逼北京城下，并且在西直门外安营扎寨，情势十分紧急。皇帝召群臣商量对策。大臣们各抒己见，莫衷一是，徐有贞等主张南迁避难，于谦坚决反对说："京城是国家的根本，如果朝廷一撤出，大势就完了。大家难道忘掉了南宋的教训吗？"他的意见得到许多大臣的支持，于是朱祁钰将忠臣于谦由兵部侍郎升为兵部尚书，统率全军，负责指挥军民守城。

于谦分派将领带兵出城，在京城九门外摆开阵势，亲自率领一支人马驻守在德胜门外，还命令城里的守将把城门全部关闭起来，表示破釜沉舟、决一死战的决心。全军上下士气振奋，斗志

清　顾见龙　中国历代名人画像　于谦像

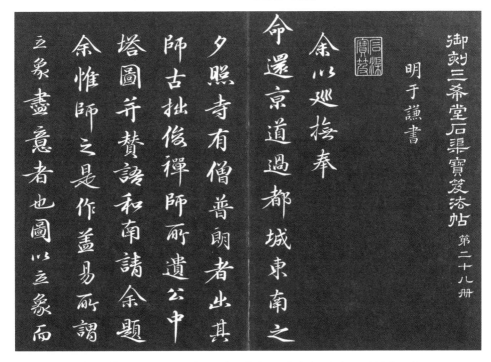

明　于谦　三希堂法帖（局部）　　此为于谦书法笔迹，工整有力，从中可见其人物风范。

明　沈周　虎丘饯别图

画面描绘的是作者和友人分别的场景，此时的虎丘景色绝佳，青山绿水，树木葱茏，但大家仍然处在难舍难分的氛围中。从一个侧面反映出中国古代文人之间的深厚友情，更勾勒出那个时代的人文情怀。

昂扬，历史上有名的北京保卫战打响，也先战败被迫退兵。正是有于谦这样忠直有才的大臣，明王朝才得以逃过了自建朝以来的第一次灭顶之灾。

也先看到明朝军力日渐强大，在军事上打败明朝已不可能。同时，瓦剌内部矛盾也日渐尖锐，也先手中的"太上皇"不仅不再是王牌，实际上已变成累赘。于是他决定罢兵，送回朱祁镇，随即派使者与明朝讲和。而大臣们一再奏请迎接太上皇，景帝朱祁钰害怕英宗归来威胁到自己的皇位，于是很不高兴，说："朝廷因通和坏事，欲与寇绝。""我非贪此位，而卿等强树焉。今复作纷纭何！"一时之间群臣惶恐万分，无言以对。

于谦劝说道："天位已定，宁复有他！顾理当速奉迎耳。"景帝最后才决定按于谦说的办。景泰元年（1450 年）八月十五，明英宗回到北京，明朝与瓦剌化干戈为玉帛，互相通好，贡使络绎，贸易不绝。可以说，英宗能够再次回到北京，于谦起到了关键作用。

于谦从长远考虑，知道和平局面不会维持多久，于是上疏安边三策，建议改革军制。并首创团营建制，挑选精兵，分营集中操练，各以都督统率，从此

兵将相识，号令划一，军势日盛。在政务上，他的章奏很合时宜，令人叹服，处理公事，号令明审，百官威服，可谓功高名盛。但是他十分俭约，所居之屋仅蔽风雨，景帝念其劳苦，曾赐给他一所宅第，被他婉言谢绝了。

景泰八年（1457年）正月，景帝突然患病，卧床不起。英宗趁机在宦官曹吉祥、大将石亨等人的帮助下复辟，重夺帝位，改年号为天顺。

英宗被放回来后，始终对于谦不顾他的生死拒绝议和并拥立景帝耿耿于怀，于是，正月二十三日，以"谋逆罪"逮捕于谦，不久将其处死，时年六十岁的一代忠臣就这样走完了自己的人生之路。北京百姓听到于谦被害的消息，十分悲痛。据史书记载："公被刑之日，阴霾翳天，京郊妇孺，无不洒泣。""行路嗟叹，天下冤之。"

于谦死后，他的遗骸被人悄悄收敛起来，第二年运回杭州，葬于西湖三台山麓。成化二年（1466年），于谦的长子于冕上书替父申冤，宪宗为于谦平反，并恢复于谦生前原有官爵，还下令将北京崇文门内西裱褙胡同于谦故宅改为"忠节祠"。弘治二年（1489年），孝宗下诏，在三台山的墓旁建祠纪念。

西子湖头，三台山麓，于谦墓和岳飞墓遥相呼应，为如画的湖山，又添了几分悲壮豪迈的英雄气魄。

铁骨为民海青天海瑞

海瑞作为正义的象征，几百年来活在人民心中。在古代，就已经有"北包拯，南海瑞"之说。他的事迹被编成小说、故事、戏剧等，在民间广为流传，颂扬着他清廉正直、一心为民的高贵品质，至今仍被人们津津乐道，所以一直到二十世纪六十年代，还有《海瑞上疏》和《海瑞罢官》等剧目。那么，历史上的海瑞究竟是个什么样的人呢？

海瑞，广东琼山人，字汝贤，号刚峰，是明朝时期著名的清官，据《明史》记载，海瑞"秉刚劲之性，憨直自遂，盖可希风汉汲黯、宋包拯，苦节自励，诚为人所难能"，对上敢于直言进谏，匡正皇帝的过失，对下能够嫉恶如仇，惩恶扬善，为民请命，因此他被百姓尊称为"海青天"。

在海瑞四岁时，其父去世，他和母亲相依为命，生活异常清苦。但是母亲勤俭持家，教子有方，在她的亲自督导下，海瑞自幼就诵读《大学》《中庸》等书，受到了良好的教育，使得他很早就有了报国安民的远大志向。

他二十多岁考中举人，做过县里的学堂教谕，不久升任浙江淳安知县。由于之前的官吏在审理案件时接受贿赂而胡乱定案，积压了很多冤案错案。海瑞到任之后，认真审理多年来的疑难案件，对每一件案件进行仔细的查阅和认真的调查，使得一件件案件真相水落石出。他从不冤枉一个好人，也不放过一个坏人，秉公执法，从不徇私。

海瑞为官一方，造福一方，不但能体恤民情，而且还从不对上司卑躬屈膝。当时，他的顶头上司浙江总督胡宗宪，仗着严嵩的强大势力，为虎作伥，到处敲诈勒索。如果有不顺从他的官吏，轻则罢官，重则置其于死地，因此大家都敢怒而不敢言，只好屈从于他。

有一次，胡宗宪的儿子带领随从路过淳安，驿吏送上来的只是一般的饭菜。胡总督之子素来养尊处优，怎能受得这般委屈，于是觉得这是驿吏有意羞辱自己，就火冒三丈，掀翻饭桌，命令随从把驿吏五花大绑倒吊在房梁上。那么，驿吏为什么端来这一般的饭菜呢？难道他是不知道胡宗宪的儿子骄横无理吗？当然不是。这是因为，在海瑞到了淳安县后，早立下一条规矩——不管高官显贵，一律按普通客人招待。对胡公子的招摇过市，海瑞本来就很反感，现在看到他竟吊打起驿吏来，就决心惩治他一下。于是命令把胡宗宪儿子和他的随从统统抓起来，带回县衙审讯。

明　吴郡名贤图传赞　海瑞像

海瑞是明朝著名清官，其一生经历了正德、嘉靖、隆庆、万历四朝。

胡公子仗着父亲的官势，咆哮公堂。海瑞毫不畏惧，他厉声说道："总督是个清廉的大臣。他已经吩咐各县，招待过往官吏，不得铺张浪费。现在你这个花花公子，排场阔绰，态度骄横，绝不会是胡大人的公子，一定是冒充公子到本县来招摇撞骗，败坏大人的名声的。"由于海瑞坚持认定他是假冒公子，并要把他重办，他才垂头丧气地认罚。海瑞把他的几千两银子统统没收充公，然后把他逐出县境。等胡公子狼狈地回到杭州向父亲哭诉的时候，海瑞的报告也早已送到巡抚衙门，说有人假借公子之名做非法之事。胡总督虽然明知儿子吃了大亏，但又觉得如果把这件事声张出去有失体面，只好忍气吞声了。

过了不久，御史鄢懋卿到浙江巡视。这个鄢懋卿是谁呢？原来，他就是严嵩的干儿子，此人摆着一副廉洁守法的面孔却仗势欺人、贪得无厌。他所过之处，地方官吏都得送上一笔钱，否则他绝不会轻饶，但是他偏又传出话说他喜欢简朴。海瑞听说鄢懋卿要来淳安，派人给鄢送了一封信，大意是说我们接到通知，

明 海瑞书法

海瑞的书法章法严谨，用笔刚劲，方圆兼得，擒纵自如，气势磅礴，体现了他的刚正之气。

要我们招待从简。可是据我们得知，您每到一个地方都是大摆筵席，花天酒地，这就叫我们为难啦！要按通知办事，就怕怠慢了您，要是像别的地方一样铺张，又怕违背您的意思，请问该怎么办才好。鄢懋卿早就听说海瑞是个铁面无私的硬骨头，加上胡宗宪的儿子刚在淳安有过教训，于是绕过淳安，到别处去了。

嘉靖时期，由于明世宗整天潜心于修道说教，二十多年不上朝，使得朝廷上下奸臣当道，国无宁日。但是，大臣们谁也不敢劝说。海瑞虽然官职低微，却大胆向世宗进谏了《治安疏》。在奏疏中，海瑞大胆地抨击世宗的种种不良行为，并说："今赋役增常，万方则效，陛下破产礼佛日甚，室如是罄，十余年来极矣！天下因即陛下改元之号而臆之曰：'嘉靖者，言家家皆净，而无财用也。'"世宗读完奏疏，气得浑身颤抖，立即下令把海瑞交给锦衣卫问罪定刑。

人是抓起来了，但是该给海瑞定个什么罪名却让刑部官员很为难。《大明律》虽有"骂人"一条，而且对各种各样的骂人的处罚规定得非常详细，但制定《大明律》的人做梦也没有想到居然有人敢骂皇帝，所以最高只定到骂公侯，对此也只是处以枷号一个月的惩罚，而世宗的意思，当然是要定海瑞死罪。刑部官员翻遍了《大明律》，也不知该给骂皇帝的人定什么罪。最后刑部尚书想出了解决办法，依"骂父"这一十恶不赦之罪，判处海瑞绞死。但幸运的是，世宗还没有来得及处死海瑞，自己就先死了，海瑞得以躲过这一劫。

万历十三年（1585 年），年逾七十的海瑞升任右佥都御史、钦差总督粮

道巡抚应天十府，包括南京、苏州、常州等非常富庶的地方。但海瑞到任后却发现，由于重赋和贪官污吏的压榨以及不断的水灾，当地的人民生活在水深火热之中。于是，海瑞决定将治水与救灾一起解决，既为当前又为将来谋利。他召集饥民，趁冬闲季节开工，疏浚吴淞江及其支流，又上书请求将应该上交的粮食留下一些解决灾民的吃饭问题。在他的组织下，工程很快完成，当地受益的百姓十分感激海瑞。为了进一步维护农民的利益，海瑞大力惩治恶霸，迫使他们归还强夺农民的土地。

万历十五年（1587年），七十三岁的海瑞病死在南京右都御史的任上。他死后，朝廷赐祭八坛，封太子少保，谥号忠介。神宗在悼词中给予海瑞"直言敢谏之忠臣"的褒词，并派官员许子伟护灵柩归葬。

出殡当日，南京城万人空巷，商人罢市，农夫辍耕，自发为海瑞送殡。因为在海瑞去世时，其妻和儿子早已去世，丧事只能由别人料理。海瑞的遗物，人们经过清点，只发现有八两银子、一匹粗布和几套旧衣服。靠同僚的资助，他的灵柩才得以运回故乡。灵柩船在江上行驶时，两岸的百姓自动穿孝来哭送他，队伍长达百里。

今天，当我们走过海口市西郊滨涯村时，能够看到坐落于此的海瑞墓，它是在明万历十七年（1589年），皇帝派许子伟专程到海南监督修建的。在海瑞墓室后"扬廉轩"的亭柱上，挂有海瑞撰写的两副对联，其中有一副上写的是"三生不改冰霜操，万死常留社稷身"，深刻体现了海瑞刚直不阿的品性。

李善长真的谋反了吗

李善长，这个活跃在明初政坛上的重量级人物，这个帮助朱元璋夺取天下的开国第一文臣，这个大明王朝的第一任宰相，这个明太祖朱元璋的儿女亲家，却在老态龙钟之年，被皇帝朱元璋以"莫须有"的罪名杀死了，这是为什么呢？

李善长，字百室，汉族，定远（今属安徽）人。

当年在最初投奔朱元璋的时候，李善长就是一个口袋里装着锦囊的策士。朱元璋问他，有什么办法可以平定天下，他回答说应该向秦末大乱中起家的汉高祖刘邦学习，刘邦同样是一介草民，但他豁达大度，知人善任，不乱杀人，仅仅五年，便成就了帝业。朱元璋大喜，让李善长在军中"为参谋，预机画，主馈饷，甚见亲信"，可见李善长对朱元璋夺天下所起到的重要作用。

李善长的这种重要作用，是得到了朱元璋认可的。洪武三年（1370年），大封功臣，朱元璋说李善长虽然没有在战场上的军功，但"给军食，功甚大，宜进封大国"，乃授太师、中书左丞相，封韩国公，岁禄四千石，子孙世袭。这在当时所封公的六个人中，李善长名列第一。

那么，这样一个曾位极宰相，而且还是皇亲国戚的开国功臣，怎么会落得个身死族灭的下场呢？

从表面看，他的厄运就来自胡惟庸谋反一案。

胡惟庸，淮西派官僚地主集团的重要人物，他和李善长有几十年的交情，甚至还有那么一点曲折的姻亲关系，因此两人关系较近。在李善长因年老体病不能再任宰相的时候，还向朱元璋大力推荐过胡惟庸。

洪武七年（1374年），胡惟庸终于当上了宰相，他因为权势日大而横行无忌，并广集党羽、陷害忠良、排斥异己。随着势力越来越大，他的野心也与日俱增，与亲信们秘密商议起兵反叛的事。为了争取更多人支持，他几次三番派亲信去劝说李善长帮助自己，但李善长却直截了当地拒绝了他的要求。不久之后，胡惟庸因为滥杀无辜被朱元璋怪罪，迫不得已提前反叛，却被朱元璋发觉，叛乱的人被全部被处以极刑。

残酷的胡惟庸谋反案稍稍平息之后，就有人攻击李善长，说他是胡的死党，建议皇帝杀掉他。这时的朱元璋理智尚存，对李善长也还有些感情，他不为所动，因此，李善长在朱元璋对胡党的第一次大清洗时没有受到牵连。

洪武十八年（1385年），又有人控告李善长的兄弟李存义父子是胡党残留分子。这次，朱元璋也没有治罪

清　上官周　晚笑堂画传　李善长像

李善长少时爱读书、有智谋，后投靠朱元璋，跟随征战，出生入死，功劳颇多，比肩汉代丞相萧何。

于他们，只是把他们迁到崇明一带去居住。朱元璋这样做，原本以为李善长会感激不尽，没想到李善长却并没有去向他谢恩，这使得皇帝很不高兴。

后来，李善长又向汤和借了几百名士兵修建府第，一向猜疑心重的朱元璋知道了这件事，开始在心中暗暗疑虑，恰好又有人向朱元璋报告说：当初胡惟庸谋反，不但勾结了日本国，还与北元的蒙古人有秘密联络，当时驻守边塞的大将军蓝玉截获了一份他们之间往来的书信，就马上将详情寄报给了李善长，但是李善长为包庇胡惟庸，把这件事隐瞒了下来，没有上报给皇帝。

之后，又不断有朝臣上奏胡惟庸贿赂李善长，两人交往密切等情况，本来就很忌惮李善长德高望重的朱元璋，在这一系列的密告之下，不禁觉得李善长对自己不忠不义，开始有了杀他以免除后患的想法。

不久，有大臣面奏太祖，说近日星相将有异变，必须杀一些朝中重臣以避免灾祸。这种荒唐的说法近乎儿戏，明眼人一看就知道是另有图谋。朱元璋也

明 一品文官仙鹤补子

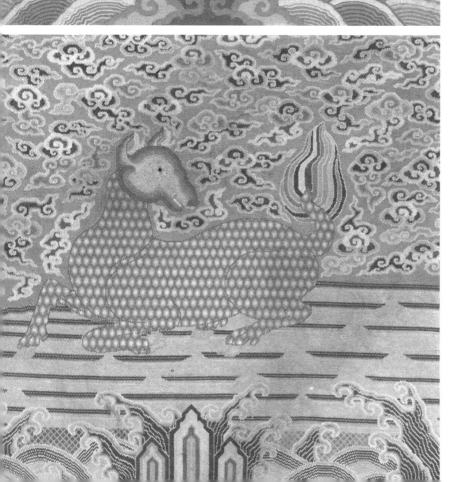

明 一品武官麒麟补子

明代官服的最大特点就是补子，皇亲国戚、公侯伯子爵，使用的补子图案是瑞兽麒麟和白泽。从一品到九品文官的补子图案分别为仙鹤、锦鸡、孔雀、云雁、白鹇、鹭鸶、鸂鶒、黄鹂和鹌鹑。一品和二品武将都用狮子，三品和四品是虎豹，五品是熊罴，六品和七品是彪，八品是犀牛，九品是海马。

明白，这是大臣在请求他杀掉李善长的借口。他这时也终于下定了决心，以李善长勾结胡惟庸企图谋反的罪名逮捕了李善长。

洪武二十三年（1390年），原本早已退休的李善长被赐自缢而死，"遂并其妻女弟侄家口七十余人诛之……善长子祺与主徒江浦，久之卒。祺子芳、茂，以公主恩得不坐"。也就是说，除了李善长本人，他的妻、女、弟、侄四家约七十余人被株连致死，唯一幸存的是他的儿子李祺。因为李祺娶了朱元璋的女儿，作为驸马这一身份，总算幸免于难，但也要和公主一起被发配。同时，李祺的两个儿子，实际上也因为沾公主的光，才没有受这个惨案的牵连。

那么，历史上的李善长是否有谋反的行为呢？在李善长死后的第二年，即有人上书诉其冤。

这封替李善长申冤的奏折，深刻分析了李善长根本就没有谋反的理由：第一，在李善长被杀时，已经是一个年届七十七岁的老翁了，人的年纪大了，精力自然也不如从前，谁不想过得安逸一点呢？他又怎么会被那些亡命之徒诱惑而谋反呢？第二，李善长与胡惟庸的关系，不过是侄子辈的姻亲，而与朱元璋却是儿女姻亲。假使李善长确实辅佐胡惟庸谋取大业，事成之后也不过是开国第一功臣而已，他家的男人也不过能娶公主为妻，女人也不过封为妃子罢了，这些他不是都已经得到了吗？第三，元末大乱中，起来争天下的人很多，但都灰飞烟灭了，当年都曾目睹和亲历过这些的李善长怎么可能在年事已高的情况下去冒这种危险？所以说，把李善长与胡惟庸一案连在一起，未免太过牵强。

对于此，作为明朝开国皇帝的朱元璋也不可能不清楚，那么，朱元璋为什么要置李善长于死地呢？归根结底，说他谋反而加以诛杀，只是朱元璋的一个借口罢了。朱元璋在有生之年以杀尽功臣，为子孙广开道路，他是不会独留下李善长这个开国功勋的。

明初　剔红庭园高士图漆盘

况钟病逝苏州百姓痛哭

他与历史上的"包青天""狄青天"相提并论，百姓都尊称他为"况青天"，他在苏州知府任上做满以后，功绩卓著，本来应该升迁，但是苏州府的百姓都舍不得让这位"青天"离开，数万百姓联名上书，要求让况钟留任。宣宗被这种情形所感动，于是同意让况钟留任。这样，况钟在苏州知府任上一待就是十三年，终于积劳成疾，死在任上。他去世时，苏州府百姓大为悲痛，满城都是痛哭的声音。

"一肩行李，试问封建官场有几？两袖清风，且看苏州太守如何？"这是江西靖安县况钟墓后清风亭里的一副对联。这副语句朴实无华的对联，高度赞扬了大明王朝一代清官况钟清正廉洁的高贵品德。

况钟，字伯律，今江西靖安人。他二十四岁的时候就被选拔为县书吏，后来被慧眼识英才的吏部尚书吕震举荐为礼部仪制司主事。

在礼部任职期间，况钟的口碑很好。宣德五年（1430年），苏州等九个府空缺知府，在尚书蹇义和内阁大学士杨士奇推荐下，明宣宗任命况钟为苏州知府。

况钟到任后，针对苏州吏治腐败的状况，大力整饬。认真审理了较大的贪污案件，当众处死了六个贪赃枉法的胥吏，罢免了一大批平庸无能的官员，选拔培养廉洁公正之士分任各级官吏。为了减轻人民负担，他减削田赋，废除苛捐杂税。苏州官田租非常重，一亩田"科米不等，少者一斗三升至四升止，多者自五斗至三石"。明宣宗虽下诏减免，但没有得到贯彻。况钟多次上奏请减官田租，宣德七年（1432年），宣宗批准减去官田租七十二万一千六百石，荒田租十五万石，使苏州百姓负担大大减轻。况钟还率领苏州民众兴修水利，疏浚河道，兴修太湖一带水利，促进了苏州地区农业生产的发展。同时修建学校，为国家和地方培养人才。

虽在富庶之地为官，但况钟却能廉洁自律。《况太守集》中记述了他的日常生活："其内署萧然，无铺设华靡之物。每食一肉一蔬，非公燕别兼味。家人及亲旧相对，尊酒数行，青灯夜话而已。"简朴的生活作风让后人景仰。他还经常告诫自己的儿子应该"非财不可取，勤俭用无竭"。虽然苏州是丝绸之乡，但况钟的儿子每次从老家到苏州探望父亲，回去时下属们都不敢以当地的寸丝相送。况钟生前俭省，死后薄葬，他的坟墓曾被挖掘，发现墓内除随身几件衣服和一根发簪外，一无所有，足以证明况钟的清廉俭朴。

明　佚名　况钟像

况钟是明朝著名廉官，为人处世刚正廉洁，不慑于权势，不畏于强暴，大力整顿吏治，惩治贪官污吏。苏州人民为其立生祠，誉之为"况青天"。

由于况钟政绩斐然，品格高尚，所以他深得苏州人民的爱戴。宣德六年（1431年）三月，况钟母亲去世，按照礼制，他必须回原籍守丧三年，三年孝满才能出来做官。但是苏州百姓四万余人上书称道其贤能，请求起复，于是朝廷决定让他复任，缩短"守孝"期，早回苏州继续任职。

宣德十年（1435年），况钟进京述职，苏州百姓怕他因政绩优异升官离去，"士耆民庶咸候上道，且控舆卧辙"，舍不得他走。第二年（1436年）正统皇帝即位，下诏全国推举优秀府县官员上报。苏州官民八万多人联名奏况钟贤政，政绩评为全国之冠。正统四年（1439年），况钟任苏州知府满九年，进

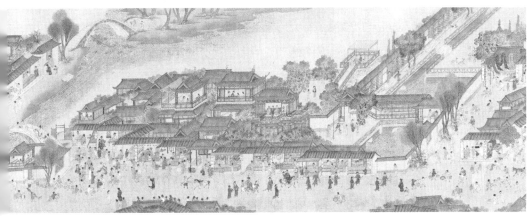

京考绩，朝见皇帝，启程时送行者"数百里不绝"。在明朝，地方官进京朝见，一般都要带上搜刮来的金银珍宝、土特产等，以巴结京城里的势宦权贵。况钟赴京时，下属们念他一贯清廉，替他筹备了些礼物，以供到京城上下打点。况钟闻知后赋诗相拒："检点行囊一担轻，京华望去几多程。停鞭静忆为官日，事事堪持天日盟。"并写下著名的《进京诗》："清风两袖去朝天，不带江南一寸绵。惭愧士民相饯送，马前洒酒注如泉。"

况钟到北京后，因任期满且政绩突出而升官。苏州百姓不愿意让他到别处做官，张瀚等两万余人请愿于巡按御史张文昌，要求况钟再回苏州，明英宗接受人民的请求，升了况钟的官，赐况钟正三品，但仍回苏州做知府。况钟返任时"民欢迎者不远数百里之遥"。正统七年（1442年）十二月，况钟因积劳成疾，病逝任所，享年六十岁。朝廷对他的品行倍加赏慰，特赠正义大夫资治卿。

第二年春天，装载况钟遗体的灵舟启程去江西时，苏州城"郡民罢市，如泣私亲，其奔程路祭者，络不断绝"。况钟灵船中，"惟书籍、服用器物而已，别无所有"。苏州数十万百姓身穿孝服为其送行，"民多垂泣送其枢归"，两千多里水路"夹岸哭奠不绝于途"。数百名苏州人一直送灵枢至江西靖安况钟的老家。百姓由衷爱戴这位廉政清官，苏州府所属七县都为他立了祠堂，以示纪念。

直到今天，在苏州市道前街和干将路之间的西美巷内，还有一所重建于清同治年间的况公祠，纪念的对象就是明代时曾在苏州担任知府的况钟。每当经过这里，常让人抚今追昔，嗟叹不已。

戚继光巧摆鸳鸯阵

说起明朝的抗倭英雄，大家自然就会想到戚继光，而只要想到戚继光，就不得不提鸳鸯阵了。鸳鸯阵是一种近身格斗的阵法，可以说是军事智慧的伟大杰作。戚继光凭借鸳鸯阵，九战九捷平息了浙江的倭寇，扭转了前期明军对抗倭寇的失败局面。那么，戚继光的鸳鸯阵为何威力如此之大呢？它究竟有什么特别之处？

戚继光，字元敬，号南塘，山东蓬莱人，我国明朝杰出的抗倭名将。出身将门的戚继光，从小耳濡目染，跟着父亲读书习武，不但武艺娴熟，尤其擅长排兵布阵。父亲死后，年仅十七岁的戚继光就接替了其官职，成了一名少年将军。他勇敢善战、足智多谋，带兵打仗屡战屡胜，令敌人望风而逃。还不到二十岁，他就已经是一名战功卓著的大将军了。

明朝时期，东南沿海一带经常遭受倭寇入侵。日本海盗商人和内陆的奸商相互勾结，时不时地攻打上岸，到处烧杀抢掠，沿海的戍守部队也都束手无策。沿海的百姓不得安宁，整日提心吊胆地过日子。

戚继光被调到倭患严重的浙江后，抵抗外寇、保卫一方的重任便自然而然在落在了他肩上。

其实，在戚继光被调到浙江之前，明朝的军队就曾经与倭寇多次交战，但均以失败告终。戚继光到任后，认真总结了前期明军对抗倭寇失败的原因。他发现当地守备的军队军纪涣散，士气低落，根本无法应付凶恶的敌人，于是戚继光在得到朝廷的允许后，在当地的百姓中重新招募了一支队伍，对他们进行严格的训练。尽管这支队伍只有三千人，却个个作战勇敢，当地人都亲切地称呼这支纪律严明、能征善战的队伍为"戚家军"。

　　戚家军建立起来后，戚继光就把全部的精力都投入到军队的训练中去，努力提高军队的战斗力。他结合自己多年带兵打仗的实际经验，根据当地与众不同的地形，发明了一种极具威力的"鸳鸯阵"，让戚家军精心演练，作为打败倭寇的撒手锏。

　　这种鸳鸯阵是一种大小随意的组合阵法，最小的只需几个人就能组成，最常见的则是由十二个人组成，基本上形成一个梭子的形状，把战斗力最强的士兵放在最前面，十二个人就如同一个整体，无论敌人从哪个方向进攻，都能够做到有人出手攻击，有人回缩防守。

　　鸳鸯阵既可以独立作战，也可以连在一起，组成一个大鸳鸯阵。敌人一旦被包围在鸳鸯阵中，就算是插翅也难逃了。队伍在内可以收缩，把敌人分割成一块块的，再各个击破，对外也可以形成一个整体，把敌人逼下岸去，还可以分成几个较小的鸳鸯阵，分头追击敌人。用这种灵活多变、收放自如的阵法和倭寇交战，倭寇只有招架之力，没有还手之机。

在戚家军抗击倭寇的战斗中，最著名的一战要算台州大战了。

明朝嘉靖四十年（1561年）春，倭寇一万多人乘战船数百艘，兵分三路先后在台州东北的象山、奉化、宁海等地登陆，企图诱明军出台州，而后乘虚而入侵犯我中国，情势十分危急。

戚继光率领四千兵力，迅速部署，他令一部守台州，一部守海门，自己则率主力赶赴宁海，倭寇得知戚继光已经出了台州，于是就兵分三路，从健跳、桃渚、新河三个方向进犯台州。得知新河情况危急，戚继光就令唐尧臣率军赴新河抗击，自己率军队在宁海歼灭入侵倭寇之后亦迅速回师增援新河。行至宁海西南的梁王，得到新河告捷的消息，只剩下桃渚一路倭寇正向台州府城进逼，戚继光于是又火速回府。明军进至花街，遇到倭寇大队人马，戚继光指挥将士以迅雷不及掩耳之势，一举将其歼灭，然后挥师北进，歼灭入侵健跳的倭寇，乘胜又在藤岭、长沙等地击败倭寇。前后一个月，九战皆胜，史称"台州大捷"。

鸳鸯阵图示

明 仇英 倭寇图卷

倭寇是困扰明朝的一大祸患，此图卷描绘了浙江沿海军民抗击倭寇侵扰的历史画卷，画面从海面
出现倭寇船只开始，由倭寇登陆、烧杀抢掠、居民避难、明军出阵、水上激战、倭寇被歼、报告
胜利等多组画面组成。

明 矛头

此为明代矛头，如今依旧锋利，色泽如新，可见明代的锻造工艺已经十分成熟高超。

在戚家军的鸳鸯大阵攻击包围之下，上岸的倭寇几乎被全部歼灭，倭寇遭到了入侵我国沿海海岸以来最为沉重的一次打击，同时也大长了中国人的志气。戚家军也因为这一战而名扬四海。此后，侵扰东南沿海一带的倭寇只要一听到"戚家军""鸳鸯阵"这几个字，无不心惊胆战、望风而逃。

倭寇在台州不能得手，又转战福建沿海海岸。福建地方官员连忙向朝廷报告这个情况，请求支援。嘉靖皇帝直接调戚继光带着戚家军原班人马连夜赶往福建。骚扰福建的倭寇一听说戚家军到了，顾不得再继续行抢，连忙慌慌张张地向停在岸边的大船逃去了。等戚继光领着部队赶到，早已不见人影了。戚继光查知了倭寇在沿海小岛上的大本营，一举攻破了倭寇的严密防守，荡平了这个海盗聚集的罪恶之岛。

经过戚继光十几年的征战，骚扰我国沿海海岸的倭寇基本上都被消灭了，沿海百姓又过上了平静安全的生活。而戚继光也因此名留青史，成为人人敬仰的民族英雄。

然而，就是这样一位为大明朝立下赫赫战功的名将，却被朝廷中的奸诈小人所陷害，最后被削职为民，在贫困潦倒中死去了。

严嵩步步高升玄机

纵观明代皇帝，大都昏庸无能、耽于享乐而导致政治荒废、纲纪不振，使得一些阴谋家、野心家乘虚而入，他们或玩弄权术，或把持政权，或为了满足自己的权力欲而结党营私，陷害无辜。嘉靖年间，朝中又出了一个大奸臣，他权倾朝野，坏事做绝，独揽朝纲二十年，在中国几千年封建官场的钻营史上抹上了浓重的一笔，被后世人深恶痛绝。他是谁呢？他就是明朝最大的奸佞——严嵩。

严嵩，字惟中，号勉庵、介溪、分宜等，江西新余市分宜县人，他是中国明代历史上著名的权臣之一，擅专国政达二十年之久，在位时大力排除异己，招权纳贿，肆行贪污，激化了当时的社会矛盾。

据说幼时的严嵩聪明好学。其父是一位醉心于功名而又久试不中的读书人，他把自己未酬的希望全部寄托在儿子身上，悉心栽培、苦心教养，指望着儿子能够圆他年轻时的仕途梦。而严嵩也确实没有让父亲失望，刚刚二十五岁就考中了进士。如愿以偿地当了官的严嵩，在刚开头几年却并没有什么实权——先被选为庶吉士，后又被授编修官职。这远远不能满足踌躇满志、渴望飞黄腾达的严嵩强烈的权力欲望，就在这时候，一场大病迫使他告病回

严嵩

严嵩是明朝内阁首辅、权臣，被《明史》列为"六大奸臣之一"。

明　陈洪绶　晋爵图

此图在素绢上清绘了19位人物，其中的17位面向左侧，或作揖，或执礼，一起恭贺画卷左端的红袍男子加官晋爵。

籍，过起了默默无闻的隐居生活，一晃就是十年。

正德十一年（1516年），年届不惑的严嵩病愈归朝。此后的十多年中，严嵩先后在北京、南京的翰林院做官，虽然还是没当上什么大官，但是多年的宦海生涯磨炼了他，使他对权力的作用有了进一步的体验，同时也学习到一套欺下媚上的钻营本领，为他将来的飞黄腾达奠定了深厚的基础。

后来，明世宗继位，这位只醉心于求仙问道、祈求长生不老的皇帝大建醮坛、热衷祷祀，从来不关心政事，朝政大权实际掌握在一些宠臣手里。在当时朝廷中，任礼部尚书的夏言极受世宗宠信，又是严嵩的同乡，严嵩于是百般巴结，一心要打通这条门路。

这位凭着出众的才干和过人的口才见宠于世宗的夏言，是个为人正直，办事认真，却又有点恃才自傲、刚愎自用的人。深谙人情世故的严嵩当然深知夏言的秉性，他打定主意以柔克刚。

有一次，严嵩在家里摆好了酒宴，派人去请夏言，谁知遭到了拒绝。没有办法之下，严嵩亲自出马，手持请柬前往夏府。严嵩将请柬交给门子，惴惴不安地等在门外，而夏言干脆就给了他一个闭门羹。严嵩定了定神，随即撩起衣袍，跪倒在夏府门前，双手展开请柬，和声朗诵，语调极为诚挚动人，夏府的仆人都为之感动。夏言见严嵩长跪在自己府前，态度如此谦卑、恭敬，不由得也受到感动，他出来将严嵩扶起，随着严嵩回家赴宴。从此以后，夏言竟把严嵩视为知己，多方为他引荐。有了夏言的提拔，严嵩果然步步高升。到了嘉靖七年（1528年），严嵩已经升为礼部右侍郎了。虽然这一官职还不算太高，但因为是直接为皇上办事，所以有机会接近世宗，为他进一步施展手段向上爬提供了条件。

世宗迷信道教，常在宫中开设道场做法事，严嵩写得一手好文章，每逢宫

中做法事，他都会精心地写一篇妙笔生花的文字呈给皇帝，以此来讨皇帝的欢心。果然，嘉靖十五年（1536年），深得世宗欢心的严嵩又被提升为礼部尚书，并进入了内阁。

严嵩为自己捞够了资本，觉得势力强大了，羽翼丰满了，便把矛头指向夏言，开始了陷害夏言的阴谋活动。

夏言为人恃才傲物，对下属又极为严厉，在朝中得罪了不少人，而严嵩却整日装得和颜悦色，谦恭有礼，博得满朝称赞之声，没多久就笼络了一批死心塌地的追随者。严嵩在皇帝面前添油加醋地诋毁夏言，还让他手下的人纷纷上疏弹劾夏言，世宗果然深信其言，马上就让夏言罢官回家了。

严嵩以阴险卑劣的手段陷害了夏言后，将朝中大权尽握手中，为所欲为。他刚刚掌权，就迫不及待地交结党朋，纳贿徇私，上下左右都安插上了他的亲信，他这样做，是为了巩固自己的地位和势力。果然，没过多久，严嵩就成了朝中举足轻重的人物。

可惜好景不长，时隔两年有余，世宗忽然又思念起夏言，于是便派人捧旨前往夏言的家乡，将他召回京都，重新起用，官复原职，并交还他原来的一切权力。严嵩决定要斩草除根，于是他派人在宫中大造谣言，还找借口给夏言定了个失职误国的大罪，世宗一怒之下，立刻将夏言斩首。

严嵩用心之恶毒，手段之卑劣，灵魂之可耻，真到了丧尽天良的地步。在当政的二十年间，他所干下的一系列祸国殃民的罪恶勾当，更是罄竹难书。然而善恶终有报，后来严嵩失宠，御史邹应龙闻风而动，上疏弹劾严嵩。嘉靖四十一年（1562年），在徐阶的怂恿下，皇帝夺去严嵩一切官职，勒令其回乡。后又被尽抄家产。晚年的严嵩只得在祖坟旁搭一茅屋，寄食其中，非常凄凉。隆庆元年（1567年），严嵩在孤独和贫病交加中死去，死时穷得连棺木都买不起，也没有吊唁者。

如果要评选明仁宣盛世的第一缔造者，此荣誉实非杨士奇莫属。这位传奇文臣活跃于四朝，掌控朝政，风光无限，但这一切都是他应得的，为了走到这一步，他付出了太多太多。因为他明于政事、宽以待人、知人善任而被称为一代贤相。那么，杨士奇对明朝做出了哪些贡献？为什么被称为一代贤相呢？

幼时的杨士奇家境贫寒，由于父亲早逝，使得本来贫困的生活更是雪上加霜，其母改嫁后，曾一度随继父改姓罗。严酷的生活环境造就了他勤奋好学、坚忍不拔的优秀品格。

建文元年（1399 年），朝廷从社会上征集文人修撰《明太祖实录》，杨士奇因学行出众而入应征之列。由此，杨士奇以布衣身份进入翰林院，充当了编纂官。

吏部尚书张紞主持考察编纂工作，发现杨士奇的才华，便将其提拔为吴王府副审理。明成祖朱棣登基后，为了稳定政局，提拔杨士奇等人重新组织内阁，参与制定国家大政方针。

永乐二年（1404 年），杨士奇开始辅助皇太子朱高炽，不久又被晋升为左中允。永乐五年（1407 年）再次升任左谕德，辅助左春坊大学士承担太子的文件往还及学习的有关事务，同时兼任翰林院侍讲，承担为皇帝讲读经史的任务。

永乐二十二年（1424 年），朱棣去世，朱高炽即位，是为明仁宗。在许多文武大臣歌舞升平以示庆贺之际，杨士奇却劝说仁宗要居安思危，看到"流徙尚未归、疮痍尚未复、民众尚艰食"的社会现实。朱高炽特地赐给杨士奇一枚银印，上刻"绳愆纠谬"的格言。杨士奇可以用此印密奏关于贵族甚至皇族胡作非为的案件，拥有皇帝赐予的特权，这对于及时有效地揭露贪污腐化、改善政治风气起到至关重要的作用。杨士奇也是利用得天独厚的条件，极力促使朱高炽变成一个开明有为的君主。

早在朱高炽监国时，御史舒仲成曾得罪过他，他即位后便想将其治罪。杨士奇认为这样做，将使言官不敢说话，朱高炽于是打消了念头。大理卿虞谦、大理少卿弋谦也因上疏言事得罪朱高炽，由于杨士奇的调解才没有获罪。这么一来，言路得以畅通，下情得以上达。

洪熙元年（1425年），朱瞻基继承皇位，是为宣宗，他文才武略，命"三杨"（杨士奇、杨荣、杨溥）继续留任内阁，定期上朝觐见皇帝，讨论较为迫切的具体事务，还可以直接向皇帝呈递密封的奏议，并对官员呈递的奏议提出适当的答复，供皇帝御批，内阁由此成为皇帝与六部的桥梁，控制了决策权。

在"三杨"中，杨荣以才识见长，做事果断，精通边防事务，曾随朱棣远征蒙古，但是，这个人生活作风比较奢侈，边疆的将官经常向他行贿。朱瞻基得知这些后，就私下召见杨士奇，问他对此有何看法。杨士奇认为杨荣精通边防事务，不应该因小过怪罪他，明确恳求皇帝以宽厚态度对待杨荣。不久杨荣得知了这一消息，非常惭愧，自此两人便建立起亲密无间的关系。

朱瞻基登基不久，其叔父汉王朱高煦发动了武装叛乱。朱瞻基在杨荣等人的强烈要求下御驾亲征，叛乱很快被平定，朱高煦被处以酷刑。种种迹象表明，朱瞻基的另一位叔父赵王朱高燧

明　王圻辑　《三才图会》　杨士奇像

杨士奇与杨荣、杨溥共称"三杨"，也是永乐盛世、仁宣之治的缔造者之一。

明　谢环　杏园雅集图

该图充分运用散点透视、现实主义的创作手法再现杨士奇、杨荣、杨溥等九位内阁大臣在杨荣府邸杏园聚会的历史画面。

明　宣德　景德镇瓷罐

明代宣德时期青花瓷在烧造技术上达到了高峰，以至于陶瓷界有「青花首推宣德」的说法。宣德青花瓷造型秀美，器型多样，主要以日常生活用具为主。

也与汉王的阴谋有所牵连，杨荣等人主张同加严惩。针对这种纷纭复杂的形势，朱瞻基举棋不定。杨士奇考虑到政局的稳定，与杨荣针锋相对，指出："太宗皇帝三子，今上惟两叔父。有罪者不可赦，其无罪者宜厚待之，疑则防之，使无虞而已，何遽加兵，伤皇祖在天之意乎？"朱瞻基最终采纳了杨士奇的建议，没有追究赵王的责任。赵王主动献出护卫人马，保全了性命，也使朝廷政局趋向稳定。

朱瞻基即位后，还受到来自外交方面的挑战，交阯继续抵制明朝的统治。是继续施加军事压力还是撤军，明朝左右徘徊。吏部尚书蹇义和户部尚书夏原吉与将领们主张采取进一步的军事行动。杨士奇看到连年征战造成了国家财政紧张、百姓怨恨，于是和杨荣一道力主讲和，认为可以让交阯拥有更大的自治权。他们的主张正中朱瞻基下怀，于是决定通过外交途径解决交阯的叛乱问题。后来几经周折，朱瞻基勉强授予交阯的实际统治者黎利委任诏书和印玺，让他"权署安南国事"，这样既赢得了南部边疆的安定，又为国家节约了大笔军事开支，再次显示了杨士奇的战略眼光。

杨士奇在宣宗朝的贡献更多地体现在内政建设上。长江下游是国家的财税重心所在，沉重的赋税导致了大量人口出逃和农民的贫困，成为朝廷非常关心的问题。周干奉朱瞻基之命进行实地调查后，建议减少官田税赋份额，打击税吏的贪污腐败行为，杨士奇大力支持。户部官员由于担心减税会造成国家财源的枯竭，因此极力反对。如何兼顾朝廷与农民的利益，杨士奇选拔了两个干练的行政官员和财政专家周忱与况钟去解决这一难题，周忱受权管理南直隶府，况钟出任苏州知府，他们进行了一系列的财政改革，从根本上调动了农民的生产积极性，巩固了朝廷的财源。

　　杨士奇还特别注重人才的选拔和政治的清明。他积极向朱瞻基建议，纠察贪官污吏，举荐具备文才武略的人才，即使属于刑家子孙也不例外，并且规定凡三品以上及二司官都要积极为朝廷推荐人才，以便巩固朝廷的根基。杨士奇还身体力行，做出表率，如前述周忱和况钟以及后来赫赫有名的于谦皆得力于他的引荐。在杨士奇等人的努力下，明朝呈现出一片安居乐业的社会景象。

　　宣德十年（1435 年），朱瞻基去世，朱祁镇即位，是为明英宗，张太皇太后行使摄政之权，极力倚重"三杨"，凡军国大事皆请他们参决。同时她的同乡宦官王振开始控制司礼监，与"三杨"相抗衡。年迈的杨士奇极力支撑危局，施展自己的才能，建议朝廷训练士兵，巩固边防，设南京参赞机务大臣，分派文武镇抚到各地考察民情，罢黜派往各地的特务，减轻百姓的赋税，放宽刑罚，加紧吏治的整顿，使明英宗统治初年继续保持政治清明的局面。

　　正统七年（1442 年），张太皇太后去世，杨士奇失去了最坚强的后盾，面对王振势力的膨胀，他忧心如焚，积郁成疾。正统九年（1444 年），杨士奇撒手人寰。卒后谥号文贞。

张居正死后被抄家

　　明王朝经过两百多年的风风雨雨，到了嘉靖年间已是百病丛生，危机四伏。幻想长生不死的嘉靖皇帝，每日在紫禁城里设坛修醮，青烟缭绕，陶醉于《庆云颂》的华丽辞藻，闭着眼睛将朝政托付给奸相严嵩。在这样的时代背景下，平民出身的内阁首辅张居正被推上了历史的前台，以其非凡的魄力和智慧，整饬朝纲，巩固国防，推行一条鞭法，使奄奄一息的明王朝重新获得勃勃生机。然而，就是这位明万历年间因厉行改革而彪炳史册的传奇人物，其主事时声势显赫，但隆葬归天之际却遭人非议，结果家产尽抄，爵封皆夺，祸连八旬老母，罪及子孙。这是为什么呢？

　　张居正，湖广江陵（今湖北荆州）人，字叔大，号太岳。我国明代伟大的政治家、改革家。其辅佐皇帝治理有效，具有重大历史功绩，是中国历史上优秀的内阁首辅之一。

　　平民出生的张居正自幼聪慧过人，他五岁入学，七岁能通六经大义，十二岁就考中了秀才，十三岁时就参加了乡试，并写出了一篇非常漂亮的文章。嘉靖二十六年（1547年），时年二十三岁的张居正中进士，又在隆庆元年（1567年）任吏部左侍郎兼东阁大学士。隆庆时与高拱并为宰辅，为吏部尚书、建极殿大学士。万历初年，代高拱为首辅。当时明神宗年幼，一切军政大事均由张居正主持裁决，前后当国十年，对国家的政治、经济、军事等各个方面实行了一系列改革，收到一定成效。他清查地主隐瞒的田地，推行一条鞭法，改变赋税制度，使明朝政府的财政状况有所改善；用名将戚继光、李成梁等练兵，加强北部边防，整饬边镇防务；用潘季驯主持浚治黄淮，亦颇有成效。在他当政期间，明朝的国势开始有了上升的趋势，金银稻米满仓，军队的实力也大大增

明　佚名　张文忠公坐蟒赐服像

张居正正是万历初年的政治家、改革家、权臣，官至太师、吏部尚书兼中极殿大学士，为内阁首辅长达十年，其间成为实际最高领导人，掌握最高权力。

强。不过，这一切的主导者张居正，生前死后却经历了戏剧性的命运转变。

万历十年（1582 年），张居正因为多年勤政，积劳成疾而病逝。他死后，万历皇帝朱翊钧下诏罢朝数日致哀，赠其"上柱国"荣衔，赐谥"文忠公"，赐银千两，并命专人护定归葬江陵，简直是恩宠备至。

然而，不久之后，万历皇帝朱翊钧却对张居正家大肆查抄，希图挖出巨金，并引出了一系列冤案。这是怎么一回事呢？

万历皇帝登基时，还只是个十岁的孩子。于是太后就委任进士出身的张居正做小皇帝的老师。张居正对自己的皇帝学生要求十分严格，时时刻刻都用圣贤的要求去规范他的行为，皇帝的一举一动都要受到老师的监视督导。在这种严格的教导之下，万历皇帝从心里对这位老师既尊敬又畏惧，朝政大事全部交给张居正。后来有一次，小皇帝和身边的两个太监一起深夜醉酒，在宫中胡闹，结果第二日受到皇太后的严厉斥责，还由张居正做主，把皇帝身边陪他玩耍的太监全部调走，逼着皇帝向全国百姓发布了一篇措辞十分严厉的"罪己诏"。

这样一次次的打击，使得万历皇帝慢慢对张居正由敬畏转为怨恨。

万历十年，一直左右着朝政的张居正死了，已经二十岁的万历皇帝开始亲政。不久之后，万历皇帝就发现，虽然张居正死了，但是他的一系列政策却仍然深深地影响着朝廷上下，朝中到处都是张居正一手栽培的官员，这些使得万历皇帝仍旧不能按照自己的意志处理朝政。不仅如此，万历皇帝还发现，以前一直被他视为圣贤的张居正，似乎也并不像他自己刻意表现在外的那样神圣：张居正仪表非凡，为人极好修饰，一切享受都要最好的，而且极近女色，热衷于他表面上一直批判的房中秘术。最让万历皇帝痛心的是，张居正居然还有受贿的行为。得知这些后，万历皇帝心目中张居正那个所谓的神圣形象一扫而光了——张居正对人对己是完全不同的两种标准，他要求别人节俭，自己却极尽奢侈；他要求别人不近女色，自己却贪图美色……一种深受欺骗的耻辱感掠过万历皇帝的心头，现在自己要想亲政，就必须要扫除张居正这个伪君子在朝中的影子，消灭他遗留下的影响力。

于是，他首先拿那个张居正的坚定支持者，帮助张居正与后宫沟通的总管太监冯保开刀。

当年，就是这个冯保，作为太后的耳目，他常常把万历皇帝的小毛病告与太后，使得万历皇帝经常受到对他约束极严的太后的罚跪、责打。那个时候，在他内心深处就埋下了对冯保仇恨的种子。如今大权在握，他立即抓住冯保的一些劣迹，将其贬到南京，并在太监张诚的告密下，从冯保家中搜出金银一百余万两，珠宝无数。之后不久，他就把矛头指向了死去的张居正，一方面，能树立自己的权威，总揽朝纲；另一方面，还能从张居正家中敛一大笔钱财。

万历十一年（1583年）三月，有人攻击张居正为官时专横跋扈、以权谋私，万历皇帝借机下令追夺张居正"上柱国""太师"荣衔，销去其"文忠公"谥号，并罢免了一批当年与张居正关系密切的朝臣，同时贬张居正的儿子为庶人。之后，他派人南下抄张居正家，使得张家十几个子孙被关在屋子里活活饿死。抄家的结果令办理这件事的太监大失所望——仅查出黄金万两、白银十几万两。这个结果实在不好向皇上交代啊，于是就把张居正的长子、礼部主事张敬修抓来严加拷问，酷刑之下，张敬修乱咬一通，说还有三十万两银子藏在曾省吾等三人家里，结果这三家也成了这次抄家的牺牲品。张居正的一个儿子被逼自尽，另一个儿子两次自杀未遂，惨状令朝野不忍目睹。

　　万历十二年（1584 年）八月，万历皇帝下诏书宣布了张居正的罪状，并把其弟、子、孙统统发配边地。至此，这场抄家的闹剧总算落下了帷幕。而万历皇帝也终于扫清了张居正在朝政留下的影响，一切改革成果付之东流。

明　五彩百鹿尊

五彩百鹿尊为明代万历年间，以五彩技法烧制的官窑陶器。此尊由明末流行的五彩技法所绘制而成的，器颈的部分由一条桃枝、红花、绿叶不断相间隔，上下各有两条青纹。

潘季驯治服黄河传佳话

万历朝是明朝史上糟糕荒唐的时期，但万历时期却名人辈出，有着一大批忠君爱国人士，在国家危难之际，挺身而出，力挽狂澜。明代杰出的治水专家潘季驯就是其中的一位。

黄河，是我国的第二大河，也是我国古代灿烂文化的发源地。就是这条养育了中华民族的河流，也曾给中华民族带来过深重的灾难。自有文字记载的两千多年来，黄河几乎是三年两决口，百年一改道，水灾范围北到天津，南抵江苏、安徽等省，波及二十五万平方公里。因而，从古至今，黄河安危，事关大局。黄河治理成为治国兴邦的一件大事。历史上，为了把黄河治好，有为君主宵衣旰食，河工百姓舍生忘死。一部治黄史，就是民族的奋斗史、智慧史。

治理黄河，最早可追溯到传说中的鲧、禹，西汉的贾让、东汉的王景、元代的贾鲁、明末的潘季驯和清代的靳辅、陈潢等，都对防洪的理论和实践做出了重要贡献，其中以潘季驯的束水攻沙方略影响最大。

潘季驯，字时良，号印川，浙江乌程人。他的先祖在河南荥阳，东晋时代迁居湖州。到了明正德年间，潘夔家兴旺起来，四个儿子皆中举入仕，潘季驯是他的第四个儿子，生于明正德年间，先后任九江府推官、江西道监察御史、大理寺右丞。

我国明朝时期，在永乐皇帝迁都北京以后，北京的大量居民、守军所需的粮食，差不多全要通过运河从南方运来，不算其他各种必需的补给品，光是每年运输的漕粮就能达到四百多万石。因此，大运河可以说是明王朝的生命线和主动脉。

可是，当时黄河主流走的是"南道"，即经今河南开封向东而去，经江苏徐州流入泗水，再经淮安汇入淮河，再一路流入黄海。一旦黄河泛滥，河床抬高，泥沙淤塞，漕运就告中断，形成举国不安的大灾难。因此，明朝政府一直把保证大运河畅通作为治理黄河的根本方针，采取"北堵南疏""分流杀势"的方略。

嘉靖四十四年（1565 年），黄河再次在江苏沛县决口，形成一场特大水灾，苏北平原成了一片汪洋，更为可怕的是，穿过沛县的京杭大运河被泥沙淤塞，长达二百余里。灾情空前严重，南方物资无法运往北京，朝廷上下文武百官焦急万分，嘉靖皇帝接连撤换了六任河道总督，依然无济于事。这时，朝廷任命佥都御史潘季驯总理河道，治理黄河，他受命于危难之际，开始了他一生中最为艰难的治黄工程。

潘季驯上任后，十分注意汲取群众的治水经验。为了真正能防止河患，他亲自到入海口踏勘，虚心向黄河、淮河、运河岸边的官吏、居民、船工、篙师请教。一次，他乘坐小船到河中勘测遇上风浪，小船颠簸在涡底浪尖，处境十分危急，最后小船挂在树上，他才幸免于难。

通过艰苦深入的调查，潘季驯充分认识到"分流杀势"的方略是不可行的，要根治黄河水患，根本出路是要使终年不息、源源不断的水中之泥沙随河水排入大海，不在河道中淤积起来，如果泥沙没有一个顺畅的通道，新开河道再多，黄河与大运河仍无宁静之日。这种做法与传统的"分流杀势"论背道而驰，因此，许多人认为用这个方法治理黄河风险太大，不见得能够成功，可是后来的历史事实却向人们证明了潘季驯的理论是正确可行的。

万历六年（1578 年），潘季驯开始大规模治理黄河与大运河工程。他的治水理念，就是"筑堤防溢、以堤束水、以水攻沙、以清刷黄"，他实施了全新的治水方略，就是不挖新河，全面恢复黄河故道，以黄河之水冲刷黄河之沙，

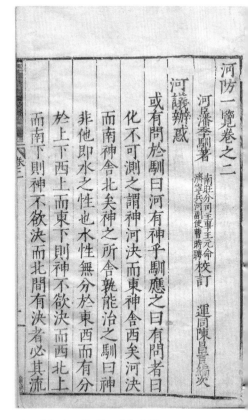

明　潘季驯　《河防一览》书影

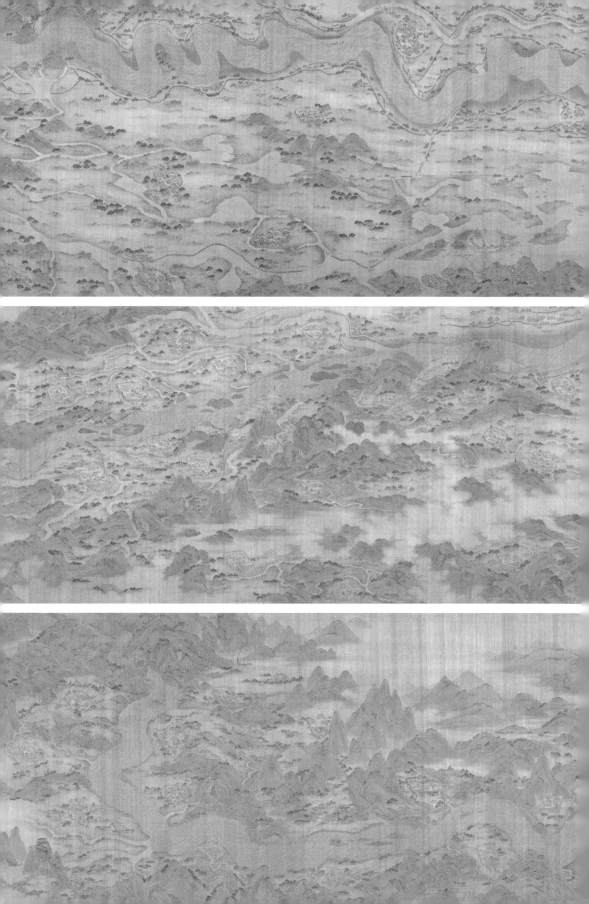

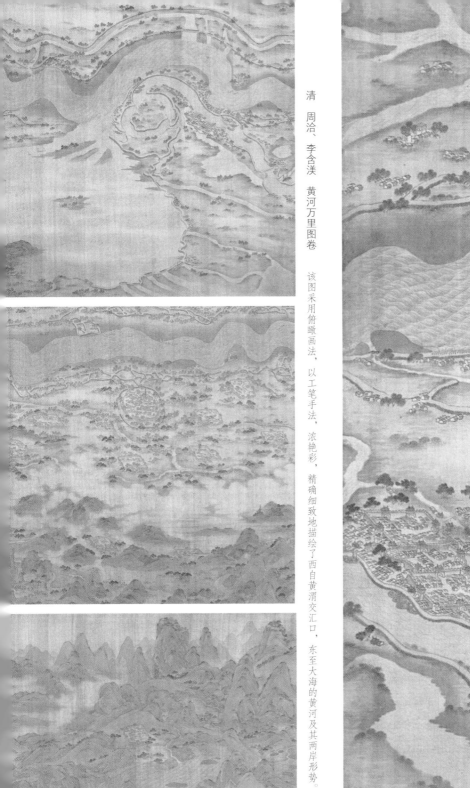
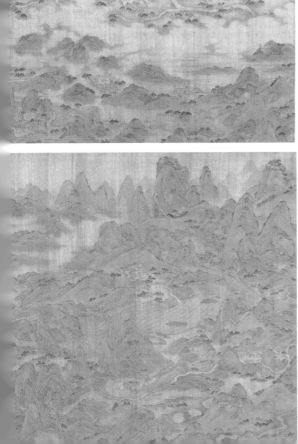

清　周洽、李含渼　黄河万里图卷

该图采用俯瞰画法，以工笔手法，浓艳彩，精确细致地描绘了西自黄渭交汇口，东至大海的黄河及其两岸形势。

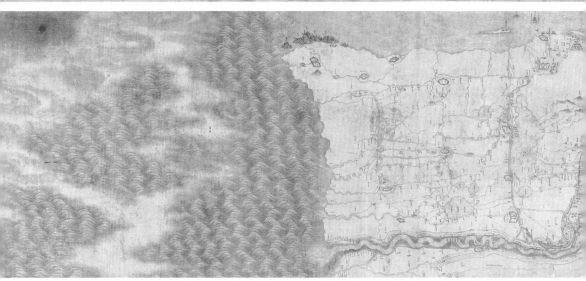

明　佚名　黄河地图

使得黄河干流统一，"水归一槽"。

　　他在黄河两岸筑起遥堤。遥堤就是防洪大堤，又宽又阔，遥遥相对，以防洪水溢出堤面，泛滥成灾。再在遥堤中间筑缕堤，束水冲沙。"缕堤束水"就是建较窄的缕堤将河水束成一股急流，利用湍急的河水裹挟泥沙奔腾向前，沙随水走，不致沉淀。湍急的流水还可以冲刷河床，水流越急，河床冲得越深，容水的能力就越大。潘季驯的创见终于获得了成功，黄河分流混乱局面宣告结束，下流的十三支分流终于"归于一槽"，黄河之水经今河南兰考、商丘、安徽砀山、江苏徐州、宿迁，直奔淮安市清河口，经淮河流入黄海。

　　潘季驯在主持治黄工程中，采取了一系列行之有效的监督措施：他规定取

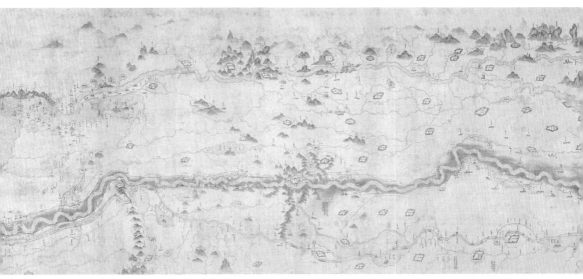

土宜远，切忌堤旁挖取，以防止堤旁挖土积水成洼，自损堤基；必须选取有黏性的泥土，而不能有掺杂着沙尘的虚松之土。为了检验大堤的质量，他事先准备了一批"铁锥筒"，这种"铁锥筒"能插入堤坝十几米深处，勾出深处的泥土。他亲自用铁锥筒——试掘，逐段横掘至底，从徐州到淮安的大坝长达五百里，都是他亲手监督，使得这一黄河河道稳定了三百年。

潘季驯死后，清代的治水专家继承了他的治水方略，束水攻沙，保证了黄河安澜，运河畅通。

万历二十三年（1595年），潘季驯这位有功之臣病死于家中。由于他生前得到张居正的赏识与重用，受张居正案的牵连，死后连个谥号也没有。

藏在古画里的大明史

第五章

太监宫女：月缺花飞定自愁

在明朝漫长的历史中，太监的乱政与秦汉唐等朝的乱政是有区别的。他们是依靠皇帝，而不是要挟皇帝，他们在为皇帝服务的同时，趁机为自己谋利。在本章，我们将能看到熹宗时的魏忠贤怎样祸国殃民，英宗时的王振如何残害忠良。

宫女，作为大明王朝后宫里的特殊女性，她们在权力之争中扮演着什么样的角色？她们源于何处，最终又归向何方？穿越时空的隔阂，让我们再次感受她们的忧伤和美丽，体会她们的凄苦和无奈。

宦官王振专权乱政

宋朝时寇准劝宋真宗亲征契丹，成就了社稷大功而垂名青史。明朝时王振力劝英宗亲征瓦剌，导致了"土木堡之变"而遗臭万年。这位宦官，在权力已经达到顶峰、富贵也达到极限后，竟然想要借立边功来为自己树碑立传，最后不仅落得个身死，而且落得个族灭的下场。那么，王振是如何获得英宗宠信的？透过这位宦官专权乱政的现象背后，我们可以看到明王朝哪些致命缺陷？

王振，山西蔚县人，他是明朝时期第一个有名的权宦，后世的评论认为：明朝的宦官干政最早就是从王振开始的。

王振本来是个儒生，自幼喜欢读书，学习也很勤奋，在少年的时候就梦想着有朝一日考取功名以光宗耀祖。但不知为什么，他总是与功名无缘，考来考去也只是一个秀才。

中举无望，不得不另谋出路。正巧这时宫中在招收太监，民间凡是已经有子的人如果愿意就可以进宫当差。王振就自己阉割了，进宫当了太监。当时宣宗在宫中兴办教育宦官的内书堂，挑选聪明灵秀的小太监入堂学习，王振就在入选之列。因为他聪明好学，为人又很机灵，很快就成为书堂中的佼佼者，被宣宗选为东宫侍读，陪伴当时的太子朱祁镇读书，这位太子就是后来的明英宗。

太子非常喜欢这个有学识而又善解人意的宦官，总是和他形影不离，对于王振的聪敏狡黠、花样百出更是佩服得五体投地，身陷其中。渐渐地，朱祁镇越来越离不开王振了，王振对于未来的小皇帝来说，不只是侍从，同时更是尊敬的师长、亲密的朋友，对他的依恋和信任远远超过了其他人。

宣德十年（1435年）正月，宣宗病死，年仅九岁的英宗即位，改元正统。

一朝天子一朝臣，宦官也不例外。英宗即位后，王振自然成了太监中首屈一指的人物，掌握了权力极大的司礼监。

王振这时虽然已经掌握了大权，也拥有皇帝的充分信任，但并不能够随心所欲。因为年幼的英宗不能亲自处理国家大事，而是由王振最忌惮的英宗祖母张太皇太后垂帘听政。张太后虽然秉政，但并不处理国家政务，而是把国家一切政务交给内阁大臣"三杨"——杨士奇、杨荣、杨溥手中。这是明朝的一个优良传统，所以在历代封建王朝，只有明朝没有太后专权、外戚乱政的事。

王振其实很善于做人，那时的每个人都觉得他是一个忠厚老实的人，就连宣宗托孤的三位内阁大学士"三杨"都深信王振虚怀若谷，谦逊谨慎，是皇帝身边的好帮手。但是只有张太皇太后一个人看到了王振真正恶毒的一面，知道这个人阴险诡谲，日后必成大患。所以宣宗刚死，她就把小皇帝、王振和三位阁老请来，痛斥王振有擅权之心，要当着大臣的面处死王振以消后患。

但是，小皇帝马上跪下为王振求情，就连几位大臣也都替王振说好话，王振自己则更是痛哭流涕，表示绝无此心。太皇太后没有办法，只好答应暂且饶王振一命，但还是警告他日后要小心服侍皇帝，听从阁老们的安排。王振逃过了这一次杀身之祸，以后便更加注意收敛行迹，谨言慎行，不使张太皇太后再起疑心。

过了几年，张太皇太后死了，接下来王振面对的对手就是先朝遗下的杨荣、杨浦和杨士奇这三位阁老了。"三杨"，乃是明朝少见的几位贤相，他们在任辅臣期间，安定边防，整顿吏治，发展经济，使明朝的国力继续沿着鼎盛的轨道发展。

王振石像

智化寺英宗谕祭王振碑拓片，现藏于费城艺术博物馆。

后来这"三杨"中，杨荣在正统五年（1440 年）病死，杨士奇因为儿子杀人引咎辞职，只有一个杨溥在朝，也由于年老、心计又没有杨荣多而孤掌难鸣，再加上英宗是一个常常犯浑的皇帝，他虽然并不是贪求淫乐或不理朝政，但是过于相信王振，凡是王振说的，他就认为是最好听、最正确的。阻拦王振掌权的所有障碍都已经自然消除以后，他轻而易举地就尽揽了明王朝的政权。

在终于得以毫无顾忌地执掌政事后，王振就把与自己作对的大臣，像兵部尚书王骥、兵部侍郎于谦、礼部尚书胡濙等人全都关进大牢。朝中其他大臣一见这种情况不由得都噤若寒蝉，什么反对的话也不敢说了。一些厚颜无耻的人就开始趋炎附势，纷纷投靠到王振的门下，一时间，王振的气焰十分嚣张。

本来明朝创建之初，太祖朱元璋吸取了前朝的教训，严令禁止宦官干政，还在宫门前铸了一块大铁牌，上面刻着"内臣不得干预政事"这几个大字，以示警告。王振执掌大权以后，觉得这块铁牌太过碍眼，后来终于找了个机会，命令手下的人把这块祖训毁去。随后又在京城内大兴土木，为自己修建府邸。还修建智化寺，为自己求福。

从此以后，朝中更加无人敢说话，一个个巴结讨好王振还都来不及呢。有一个叫王佑的大臣，长得面白无须，王振有一次和他开玩笑地说："你为什么没有胡须呢？"王佑极善察言观色，这时他就讨好地回答说："老爷您都没有胡子，儿臣我又怎么敢长胡须呢？"王振听了这奉承的话，马上乐得合不起嘴了，王佑的官职从此以后自然是青云直上了。

王振能得势的最大原因就在于英宗对他的宠信。他利用手中权力，一面结党营私，大力提拔那些溜须拍马、谄媚逢迎之徒；一面大打出手，残酷地镇压那些反对自己专权和对自己不恭不敬之人。王振则遍受贿赂，又大肆贪污，家中财富越来越多。后来王振败绩，籍没其家产时，仅金银就有六十余库，玉盘一百多个，珊瑚树高六七尺者二十余株，其他珍玩则不计其数，足见其贪污受贿的程度。王振甚至不顾当时北方边境的严峻形势，一定还要在西南启衅，有大臣站出来反对，但均被王振杀掉。正是由于王振的专权，最终酿成了大明王朝的第一次大危机"土木堡之变"，使得对王振宠信有加的英宗险些丧命。

郑和身世之谜

他是中国明代大航海家，他是世界大航海时代的伟大先行者，他所领导的七下西洋的宏伟航海事业，不仅是人类航海史上空前的壮举，也是具有世界性影响的历史事件。关于他的事迹，《明史》中记载得较为详细，但是关于他的身世，却只有寥寥三十余字，而所有与他相关的史籍也均无记载。这就使得几百年来，他的身世成为一个谜，一直为人所探求。那么，他是谁？他到底有着怎样扑朔迷离的身世呢？

郑和，中国历史上最杰出的航海家，在航海、外交、军事、建筑等诸多方面都表现出卓越的智慧与才识。可以说，他的才能在他一生所做的各项伟大事业中体现得淋漓尽致。

作为燕王的亲信与随从，郑和有机会广泛接触统治阶级上层人物，开阔视野，增长见识，又由于他为人正直，能与燕王推心置腹，共同商量国家大事，并随时向燕王学习政治、军事及处理各类事务的谋略。这一切都促使朱棣在寻找下西洋的最佳人选时，首先想到的便是郑和。

按照明成祖朱棣的安排，从永乐初年起，郑和就转向航海事业。在早期的航海活动中，郑和就已在学习和研究天文地理、海洋科学、船舶驾驶与修理等知识技能。永乐三年（1405 年）至宣德八年（1433 年），郑和先后率领庞大的船队七下西洋，经东南亚、印度洋远航亚非地区，最远到达红海和非洲东海岸，航海足迹遍及亚、非三十多个国家和地区。这七次航行的规模之大，人数之多，组织之严密，航海技术之先进，航程之长，不仅显示了明朝国家的强大，也充分证明了郑和统率千军的才能。

对于郑和的事迹，《明史·郑和传》中记载得较为详细，但是关于他的身世，却只有寥寥三十余字，只介绍说郑和是云南人，小名三保，而所有与郑和相关的史籍也均无记载。这使得几百年来，郑和的身世成为一个谜，一直为人所他探求。那么，郑和到底有着怎样扑朔迷离的身世呢？

在晋宁县昆阳镇内月山西坡，有一座墓葬，墓主是郑和的父亲马哈只。墓碑所存碑刻三块，中间的一块就是当年所立的马哈只墓，虽然历经六百年的风雨剥蚀，但至今仍纹理清晰，古色斑斓。

碑上篆刻有《故马公墓志铭》，碑文对马哈只的籍贯、身世、任职等记述颇为准确。在正碑的两侧，还有后人所立的两块墓碑，一是师范（荔扉）所录的"明史·三宝太监郑和传"，另一是夏光南的"郑和太公墓志铭跋"。碑阴有三行小字："马氏第二子太监郑和奉命于永乐九年十一月二十二日到于祖家坟茔祭扫追荐，至闰十二月吉日乃还记耳。"从碑阴题记可知，郑和"奉命"

明　郑和木雕

归里扫墓是在 1411 年，在家一个半月。这块墓碑明显地补充了《明史》在这件事上记载的遗漏，成为研究郑和家世的珍贵文献。

郑和，本姓马，小名三保，约于洪武四年（1371 年）出生在晋宁县昆阳镇月山西坡。他祖籍西域，是赛典赤的六世孙，而赛典赤又为普比国王所菲尔的六世孙，在云南做过平章政事，郑和远祖是随成吉思汗来到云南的。

郑和的祖母姓马，母亲姓温，他有一个哥哥叫马文铭，还有一个姐姐和三个妹妹，由于排行第三，所以小名叫三保。

郑和全家信仰伊斯兰教，他的祖父与父亲甚至曾朝拜过伊斯兰教的圣地麦加，幼年时的郑和已开始学习伊斯兰教的教义和教规。同时，由于其祖父和父亲都到过麦加，所以他们常常谈起异域风情、海外各国。年少的郑和耳濡目染，从祖父与父亲的言谈中也了解到不少关于远方异域的情况。同时，郑和也继承了父亲身上那种刚直不阿、乐善好施、不图回报的良好品质。郑和十二岁那年，家乡发生了一场战乱，他被明朝军队抓走，被带到南京，不久又被净身。明太祖末年，郑和做了宦官后被分到北平，在燕王府服役。

郑和在燕王府期间，因为学习刻苦、聪明伶俐、才智过人、勤劳谨慎，取得了燕王的信任，被朱棣选在身边作为贴身侍卫。此时的郑和本身所具有的优秀品质和领袖才能开始逐渐显露，在长达四年之久的"靖难之役"中，郑和跟随朱棣出生入死，南征北战，参加了多次战斗，建立了许多战功，成为朱棣夺取政权即位称帝的主要功臣之一。明成祖朱棣登上皇位之后，对跟随自己多年的武将文臣大都提升重用。其中也包括身为宦官的郑和，朱棣赐"郑"姓与郑和，又将其升迁为官居正四品的"内官监太监"，由于郑和又名"三保"，所以人们也叫他"三保太监"。

既然郑和是太监，为何又有后代呢？

据郑和第十八世孙郑恩良说，因为郑和被净身，不能生育，所以他的哥哥马文铭曾过继给郑和一个儿子，跟郑和姓郑，名叫郑恩来。郑恩来有两个儿子，长子郑万选、次子郑庭选。长子郑万选的后代有小部分还在昆阳生活，大部分早年就搬到玉溪市红塔区北城镇的大营、东营、石狗头村一带居住，还有一支后来移民泰国。而次子郑庭选的后代则在南京，之后逐渐分散，现在苏州等地也有二百人左右。

关于郑和的身世，其实我们大可不必详尽探索，现在，我们只要知道，在科学还不太发达的十五世纪初叶，郑和领导的这样大规模的航海活动是史无前例的，他比葡萄牙人迪亚士于1486年南航至非洲好望角、哥伦布于1492年发现美洲"新大陆"、达·伽马于1497年沿着非洲南岸绕过好望角到达印度海岸，都早了八十至九十年以上，并且在航海规模、航海技术、船队数量、航海目的等方面，都远远超过哥伦布、麦哲伦等资产阶级航海家们。这位中国明代大航海家，是世界大航海时代的伟大先行者，他所领导的七下西洋的宏伟航海事业，不仅是人类航海史上空前的壮举，也是具有世界性影响的历史事件。

飞扬跋扈的汪直

其实，汪直还算不上祸国殃民，所以不至于人人唾骂、遗臭万年，但他实在是飞扬跋扈，以至于最终走向失落。但是，让人不解的是，就是这样一个奸诈的小人，是怎么一步步登上明朝成化时期特务机构西厂的领导位置的呢？他是如何骗取宪宗的信任的？在他的专权背后，隐藏着大明皇宫哪些不为人知的秘密？

汪直，广西瑶族人，是大明王朝继王振之后的另一个著名权宦。

成化初年，汪直家乡人民起义抗暴，明政府派兵前往镇压。汪直被明军俘获，见他长得机灵，便将他净身后送入宫中，派到万贵妃昭德宫中服役。万贵妃是个善于玩弄权术的女人，虽然比宪宗年长近二十岁，但由于很会迎合宪宗，所以深得宪宗宠爱。汪直天生聪明，加上宫中争权夺势生活的磨炼，又因入宫后一直服侍在万贵妃身边，所以使得万贵妃和宪宗对他十分满意，后来被升为御马监太监。

汪直主要的干政时期就是掌握西厂的六年。那么，汪直是如何掌握西厂的呢？这得从成化十二年（1476 年）说起。

汪直刚被提升为御马监太监不久，宫中发生了一起阴谋刺杀宪宗未遂事件。为了加强防范，及时了解宫外的情况，成化十二年，汪直接受宪宗密旨，穿戴成老百姓的模样，开始了一年多的侦探活动。他行动诡秘、侦察细密，上自朝中大臣议论国事，下至平民百姓街谈巷议，全都被他收入情报，并定期向宪宗面奏。宪宗对汪直的表现极为赞赏，对他更加宠信。成化十三年（1477 年）正月，宪宗设立了嫡系特务机构——西厂，命汪直主管。

当上西厂特务头子后的汪直，为了捞取宪宗更大的信任资本，就进一步加强了特务活动，到处刺探各种动态。当时正值南京镇守太监覃力朋为非作歹，激起民愤，汪直得到消息后趁机下令逮捕了覃力朋，拟处斩刑。此事件后，汪直一时名声大振，被宪宗视为执法如山、秉公办案的忠良义士。

骗得宪宗信任后的汪直，为了扩大自己的势力，到处拉帮结伙，铲除异己。他与王越、韦瑛等人狼狈为奸，不断策划阴谋、滥杀无辜，制造了一起起冤狱，然后谎报圣上，邀功请赏。从成化十三年二月到五月的短短几个月内，汪直就纵容手下特务制造了十多起冤狱，并派爪牙肆无忌惮地到各地抓人、杀人，闹得国无宁日。

成化十三年二月，汪直制造杨泰、杨晔父子冤案，最后使得杨晔惨死狱中，杨泰被处死刑，其他不少人连坐遭贬；三月，汪直指使西厂特务开展了遍及全国的"捕妖言"运动，设下圈套，诱使百姓"犯法"，然后加以"乱民""要犯"的罪名逮捕入狱；四月、五月，汪直唆使韦瑛罗织了几起大案，将忠臣武清、刘福等人或逮捕入狱，或革职为民。

在汪直领导的特务活动中，无数的生命蒙冤而死，而特务

明　朱见深　岁朝佳兆图

此幅作品创作于明成化十七年（1481年），明宪宗朱见深时年三十五岁。图绘钟馗手持如意，一随行小鬼双手托一放有柏枝与柿子的盘子，取谐音"百事如意"。

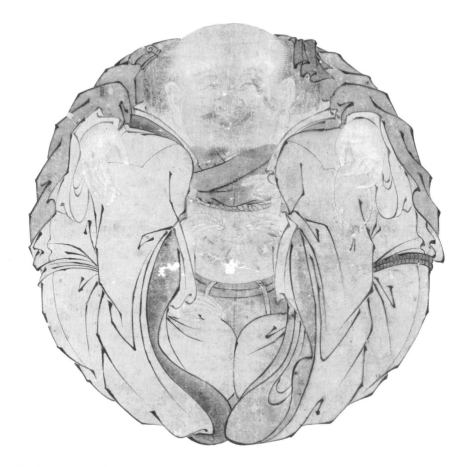

明 朱见深 一团和气图立轴

《一团和气图》是明宪宗朱见深的工笔人物画，为故宫馆藏瑰宝。该作品意在阐释华夏自古儒释道和平共处的和谐观。

们却以此邀功领赏、升官进阶。后来，有人上疏告发西厂为害百姓、滥杀无辜，宪宗却并不追究。

随着地位的不断上升和权力的不断扩大，汪直也越来越不可一世。他每次出行都前呼后拥，排场十足，只要他走在路上，其他行人不论为官为民都要下马回避，都要主动让路，否则轻者遭受皮肉之苦，重者性命难保。

汪直骄横跋扈，使得朝廷内外一片乌烟瘴气，这激起了朝中大臣的强烈不满，纷纷上疏弹劾汪直，但宪宗仍然执迷不悟。后来，太监怀恩、兵部尚书项忠一齐响应，终于迫使宪宗下诏撤销西厂，将汪直调回御马监。

西厂虽然撤了，但汪直仍然为宪宗所信任。他伺机对宪宗说，商辂等弹劾他的奏疏是司礼监太监黄赐、陈祖生企图为杨晔报复而出的主意，宪宗因此把黄赐、陈祖生外放到南京。但不管怎样，撤掉西厂使得汪直的骄横气焰受挫，行为不再那么肆意张狂。可惜的是，西厂被撤仅一个多月，宪宗就又下诏将其恢复，仍然委任汪直掌管。重掌西厂大权后，汪直更是变本加厉地打击异己，他先后制造了无数件冤案，明目张胆地报复与他作对的人，到了丧心病狂的地步，凡是不与他同流合污的人，他都要残酷迫害。仅用了几个月时间，汪直就逼走了带头反对他的商辂等人，并将自己的亲信一一安插在重要职位，举国上下又一次笼罩在白色恐怖之中。

为泄私愤，他伙同陈钺诬陷了右副都御史巡抚苏松牟俸。又大耍流氓手段，栽赃陷害，一手制造了骇人听闻的马文升案件，从此汪直的威势更倾震天下，就连一班朝臣们都不敢再公开揭发他。

后来，太监尚铭害怕汪直陷害他，收集了由汪直泄露出来的宫中秘密，奏告宪宗，并大量揭发王越、汪直互相勾结的情况，宪宗从此才开始对汪直有些疏远。

一天，宪宗与往常一样，带着几个近臣在宫中游玩，忽然传来一个醉汉的叫骂声。宪宗让近臣看看何人如此大胆，还不等近臣走过去，就见一个小太监踉踉跄跄地跑了过来，一屁股坐在地上又旁若无人地骂起来。一个近臣训斥他说："圣上在此，不得放肆！"小太监仍然照骂不误。近臣又说："汪太监来了！"小太监一听，拔腿就跑，边跑边嚷："现在人们只知有汪太监，不知有天子。"宪宗听了，心有所感，想起前几天太监尚铭向他密奏汪直结党营私、胡作非为的详细情报，又考虑到自己多年来对汪直的重用，担心汪直势力渐增会形成尾大不掉的情势，于是宪宗开始疏远汪直。

成化十七年（1481年），宪宗命王越当总兵官，以汪直监军，到大同御敌。敌退后，汪直奏请班师，宪宗不准，不久后又把他的军队撤了回来。不久给事中、御史趁机纷纷上奏汪直到处苛索扰民等罪状，请求撤去西厂，内阁大臣万安大力支持，说京城众口一词，都要求撤西厂。

成化十九年（1483年）六月，宪宗撤掉西厂，把汪直调到南京御马监。这一调动使得汪直一落千丈，最后这个曾经不可一世的特务头子在寂寞中病死。

宦官怀恩保护正直大臣

提起中国古代的太监，大家的脑海中就会浮现出一个个逢迎拍马、恃权放纵的形象。明朝后期，由于时常有太监专权，所以太监的形象在人们的眼中更为恶劣。但是，在宪宗、孝宗两朝中，有一个十分正直善良的太监，有诗曾赞道"中官独能直谏，尚书卓有正声"，中官指的就是大明王朝的太监怀恩。那么，太监怀恩为何受孝宗宠信呢？

大明王朝宦官怀恩，原本姓戴，只是在宣德年间入宫后，才被赐怀姓。

宣德初年，怀恩的族兄兵部侍郎戴纶因为向宣宗上疏请求停止游猎，被坐以"怨望"之罪，宣宗亲自审理这件案子。戴纶认为他所做的一切都是为国为民，坚决不认罪，触怒了宣宗。宣宗下令处死戴纶，抄家没官，戴氏一族也都要连坐治罪。戴纶有个叔叔叫戴希文，当时任官太仆寺卿，受株连而被罢官没籍。怀恩以幼童入宫，被净身为宦官，赐名怀恩。在历史上众多的太监中，怀恩可谓是一个难得的好太监，敢于保护朝中正直的大臣。

由于怀恩任事恭谨，宪宗时被提升为司礼监掌印太监。虽然在当时，汪直掌管西厂，梁芳、韦兴等人也深得皇帝的宠信，但由于怀恩辈分比他们高，性情又耿直，遇事常能以先朝的典故来进谏，而且本身廉洁不贪，所以在宦官中的威信很高，凭借这些，他保护了不少朝中的正直之臣。

有个叫阿九的宦官，因为其兄长担任京卫时犯了罪被刘大夏笞打责罚，于是向宪宗诬告，刘大夏被捕进诏狱。怀恩得知了这件事情，全力救出刘大夏。

当时，宪宗宠信佞臣梁芳、妖僧继晓等人，对他们总是言听计从。继晓假借为皇帝祈福，在西市建大永昌寺，自做住持，数百家居民被迫迁徙。继晓虽然名义上是和尚，实际上荒淫好色，每当见到有姿色的妇女，就强拉入寺中，

逼迫她们陪他过夜。京城里的百姓被他胁迫侮辱的不计其数，怨声载道。

刑部员外郎林俊听说了这件事，急忙具疏参奏，请求宪宗斩杀妖僧继晓及太监梁芳，以平民愤。宪宗看了林俊的奏折后大怒，立刻派锦衣卫将其逮捕入狱，问他是受谁主使。张黻上疏替林俊辩解，也被逮入狱中。怀恩知道这件事以后，感于林俊的忠义，急忙上奏宪宗，说他们都是忠臣，请求宪宗释放两人。宪宗听后怒不可遏，随手拿起案上砚台向怀恩砸去，并将他轰了出去。

怀恩回来后，派人到镇抚司告诫主事官说："你们奉承梁芳，陷害林俊，如果林俊死了，你们也没有什么好结果。"镇抚司的官员害怕获罪，也上书替林俊说话。终于使得林俊获救。

成化末年，万贵妃与梁芳等人勾结，一再劝说宪宗废太子，立兴王，宪宗于是决定易储，便召来怀恩拟旨，不料怀恩以头碰地，誓死不从。宪宗无奈之下罢了怀恩的司礼监掌印一职，贬往凤阳守灵，并继续谋划易储。后来东岳泰山发生地震，钦天监奏报说地震与太子有关，宪宗迷信，怕惹得天怒人怨，总算放弃了易储的念头。

孝宗即位后，感恩于怀恩的奋力保护，准备了盛大的欢迎仪式，将凤阳的怀恩接回京城。在鼓乐声中，朱祐樘亲自在宫外迎候怀恩的归来，牵着怀恩的手一起入宫，正如十多年前，勇敢而倔强的怀恩牵着他的手，走过黑暗而复杂的宫廷斗争时期一样。怀恩官复原职，并成为太监系统里的最高领导人。

七十多岁的怀恩执正如故，并无丝毫的得意忘形，他知道新皇帝面临的是个困境，他要尽自己的能力，去辅助皇帝进行革新，为皇帝扫清各种障碍和绊脚石。首辅万安等忌何乔新刚正，把他排挤到南京任刑部尚书，怀恩不平，提出质询。孝宗于宫中得阁臣万安进房中术的小篓，遣怀恩到内阁质问。万安等一看到这个小篓就脸红脖子粗，说不出话来。怀恩趁热打铁，并把群臣弹劾的章奏读给万安听。万安仍企图蒙混过去，被怀恩摘了牙牌，轰出宫外。而站立一旁的彭华、刘吉等都不敢说话，因为他们也摸不准自己的命运。赶走万安，怀恩推荐王恕、马文升、李敏、何乔新等成为弘治朝的九卿重臣，为弘治朝开了个好头。

不久，怀恩由于积劳成疾而长辞人世。弘治元年（1488年）闰正月二十八日，为了表彰怀恩的功德，明孝宗特意批准为他建造显忠祠，而怀恩也以自己的忠诚正直彪炳史册。

明晚期　剔红雕漆笔

此剔红雕漆笔由笔杆及笔帽两部分组成，笔帽紧密接于笔身之上。呈沉郁隽雅之态，光泽莹润，显含蓄华美之风。

明熹宗乳母客氏

　　在魏忠贤阉党集团中，有一位女人，她身为妇人却阴险、毒辣，最后落得个被活活笞死的下场。如果说魏忠贤的流毒主要肆虐于外廷，使正直的士大夫多受残害的话，那么客氏的险恶，则主要集中于宫中，使得不依附于她的宦官及后妃多受其害。她是谁呢？她就是明熹宗的乳母客氏。那么，她为什么能够专宠于宫中，从她的身上，我们能看到大明后宫哪些可笑而可悲的荒唐事？

　　明熹宗朱由校出生不久，其生母王氏就去世了。由于熹宗的父亲明光宗朱常洛在正妃死后没有再立妃子，在即位后也再没有册封皇后，所以熹宗也就没有嫡母了，其乳母客氏于是受宠于熹宗。

　　明熹宗的乳母客氏，原是定兴县民侯二的妻子，生子侯国兴。她十八岁进宫，两年后丈夫死去，她就被长期留在宫中。客氏在宫内充当皇太孙朱由校的乳母，由于不能随便外出，平时朝夕同处的又都是宫女太监，使得正值怀春芳龄的她内心十分苦闷。

　　客氏美貌妖艳，面似桃花，腰如杨柳，在宫中很不安分，曾一度与魏忠贤先前侍奉过的太监魏朝"对食"。那么，何谓"对食"呢？原来，在宫中值班的太监不能在宫内做饭，每到吃饭时间，只能吃自带的冷餐，而宫女则可以起火，于是太监们便托相熟的宫女代为温饭，久而久之，宫女与太监结为相好，称作"对食"，又作"菜户"，与外间夫妇无异。明朝初年，这种现象还是公开的秘密，但到了万历以后，则是完全公开的了。甚至有宫女久而无伴，就会遭到其他宫女的嘲笑。与客氏先后对食的"菜户"，有魏朝、魏忠贤。据说魏朝与魏忠贤为了得到客氏，还曾经起过争执，最后是在熹宗朱由校的裁决下，才将客氏配给了魏忠贤。

熹宗即位后不到十天，就将客氏封为奉圣夫人。在朱由校做皇帝期间，客氏作为一个乳母所受到的隆遇，是前所未有的。每到客氏的生日，熹宗是一定会亲自去祝贺的。而客氏的生活似乎比皇后还气派，自此之后便开始在宫中作恶。

客氏宫中为恶的第一步，就是除去光宗朱常洛的亲信宦官王安。

司礼监太监王安曾受光宗顾命，为人刚直，他目睹了客氏与魏忠贤的横行无忌，于是想暗中将他们除去。御史方震孺曾弹劾客氏与魏忠贤，王安便从中响应。在众大臣的要求下，熹宗被迫遣出客氏，将魏忠贤交给王安处置。

但是，熹宗却在离开这两个人后寝不安席，不久又召客氏入宫。入宫后的客氏，更加肆无忌惮。魏忠贤的府第在宫南，客氏的在宫北，中间有过廊，住处相距仅几步之遥。两人除每夜肆淫外，几乎全是设计排除异己。客氏又在凤

西班牙　路易斯·马里那斯　《谟区查抄本》

《谟区查抄本》是一份绘制于 1590 年的插图手稿，是了解早期东南亚风俗历史的重要史料。此图为描绘万历年间的人物服饰。

彩门另置值房一所，广置面首，淫乱后宫。朝臣连续上疏请逐客氏，都遭贬谪。东林党要员叶向高为首辅，请停"中旨"，凡事均由阁臣议拟，熹宗也不予采纳。

内侍王体乾想做司礼监，便与客氏、魏忠贤狼狈为奸。他们暗中怂恿给事中霍维华弹劾王安。又让刘朝、田诏等上疏辩冤，说是被王安诬陷成狱。再经客氏在里面加谗言，惹得熹宗大怒，将王安降职，司礼监一职由王体乾继任。魏忠贤又命参与盗宝被救出狱的内监刘朝杀王安，奏称自杀。

平时，客氏与光宗的选侍赵氏不合，于是她与魏忠贤矫旨赐赵选侍自尽。赵选侍恸哭一场，取出光宗所赐珍玩，罗列在座上，拜了几拜后悬梁自尽。裕妃张氏曾因言语不慎得罪了客氏，客氏便怀恨在心，伺机报复。就在张裕妃怀孕数月的时候，客氏向熹宗暗进谗言说裕妃怀的是野种，熹宗大怒之下便把裕妃贬入冷宫。这时，客氏又严禁裕妃进食，可怜饥渴难忍的张裕妃，在一个暴雨之夜为了饮檐上流下的雨水，匍匐至屋檐下而死。

冯贵人曾劝熹宗停止内操，不料被客氏与魏忠贤忌恨，于是未经过熹宗同意，就诬她诽谤圣躬，迫令其自尽。尽管后来成妃李氏将此事告诉了毫不知情的熹宗，但熹宗也似乎无动于衷、不闻不问。

成妃李氏的做法，被客氏得知，客氏就又假传一道圣旨，把成妃幽禁起来。好在有张裕妃的前车之鉴，成妃早在壁间预藏食物，被幽禁半月多仍还活着。所幸的是，一天熹宗忽然记起成妃，一问客氏才知其被幽禁。想到以前与成妃的相爱情景，又想到成妃曾为她生过两个女儿，于是便向客氏求情，成妃才得以被放出贬斥为宫人。可见，后宫妃子的生命，全掌握在客氏手里。

身为一国之君的明熹宗，尚不能庇护妻妾，是什么原因呢？有人猜测他与乳母客氏关系暧昧。因为在熹宗长大后，照例是并不需要乳母的，但史载客氏"每日清晨入乾清暖阁侍帝，午夜后回成安宫"，深更半夜，她在那里做些什么呢？客氏效仿历代宠妃的胡作非为，屡次害后宫妃子，但她却常常将马的外肾烹制好了给熹宗滋补，若为了让熹宗多御几个嫔妃以生育子嗣，又何必连害后妃皇子呢？这一切，唯有她与熹宗有乱伦行为可以解释。

不过相传熹宗不喜女色，据说客氏还有一种烹饪的绝技，熹宗的膳餐必经客氏调视，方才适口。所以宠幸客氏的原因可能在于此。

熹宗的张皇后深恶客氏与魏忠贤，每次见到熹宗便指责客氏、魏忠贤的过失。于是客氏就买通坤宁宫的侍女，借机谋害张皇后。张皇后怀孕后，侍女在客氏的唆使下暗动手脚，在替她捶腰时将胎孕伤损导致张皇后小产。张皇后本是太康伯张国纪的女儿，但客氏编造谣言说其是已被逮入狱的海盗所生，以此来诬陷张皇后的出身不正，怂恿熹宗废后。只因熹宗与张皇后感情尚好，才使得其阴谋未能得逞。

天启七年（1627年）八月二十四日，明思宗朱由检即位，以次年为崇祯元年。魏忠贤上表辞职，崇祯不许，只是让客氏出居宫外。客氏在梓宫前，拿出一个藏着熹宗胎发痘痂及累年落齿剃发等的小木匣焚化，痛哭而去。

天启七年（1627年）的十一月十七日，客氏又被从私宅中带出，押解到宫中浣衣局（专门处罚宫女的地方）严刑审讯。审讯得出的结果令人惊叹：在客氏的家中搜出八名宫女，多数已怀孕。原来，因为熹宗无子，客氏于是想效仿秦朝时期吕不韦的做法，暗中带出宫女若干名，令其与子弟同寝，待怀孕后再进宫中。结合魏忠贤曾在熹宗死前说已有两名宫女怀孕，可见这件事也许真是客氏和魏忠贤精心安排的。这么一说，客氏自然是罪不容诛，最终在浣衣局被活活笞死。

魏忠贤留千古骂名

东汉、唐以及明三个朝代有"与宦官共天下"的说法，而明代的宦官人数之多、声势之大，远非汉、唐所能望其项背。明朝太监魏忠贤心理扭曲、阴险恶毒，士大夫的道德在他身上必然不起作用，他用自己的一套处世行为准则，陷害忠良，祸国殃民，最终落得个千古骂名。

魏忠贤，明朝宦官，原名魏进忠，河间肃宁人。魏忠贤小时候家境十分贫寒，不好读书，自少年时就是个无赖，整日打架斗殴，善于骑马射箭。他嗜好赌博，一次与几个无赖聚赌，输到无力偿还时，一怒之下净身入宫当了太监。他曾任秉笔太监，后来又兼掌东厂。他勾结熹宗的乳母客氏，专断国政，诛杀忠良，令国家政治日益腐败。

那时，司礼监王安的属下有一个叫魏朝的太监。魏朝为人狡黠，很得熹宗的宠信，可以随时出入宫中。他垂涎熹宗乳母客氏的美貌，常趁着空隙，与客氏调笑。但不久却凭空钻出个第三者——魏忠贤。

入宫后的魏忠贤，因与魏朝同姓，便认了同宗，在明熹宗生母王选侍的宫内掌管御膳，但在王选侍死后魏进忠就无事可做了，于是托魏朝去司礼监太监王安那里替他说情，改入王安属下。魏朝又托客氏向熹宗引见魏忠贤，魏忠贤的机灵谨慎深得熹宗好感，便令他入宫办膳。善于察言观色的魏忠贤见熹宗性好游戏，就别出心裁地糊制了狮蛮滚球、双龙赛珠等玩物，每天与客氏两人诱导熹宗嬉戏，熹宗也就把两人捧为心腹，几乎顷刻难离。

魏忠贤与魏朝结为兄弟，关系甚密，与客氏的接触自然也就多了起来。

一次魏朝值差，魏忠贤便趁机调戏客氏。年轻貌伟的魏忠贤比起年老的魏朝来，自然是优势多多，使得客氏暗暗动情，不久魏忠贤过河拆桥，从魏朝手

魏忠贤

魏忠贤是明朝末期宦官，明熹宗时期出任司礼秉笔太监，极受宠信，被称为"九千九百岁"。

中夺取了客氏。

魏朝发现后，与魏忠贤打作一团，熹宗得知后，在征求客氏意见后将魏朝撵出了宫。

从此，客氏与魏忠贤两人在宫中更是恃势横行，糊涂的熹宗还将客氏封为奉圣夫人。

司礼监太监王安对客氏与魏忠贤的横行无忌极为不满，内侍王体乾想做司礼监，便与客氏、魏忠贤朋比为奸，暗中怂恿给事中霍维华弹劾王安，再加上客氏的谗言，使得熹宗大怒，将王安降职，司礼监一职由王体乾继任。目不识丁的魏忠贤残忍阴险，即使是司礼监掌印太监王体乾，也得听他使唤，一时魏忠贤势倾内外，炙手可热。

少年即位的熹宗，在处理日常章奏时多委之内监。魏忠贤于是令锦衣官招募兵士数千人，在宫禁里内操，钲鼓炮铳的声音震动宫廷，使得皇长子在生下来还未满月的时候就被吓死。不久人数又增至万人，出入肆行无忌。朝中耿直的大臣俱被斥逐。依附魏忠贤的走狗却得以入阁办事，一时间，宫廷以内只知有魏忠贤，不知有熹宗。

熹宗天生喜欢木匠活，魏忠贤总是在趁他做得全神贯注之时，拿重要的奏章去批阅，正在兴头上的熹宗于是就随口说："朕知道了，你去照章办理就是。"朝廷大权实际上都掌握在魏忠贤及其党羽手中了。

当时，辽东经略熊廷弼向来性情刚正，为人忠耿，他驻守辽东三年，边境固若金汤，但由于他不趋附于魏忠贤，最终被加害。

东林要人左都御史邹元标在京建首善书院讲学，被魏忠贤以"宋室之亡，由于讲学"的理由罢官。后来，魏忠贤又假传圣旨毁全国各地书院，禁止讲学活动。短短四年，东林党人就几乎被宦官魏忠贤驱尽杀绝，全部覆没，让客魏之流独揽了朝权。

魏忠贤总揽朝廷内外一切大权后，人称"九千九百岁"，由于其势力强大，朝中官吏多投到魏门了。

后来，魏忠贤又诬陷东林首领杨涟、左光斗、袁化中、魏大中、周朝瑞、顾大章等，六人被捕下狱。左光斗、魏大中均被打得体无完肤，死于狱中；杨涟被土囊压身，铁钉贯耳，死状最为惨烈。杨涟在被押途中被锦衣卫用尖刀剜出了喉骨送给魏忠贤看，魏忠贤把那段喉骨烧成了灰，用烧酒伴着吞了下去。六人皆死，时称"六君子"。

各地东林讲学书院被毁，不附魏忠贤者均被指为东林党，一时间，被夺官者达三百余人，下狱处死及流放边地者数十人。有议论魏忠贤奸恶者，立即被处死，甚至割舌剥皮。

浙江巡抚潘汝桢为讨好魏忠贤，奏请在西湖为魏忠贤建生祠，魏忠贤当即矫旨嘉奖。于是，在西湖上岳飞祠不远处，修建了魏忠贤祠宇，气象之辉煌，远比岳飞祠壮丽数倍。各地纷纷效尤，不到一年，魏忠贤的生祠几遍天下。

内外的章奏，均称魏忠贤为厂臣，不得指名。内阁拟旨，竟然还将"朕与厂臣"联名并称，大学士黄立极甚至以尧舜之言暗劝熹宗让位与魏忠贤。

熹宗死后，朱由检即位，以次年为崇祯元年，史称崇祯帝，阉党开始气势日下，弹劾魏忠贤的奏章陆续进呈。嘉兴贡生钱嘉征列魏忠贤十大罪，魏忠贤入宫哭诉，被崇祯斥退。

魏忠贤因为畏罪，在驿舍自缢身亡。崇祯将魏忠贤家产籍没，所有魏忠贤的家属，无论长幼男女，都被斩首，魏党二百余人皆被免职斩首或充军了事，魏忠贤各处生祠也全部拆除。崇祯又为被害诸臣全部昭雪，但尽管这样，也难平民愤，于是在魏忠贤死后，仍然被凌迟，割了三千六百刀。

明　天启元年　方于鲁
龙纹柱形墨

方于鲁墨，中国明代时期方于鲁制作的墨，方氏之墨，质地坚实，神采夺目，精莹如黑玉。

藏在古画里的大明史

史海钩沉，谁主沉浮。建立于1368年，延续了二百七十六年的大明王朝，在1644年终于走到了它的尽头。在最后数年，除了一成不变的政治斗争，就是连绵不绝的战争。这些让看惯了燕舞莺歌的人们感觉索然无味的历史，在本章却以饶有趣味的故事展开。本章以悲剧的形式，向人们展示了一个王朝走向灭亡的过程，把这一幕幕悲剧的细节尽可能真实地还原出来，使得这些本来波诡云谲、风雷激荡的历史变得有声有色、生动活泼，给予读者历史固有的深邃启示。

第六章

政坛风云：日暮途穷成泡影

明朝的特务机构

明　周全　射雉图　此图是周全唯一传世作品，其中有『锦衣都指挥周全写』的签款，及『指挥使周全图书』钤印，可知他的官职为『锦衣都指挥使』。

　　在我国，封建君主专制中央集权制历经战国时期的初步形成，隋唐时期的革新，宋元时期中央集权的强化，迈入时朝。明朝厂卫的出现标志着皇帝对自己权力的控制度加强，可以说使封建社会中央集权制度达到顶峰。那么，这种特务机构有着什么样的内幕呢？

　　明朝是我国持续两千多年的封建社会走向没落的最重要的历史时期，在这个朝代，封建君主的中央集权达到了前所未有的程度，其中一个标志就是明朝出现臭名昭著的特务机构——锦衣卫和东厂、西厂、内厂，统称为厂卫，专门用来监视、侦察大臣的活动。

　　最初，锦衣卫不过是皇帝的护卫亲军，负责掌管皇帝出行的仪式。后来，朱元璋赋予它更大的权力，可以不经通报直接查办各种案件，也可以不经任何手续任意逮捕、审讯和杀人，根本不必遵守太祖亲手定下的大明律例。锦衣卫直接隶属于皇帝，不听其他任何人的命令，皇帝派自己的心腹大臣担任指挥使的最高职务，下面设有官校，专司侦察。大臣在外面或家里有什么动静，他们都打听得一清二楚。一旦谁被他们发现有什么嫌疑，就会马上被抓进监狱，甚至杀头。

　　这么一来，大臣们每天都战战兢兢地过着日子，但是有一个人却可以高枕无忧了，那就是皇帝。

　　到了明成祖朱棣在位时期，皇帝连一个大臣也不敢相信，

明末清初　犀角雕葡萄杯

犀角杯，顾名思义，即以犀牛角雕刻而成的器具，从属牙角雕一类。此杯为专用饮酒器具，为明代宫廷贵族所使用。

就用身边的太监为提督，建立了一个新的特务组织——东厂。这个机构不但负责检查百官，甚至是一般的平民百姓也一并受到监视。

后来，到了明宪宗执政时，朝廷又设立了人数比东厂多出一倍的西厂，他们的侦察范围更加广阔，大到京师百官，中到全国各地官吏，小到民间的斗鸡骂狗一类的小事，都在其缉拿之列。本来这三个机构互相牵制，互相制约，就已经很复杂，但皇帝为了更加稳妥起见，又专门设立了一个内厂，也由皇帝身边的亲信太监直接指挥，除了监视臣民之外，还监视着锦衣卫和东厂、西厂的活动。

锦衣卫、东厂、西厂和内厂组成了明代的特务机构体系，成为皇帝控制、镇压臣民的有力工具。随着时间的推移，厂卫的权力越来越大，特务多如牛毛，遍布全国各地、大街小巷，严密地监视着朝野官员、士绅、百姓的一举一动，人们防不胜防，整日都提心吊胆地过日子。

据史书记载，明朝建国之初，太子的老师、全国有名的大学者宋濂，尽管已经跟随了朱元璋十几年，但还是常常被朱元璋派人在暗处监视。有一天，宋濂在家中宴请客人，十分高兴。第二天一大早上朝皇帝就问他昨天请了什么人，吃了什么菜，聊了些什么话。宋濂一向诚实，认认真真地回答了皇帝的问题。朱元璋听了十分高兴，对宋濂大加赞扬，还说："宋濂跟了我十几年，从没有对我说过一句假话，真是一个大大的忠臣啊！"可见特务机构的监视范围之广。

有一次，一个叫钱宰的大臣在家闲来无事，以每日晨起上朝的辛苦为题吟诗自乐："四鼓咚咚起着衣，午门朝见尚嫌迟。何时得遂田园乐，睡到人间饭熟时。"第二天，朱元璋就直截了当地对他说："爱卿，你昨天吟的那首诗似

乎有一个字不妥吧，把'嫌'字改为'忧'字怎么样啊？"钱宰一听，当时就吓出一身冷汗，连忙跪下请罪。

之后的明朝皇帝，大多荒淫无道，不理朝政，厂卫的大权就落在掌权的太监手里，使得这些人利用这个利器胡作非为，制造了一起又一起的冤狱，很多无辜的人惨死在他们刀下。这种情况在魏忠贤掌权时尤为严重，当时，全国的人都缄口不言，生怕由于言语不慎而引来杀身之祸。

据说有一天晚上，有四个人在一起喝酒，其中的一个人喝醉了，不由自主地把白天不敢说的话都借着酒兴说了出来，尤其是大骂权势在握的魏忠贤。其他的三个人听他大骂魏忠贤，都吓得大气也不敢出，唯恐窗外有人听见。果然，不一会儿就有几个人闯了进来，不由分说把四个人绑了报给魏忠贤，于是，辱骂魏忠贤的那个人立刻被抽筋剥皮，其他三个人因为没敢说话，捡得一条性命。但是由于亲眼看到自己的同伴被活生生地剥皮抽筋，都吓得病了好几个月方才痊愈。

由于厂卫的权力很大，所以他们在执行任务时无所顾忌、无恶不作。实际上，按照明朝刑法规定：凡是抓人，必须人赃俱获，也就是说，要有确切的证据。但他们多是捕风捉影，有时仅仅是姓名差不多，锦衣卫就去抓人。他们抓人后先不带回衙门，而是找一处空的庙宇，将其毒打一番，被抓的人必须将自己的钱财贡献出来向他们行贿，钱少了，这些小特务自己留着，钱多了，小特务就与大特务平分。如果被抓的人不能满足这些特务的要求，就会在屈打成招后，再被送到司法机构。由于锦衣卫这样的特务机构深受皇帝重视，地方司法机构根本不敢对他们说不，所以明知许多人是被冤枉的，也不敢纠正。被冤屈的人最后落个人财两空，甚至还搭上无辜的性命。

正是这种没有人性的统治方式，这种特务机构的罪恶，加速了大明王朝的灭亡。

郑和下西洋原因揭秘

中国在清朝时走向闭关锁国，对海外的世界不闻不问，这并不代表在之前的时代一直是这种状况。哥伦布、麦哲伦驾着帆船在茫茫大洋中颠簸之前的半个多世纪以前，早有一支浩浩荡荡的船队，走过印度洋，满载着一船当时的奇珍异宝，到世界各地区展示大明的国威，这一壮举就是郑和下西洋。这是一个辉煌时代的标志，是中国乃至世界航海史上动人心魄的乐章。

永乐三年（1405 年）六月，郑和船队从苏州刘家河扬帆出海，经过福建后离开海岸线远行，到了今天的越南、泰国、印度尼西亚、斯里兰卡等地，经过一年零三个月的航行后，返回了当时的首都南京。这次返航，随船带来了许多国家的使节来朝见中国皇帝，这使明成祖非常高兴，给了各国使节很多赏赐，郑和也受到了奖赏。

回来刚刚几个月，郑和就再次被派出使，从此以后欲罢不能，先后一共七次出使西洋，历时三十年之久。郑和的船队历经风险，到过三十多个国家和地区，最远曾经到达非洲的东海岸和红海沿岸，比西方航海家远航发现新大陆还早半个多世纪，是我国航海史上的一次壮举。

郑和的航海船队如此之庞大，每一次都耗资巨大且又耗费了无数的人力物力，同时还担负了很大风险，那么，这到底是为了什么呢？是为了达到经济目的吗？

郑和所生活的时代，正是明王朝最强大的时代。明成祖朱棣夺得江山，进行了卓有成效的治理，使得当时的经济和政治都达到了一个顶峰。事实上，以当时明朝的实力，想要获得丰富的经济回报，都会是无往而不胜的，明成祖并没有必要以此来获得什么实际的利益。可见，明成祖并不是要用中国宝物来交换外国奇珍，以此开始中西方的贸易交流；也不是要用庞大的使团炫耀军威，到海外的各个地方开疆拓土。尽管船队远航既可以满足明朝政府扩大对外贸易的要求，也可以建立起西方国家对明朝的"朝贡贸易"体系，借此增加财政收入。而且除了官方之外，普通的沿海缙绅百姓也能从中大大受益。但是，我们知道，明朝的历代皇帝都向来遵守祖训，坚持以农立国，从未把贸易收入视为政府财政收入的主要来源，更别提主动地去拓展海外贸易市场了。而且朝贡贸易中，中国本着大国的姿态，一向薄来厚往，认为明王朝以此增加财政收入，岂不是有点牵强附会？

那么，明成祖派郑和出使西洋的真正目的是什么呢？

关于郑和下西洋的目的，历代都有各种不同的说法，最常见的就是寻找流亡海外的建文帝。

在"靖难之役"中，燕王朱棣谋反攻占了南京城后，却并没有找到侄子建文帝的尸体，为了安抚人心，他只好发布诏书，说建文帝已在皇宫大火中丧生。但是，当时有传言说建文帝已经在战乱中逃生，流亡海外了。夺得皇位之后的朱棣，终日惴惴不安，整天都在担心不知所踪的建文帝朱允炆会从海外号召反对他的力量卷土重来，夺回皇位，如果真是这样，那对他可是致命的打击。所以，朱棣一直不断地派人四处寻找建文帝的下落，派往海外的就是郑和。朱棣以拜访各国为名，派郑和多次下西洋，暗地里寻找建文帝的下落，以防他东山再起，威胁自己的帝位。所以说，他派郑和去远洋航行的目的，官方的说法是要宣扬天朝的国威，与世界各地建立友好关系，让世界各国钦羡明朝的实力，而实际上是派郑和去寻找在"靖难之役"中神秘失踪的建文帝。近年来有的学者还考证说，郑和为了找寻建文帝，不但多次下西洋，还曾经三次东渡扶桑，到日本去找。

但有的人很不赞同这种说法，认为建文帝根本不可能在燕王的严密监视与追捕下逃出南京城，肯定已死在城中。就是建文帝未死，以他一个文弱书生，也并不值得成祖耗费这么巨大的心力去寻找他。反过来，这一派的观点认为郑和远航主要就是为了军事目的，根据就是《明史》中记载的成祖"欲耀兵异域，示中国富强"。如果他仅仅为了寻找建文帝，也不用带这么多的士兵。正是这支强大的海军力量充分显示了中国泱泱大国的军事威慑力，使得那些小国纷纷

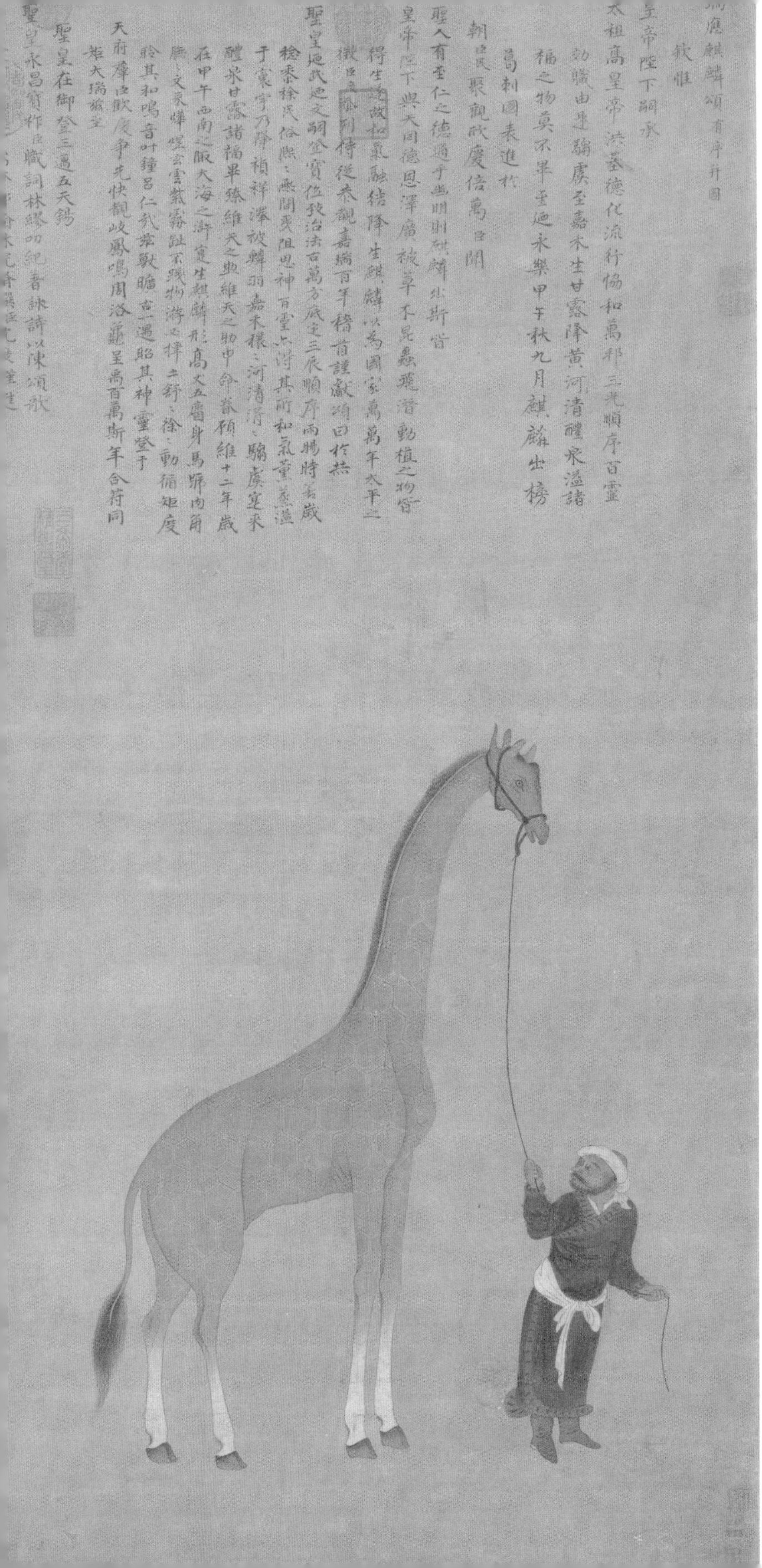

明　佚名　麒麟图

描绘1414年郑和下西洋时马六甲王朝进贡麒麟的《麒麟图》。

派使臣随船来中国朝见。如果真是以此为目的而进行远航，那么这个目的无疑已经达到了。

近年来有学者认为上述几种说法都有失偏颇，对郑和的七下西洋应有一个具体全面的分析。其中的前三次，可能是以安抚海外未降的臣民，加之寻找传说逃往海外的建文帝为主要目的，同时也有联系海外各国的目的。因为这三次远航实际上走得都并不太远，只是在东南亚各国中逡巡而已。后四次则是以猎奇为主要目的。通过前三次的航行，不但带回了很多外国的使节朝贡，而且带来了中国前所未见的异域珍奇之物，已经坐稳皇位、国泰民安的明成祖对这些奇珍异宝十分感兴趣，也想了解一下中国以外的世界，所以又派郑和进行更大规模的远航，证据就是第四次、第五次远行到了非洲的东海岸和红海沿岸国家。总的看来，这种说法似乎更接近事实真相，成祖不太可能仅以某一个单一目的而进行耗资如此巨大的远航。所以说，郑和下西洋之目的，可能是以政治需要为主，兼以其他各种需要而进行的。

不论是出于什么样的目的，郑和率领船队下西洋，是一次惊动世界的壮举。因为郑和的船队在海洋里出现，中国和世界的航海史上也因此有了一段辉煌的记录。

土木堡之变暴露明朝弊病

土木堡之变指明正统十四年，明军在土木堡被瓦剌军打败，明英宗被俘事件。这一历史事件，直接造成明朝国内动荡、新皇帝短时间内继位、瓦剌大军逼近北京城的结果，也是由于这一历史事件，使得大明王朝产生了由初期到中期的转折点。那么，这一历史事件究竟是怎么发生的？透过这一历史事件的表面，我们可以看到大明王朝的哪些弊病？

到了正统七年（1442年），太皇太后去世，几位辅政的旧臣，也是死的死，老的老，朝廷的大权，渐渐落到了王振的手中。

王振是陪伴在英宗身边的一个太监，那时候，他利用英宗年幼无知，经常哄着他玩，给英宗留下了良好的印象。在明英宗正式登基之后，就提拔王振执掌司礼监，成为太监中的领导。其实在这之前，因为看到王振这个人阴险奸诈，太皇太后曾想杀掉他，是英宗跪下求情，才饶他一命。

太皇太后死后，王振利用手中权力结党营私，残酷地镇压那些反对自己专权的人，而且遍受贿赂，大肆贪污，使得朝廷上下鸡犬不宁。当时，皇宫门前，原立有一块铁碑，上面刻着明太祖朱元璋关于永远禁止太监干预朝政的诏令，王振公然将它移走。后来，由于皇帝宠信，朝廷大事竟是由王振说了算。文武百官凡有得罪了王振的，常常被迫害至死。至于王振生活的奢侈，更令人瞠目了。他在皇城东边修建了一座宅第，宏伟程度可以同皇宫相比。

与此同时，中国北部一个叫瓦剌的蒙古部落渐渐强盛起来。到正统四年（1439年），首领也先掌握了部落大权，他不满足于安居在蒙古，常常向南方侵略，骚扰明王朝的边境。

为了粉饰太平，王振竟然把这事关国家安危的重要军情隐瞒下来，不向皇

神完氣充顏偉言
揚江湖宇量錢石
肝膽胃鹽鹽臂而
鬼神莫測手操飾
戰石星斗毛芒摧
鋒萬里轟雷迅電
彌今三軍烈日秋
霜功在
廷威振邊疆一騎
前驅萬夫莫當栓
雄所指犬羊通藏
知其內者以為橋
以為衛霍關張日
福日壽自天降祥
吳管樂識其外者
爾公彌侯子孫蓄
昌噫斯人也殆所
謂勳業蓋世而身
名流芳者歟
景泰二年冬十月
下澣

進士紫孫太夭少保
兼兵部尚書西平
于謙贊

明 佚名 王驥像

此圖为明朝大臣王驥画像，上有于謙題跋，
英宗時期曾參与三征麓川之战，
英宗被俘时，王振以及王驥遭到群臣彈劾。

帝汇报。而他却在暗地里同瓦剌也先做交易，送给他们大量金银财帛，求他们退兵。瓦剌也先尝到了甜头，也就更加频繁地来骚扰明王朝的边疆。

正统十四年（1449 年）的七月，也先又派了一批人到北京来，名义上是进贡马匹，实际上是想发一笔横财。为什么这么说呢？因为，当时明朝对进贡国家的使者，无论贡品如何，总要有非常丰厚的赏赐，而且是按人头派发。也先看中了这一点，经常派人以向朝廷进贡为名，骗取赏赐，派出的使臣不断增加。这一次，他们来了两千人，却要求按三千人给予赏赐。王振被也先的这种欺诈行为激怒了，下令按实际人数给赏，虚报的一律不给。也先对此大为不满，于是指挥瓦剌军队兵分四路，大举向明王朝发动进攻。

也先亲自率领的一路蒙古军队从山西大同攻入，军纪松散、战斗不力的明王朝军队哪里经得住蒙古军铁蹄，边境的守军纷纷瓦解，向内地逃生。

瓦剌入侵、边境失利的战报不断传入京城，朝廷上下慌了手脚，英宗赶紧召集众位大臣商议对策。王振想出一个孤注一掷的办法，就是由皇帝亲自率领全国的军队出征，将瓦剌大军吓回北方去。

时年二十三岁的明英宗朱祁镇，完全不懂得军国大事，一切听任王振指使。兵部尚书邝野、侍郎于谦竭力劝阻英宗出征，却遭到王振的反对。文武百官尽力劝说，英宗还是一如既往，不予理睬。于是，明英宗发布诏令，由郕王朱祁钰留守京城，他亲自率领五十万大军征讨瓦剌。

两天后，这支完全没有做准备工作的军队仓促出发了，士兵们连这次进军的任务都没搞清楚。一路上，王振一伙则乘机大肆搜刮民脂民膏，命令沿途官府进贡名贵特产。由于后勤粮草供应跟不上，士兵们缺少军粮，饥饿难忍，一路骚扰百姓，百姓们怨声载道，纷纷逃走。加上连日阴雨绵绵，士兵生病的越来越多，还没走多远，就死了不少人。等到大军经过居庸关的时候，文武百官请皇帝驻扎在居庸关上，以这里做大本营，王振仍不同意，大军又向前到达宣府，此时又遇狂风暴雨，而边境各处的告急文书又纷纷传来，大臣们都要求皇帝停留下来，不要再盲目冒进，但是王振却大发雷霆。

大军继续前进，直到进入大同。这时，王振又忽然同意回师，五十万大军就这样转了一大圈，却连一个瓦剌士兵也没见到就往回转了。

这时，大同总兵郭登提出退兵的路线，应由大同向东南走，经过蔚州，进紫荆关，就是北京的地界了，这条路既安全又便捷。王振恰好是蔚州人，他突发奇想，要把皇帝带到他家乡去做客，以显示他的威风，皇帝于是欣然同意。可是，大军走了四十里，王振忽然又想到，这五十万大军从蔚州走，一定会踏烂大片庄稼，家乡的人难免要怨恨他，于是他又改变了主意，不许再往蔚州进发，命令大军掉过头来，仍然从来时的路线由宣府回北京。

这时，瓦剌首领也先已经掌握了明朝大军的行动情报，打算乘机从后面袭击。明朝大军这么一兜圈子，刚好让瓦剌军队追了上来。眼看瓦剌大军逼近，王振命恭顺侯吴克忠和他弟弟都督吴克勤留下断后，吴家兄弟奋勇苦战，双双战死，明军纷纷溃散。成国公朱勇、永顺伯薛缓又领四万人去支援，经过鹞儿岭时，中了瓦剌的埋伏，也全军覆灭。第二天，明军退到了土木堡，这时太阳还没落山，大军离怀来县城只有二十里，众将领要求赶紧向怀来县城前进，只要进了城，就便于坚守了。可是王振却因为运粮草和他搜刮的财宝的后队还没跟上来，坚持要在土木堡宿营。

土木堡是一个易攻难守的地方，尤其是没有水源，士兵挖井挖到两丈深还不见水。它的南边十五里有一条河，但已被瓦剌军队抢先占领了。而明军因为缺水，人饥马渴，都无力再行动，更不要说作战了。这一夜，瓦剌军队完成了对明军的包围，天亮之后，瓦剌军队收紧了包围圈。但是，明军毕竟有数十万人之多，而瓦剌军队不过两万人，所以也先也不敢轻易发起进攻。结果他想出一条诡计：派使者来，要求同明军议和。王振当然求之不得，马上让皇帝发下诏书，同意议和。瓦剌军队假意后退，王振也不探听敌人虚实，马上命令明朝大军向怀来进发。数十万军队急急忙忙行动，顿时乱了阵势，而也先已命令骑兵冲杀过来，明军纷纷丢下刀枪乱窜，互相践踏而死的不计其数，血流成河，尸横遍野。明英宗在亲兵护卫下突围，连冲几次都冲不出去。结果，明英宗被瓦剌军队掠走，王振死在乱军之中，英国公张辅等五十几位大臣战死，明军死伤数十万。这就是历史上著名的"土木堡之变"。

李自成起义军失败内幕

自陈胜吴广揭竿而起，中国的历史便络绎不绝地上演着形形色色的农民起义。梁山好汉的口号很有代表性："冲进东京府，杀了那鸟皇帝。"可那只是喊喊而已，实际上做不到。真正实现了这一最高理想的，恐怕也只有李自成了——他居然还真把皇帝给拉下马了。经过多年的征战，李自成在1644年三月终于攻下了明王朝的首都北京，迫使明朝的最后一个皇帝崇祯在煤山自缢。可是谁又能料到，只是在短短的两个月后，李自成便在山海关之战中大败而回，匆忙称帝后就逃出了北京城。人们不禁要问，李自成怎么会如此轻易地就失败了呢？

李自成，作为一个面朝黄土背朝天的陕西农民，以气冲斗牛之势，震撼了大明帝国的根基，把手足无措的皇帝赶下龙椅，简直称得上是奇迹！崇祯十七年（1644年）四月十三日，已披上龙袍的李自成（称大顺皇帝）"御驾亲征"，围攻山海关，欲剿灭明朝的残兵败将。偏偏在一片石决战之时，吴三桂请来关外的清军帮忙，使李自成腹背受敌，兵败如山倒，只好于四月二十六日退回北京。四天后又忍痛割爱，弃京城而回陕西老家，成了北京城的匆匆过客。关于李自成领导的浩浩荡荡的农民起义最后为什么归于失败，成为千百年来一直让人探究的历史之谜：这支占领北京的，拥有一百余万士兵的军队，为何进京四十天后竟然突然间就失去了战斗力，一触即溃，而且从此一蹶不振？按说，这支军队纪律严明，物质力量雄厚，尤其是大军在北京时通过肃贪追赃而弄到相当于明王朝十年税收的七千万两银子，至少可以在几年里实施"闯王来了不纳粮"的政策而更深得民心。那么，究竟是什么原因导致了这支军队的快速颓败呢？

一说是李自成大军败于当时肆虐横行的鼠疫。

在李自成进京前后，北京周边地区正流行鼠疫。鼠疫是当时中国人不了解的新型烈性传染病，每传到一个地区时，当地的人和鼠以及跳蚤都没有任何的抵抗能力，其特点是死亡率高、传染性强。

据有关文献记载，在崇祯十六年（1643年）秋，鼠疫就已出现在北京一带，只是因为冬天气温低，才使得其传播变缓。崇祯十七年（1644年）三月，春暖大地，跳蚤、老鼠开始活跃，大规模的鼠疫灾害自然爆发。正是因为鼠疫的传染死亡率很高，所以崇祯皇帝的御林军在短时间内失去战斗力也是毫不奇怪的事了，而李自成也因此未遇大战就占领了北京。

大军进京后，士兵中开始传染鼠疫，"贼过处皆大疫"，自然战斗力也大大减弱。虽然此时财雄天下的李自成可以大规模地招兵买马，但新兵入伍即染鼠疫，兵力再多也没用。鼠疫蔓延军营，且长时间无法摆脱，百万大军在肆虐的鼠疫面前束手无策，只能坐以待毙，最终无法抵挡清朝的虎狼之师。

但是值得一提的是，既然李自成的军队毁于鼠疫，那为什么

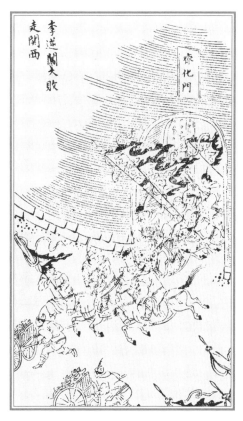

《剿闯小说》插图

243

明晚期　胡文明款铜鎏金缠枝花纹瓶

　　"炉瓶三事"多见于文人雅士几案，为焚香器具。此香瓶即三事之一，常作铜箸、铜铲放置之用。瓶以精铜制成，颈饰卷草纹，腹刻缠枝莲纹，工艺精湛，纹饰华美，不可多得。

清兵安然无恙呢？欧洲人在研究十四世纪欧洲鼠疫时，从留下的壁画及文字中发现，在鼠疫大流行中只有骑兵幸免于难。于是得出结论：鼠疫是经跳蚤而传播的，而跳蚤讨厌马味，所以骑兵不会传染鼠疫。众所周知，以铁骑而威震四方的清军，主要是由骑兵组成的，所以不会传染上鼠疫。尽管只有十几万军队，但其战斗力自然在深受鼠疫困扰的李自成大军之上。

可见，在这种自然条件下，明朝的灭亡和李自成的失败是不可避免的。可以说，在汉满的军事博弈中，鼠疫帮了清朝的大忙。李自成的百万大军就这样土崩瓦解于小小的鼠疫，不知这位雄才大略的起义军领袖在惨败致死时是否也留下了"天亡我也"的叹息。

另一说是李自成和他的将士们在占领北京后被胜利冲昏了头脑，军队的迅速腐败，是闯王在短短两月中从天堂跌入地狱的最重要原因。

在长年的征战中，李自成的军队因为纪律严明，一直受到所过之处百姓的欢迎和爱戴，人们都高喊着"吃他娘，穿他娘，闯王来了不纳粮"的口号，打开门户，摆出酒菜，欢呼着迎接闯王大军的到来。这本是李自成区别于其他义军队伍、壮大队伍、赢得百姓信任、最终成为皇帝的最重要保证。可是，在进了北京城之后，李自成和他的将士们被胜利冲昏了头脑，忘记了南方有明朝的残余政权，北方更有虎视眈眈的后金大军。历经坎坷、饱尝磨难的将士们都长长地松了一口气，觉得终于苦尽甘来，到了应该享福的时候了。他们觉得只要占领了明王朝的心脏北京，就等于自己已经名正言顺地得到了这个国家，其他的反对力量都只是跳梁小丑，只要大军一到，马上就会跪地投降，根本不用放在心上。即使有一些抵抗，凭大顺军这几年所向披靡的势头，肯定也能很快攻克。所以根本没有什么值得担心的事情，李自成的这个天下几乎已经坐稳了。等到边关传来吴三桂反叛的消息，李自成才慢慢悠悠地整顿军队想去讨伐他。队伍整顿了好几天才开出京城。走在路上还是不慌不忙的，本来三天就能赶到的路程却足足走了十天！等他带领着军队来到山海关，吴三桂早已经和清朝统治者达成协议，做好一切战斗准备等在那里了。在这样的情况下，李自成的军队又怎么可能取胜呢？他的皇帝美梦只做了短短的一个月零十几天就宣告结束了。

还有一种极具传奇色彩的说法是将李自成失败的原因归结到一个女子——陈圆圆的头上，说大顺政权是因李自成、陈圆圆和吴三桂之间的"三角恋爱"

而垮台的。李自成真的是因为陈圆圆而失败的吗？田弘遇是崇祯皇帝的老丈人，他的女儿是皇上最宠爱的田贵妃。而陈圆圆则是田弘遇家收养的歌伎。戍边的军阀吴三桂去田府玩，一眼就看上了美若天仙的陈圆圆，厚着脸皮向田弘遇讨要，田弘遇虽心疼，也只好故作大方地促成这两位年轻人的好事。

李自成打进北京城，将吴三桂的亲属全劫作人质，以勒令其投降。审讯的时候，觉得吴三桂的小妾确实光彩照人，于是充作自己的嫔妃。

屯兵山海关的吴三桂原本已臣服了，在回北京城"报到"的路上，听说爱妾被李闯王占有，忍无可忍，索性投靠关外的清兵——甘当急先锋，与李自成决一死战。此即"三军恸哭皆缟素，冲冠一怒为红颜"之典故。吴、李二人成了不共戴天的政敌兼情敌。

吴三桂围城时，李自成将其父母全绑上城头，企望以此举逼吴三桂退兵。吴不屈服，眼睁睁地看着父母被斩首。李自成突围，陈圆圆谎称："大王若放我，三桂必不追也。"李依从其计。聪明的陈圆圆就这样回到了情人的怀抱。

李自成兵败后出家了吗

　　李自成被清兵打败后下落何处？似乎早有定论，"永昌二年（1645年）在湖北通山县九宫山被地主武装杀害"一说早被载入了史书和课本。然而又似乎仍是一桩历史悬案，近年来"九宫山被杀"一说饱受质疑，同时围绕着李自成的下落，学者们又提出了各种说法。那么，叱咤风云的李自成最后究竟哪里去了？

　　李自成，是我国晚明时代叱咤风云的农民起义军领袖。崇祯十四年（1644年）三月，他率领百万大军一举攻破明王朝的首都北京，使得崇祯皇帝在煤山自缢。山海关之役大败后，李自成军队一路被入关清军铁骑追逼，带着残余的队伍退出北京，向西北方逃去。之后的一年多时间里，李自成率军转战南北，但最终还是被清军消灭了，从此下落不明。那么，这位历史上的一代名将，最后究竟到哪里了呢？

　　一种说法是遇难湖北通山县九宫山。这种说法在清朝的官方史料中有记载。当时，奉命追击李自成的是清朝的靖远大将军阿济格，他在送给皇帝的奏报中说，他一路追赶李自成直到进入九宫山地区失去踪迹，清军在山中四处搜索也没有发现，后来据李自成军中一些投降的士兵说，李自成带着随身的二十名护卫独自向前观察地形，却在山中被农民围困，脱身不成，自缢而死。阿济格听说后派人去辨认尸体，可是尸体已经腐烂，无法辨认了。

　　但是，这个"尸朽莫辨"的说法让清朝的最高统治者十分不满，李自成是清朝在中原站稳脚跟的心腹大患，他的生死绝对是当时的重大事件，尸体腐烂不能辨认又怎能使人信服？当时清朝的实际统治者摄政王多尔衮，就因为只是见到奏报而没有亲眼见到李自成的首级而恼怒不休，对李自成的死表示出了极

民间风俗画　闯王登殿

此为流传于坊间的民间风俗画，描绘了李自成攻破北京进入皇宫，坐到皇位上的情景。

大的怀疑。不过此后无论清朝派出多少人力寻找，就是无法发现李自成的踪迹。这件追剿的事情总要有个结论，多尔衮无奈之下在一年后终于承认了阿济格的报告，宣布李自成已经死于九宫山中。

这种说法连清朝政府都不敢深信，那又怎么能够让全国的百姓们相信呢？而且值得一提的是，李自成尽管当时兵败逃亡，但是他的手中还有四十万的大军。李自成经历了十几年的战斗磨炼，对敌经验非常丰富，说他只带了二十名护卫离开大部队去查看地形实在让人难以相信。

另一种说法是李自成在搏斗中被村民程九伯砍死。在《通山县志》中有这样的记载："九伯聚众杀贼首于小源口。"但是，在《程氏宗谱》中的记载却是这样的："剿闯贼李延于牛迹岭下。"这并没有明确指出程九伯的确杀死了李自成，而只是说杀死了李延。那么李延又究竟是谁？会不会就是李自成？在查阅了《米脂县志》《延安府志》等李自成家乡的史料后发现，记载李自成乳名和名字说法很多，却唯独没有延字。可见这种记载也是十分模糊的。

而且，如果李自成真的在山中被农民所杀，那他带领的几十万大军又怎能轻易地善罢甘休？还不把整个九宫山给翻过来？可是实际上，据清朝官方记载，九宫山一带此后一直十分平静，根本没有任何动静。这也可以从另一个方面说明李自成根本就没有死在九宫山中。那么，为什么又会传出这种说法呢？据说这正是李自成安排的金蝉脱壳之计，用这个办法，他才得以从清王朝的围追堵截中脱出身来。在这之后，他又去了哪里呢？

大多数人都认为李自成从此削发为僧，隐居在湖南石门夹山寺中。学者们为证明这种说法找到了许多令人信服的证据。据说，李自成出家后，取法号为"奉天玉"，人称"奉天玉大和尚"，正是取他以前曾经自称"奉天王"之意。而且据说清初有人去夹山寺访查时，遇到了一位服侍过奉天玉大和尚、带着一点陕西口音的人，他曾经出示过奉天玉和尚的遗像，和人们描述中的李自成的相貌极为相似。还有人说，当时清朝的一个官员到京上任曾经路过夹山寺，和寺中的方丈相谈甚欢，奉为知己。几年以后，他再去探访这位方丈时，方丈却已经去世了。方丈的徒弟还告诉他，方丈正是当年名扬天下的闯王李自成。

近代以来，不断出土的一些文物证明了李自成出家的传说。1981年，人们在夹山一带发现了奉天玉大和尚的坟墓，其中一墓三穴的墓制格局不同于当地风俗，反而与陕西米脂一带的风俗相近，而李自成的家乡正是陕西米脂县。在更大一点的范围里，人们还发现了一些刻有李自成年号的铜币、香炉等东西，也是李自成曾经在此生活过的物证。还有一些寻访李自成遗迹的人，在当地发现了一些据说是奉天玉大和尚所作的诗词，其中有这样的诗句：金鞍玉镫马如龙、徐听三公话政猷、子门徒以数千指中兴、况值戎马星落雨旧天。

这样纵横捭阖的诗句实在不像是一个佛门中人的口吻，反而应出自一个身经百战、功名显赫的风云人物之口，甚至还隐含着浓厚的帝王之气。这些侧面的证据似乎也能证明李自成曾经在此生活。

不过也有人并不相信这种说法，单凭一些不能确定作者的诗词并不能证明就是李自成所作。发现了奉天玉和尚的坟墓，只能说明这个和尚确实存在，也同样不能证明奉天玉和尚就是李自成，所以也不可信。李自成兵败时已经称帝，他又为什么不引用帝号而用王号呢？这都是存有悬疑的地方。

又有人认为李自成既未战死，也没有出家，而是因为一路奔波劳累，身染重病，最后病死在湖南黔阳。这种根据当时情况做出的推断也有一定道理，但同样不能使人完全信服。

总之，以上几种说法虽然都有一些依据，但实际上都是建立在推断的基础上。而对于严肃的科学考证来说，这些证据还是远远不够的。所以，李自成的归宿问题到现在仍不能说已经完全揭开了，还需要我们进行更深一步的发掘和考证。

明　景德镇瓷香炉

此香炉为景德镇瓷所制，外形为貔貅状，端庄威严，造型大气古拙。

张献忠藏宝在何处

1646年，清朝肃亲王豪格同吴三桂率清军由陕南入川，攻打张献忠。同年十一月，张献忠主动弃守成都，率军迎战清军，被清将射死在凤凰山，一代农民起义军头领就这样消逝于人间。而他的巨额财宝竟也自此和他一同消失。这笔宝藏藏于何处？几百年来，一直为后人猜测。

张献忠，字秉吾，号敬轩，是明末农民战争中与闯王李自成并称双雄的著名农民领袖，在明末农民起义的风浪中迅速崛起，很快发展成义军的主力之一。

崇祯八年（1635年），他和老"闯王"高迎祥联手夹攻明朝王室的龙兴之地——明太祖朱元璋的老家凤阳，一举得手掘了朱家的祖坟，使朝野大为震惊。崇祯十六年（1643年），他攻占武昌，开始自称大西王。崇祯十七年（1644年），他在成都登基称帝，建立大西政权，年号大顺。自此，张献忠的战斗力达到了顶峰。之后，张献忠的军队迅速走上衰亡之路，将士们纵情享乐，纪律散漫，而且当了皇帝以后的张献忠，性情变得更加暴躁多疑，甚至制造了极为残忍的"屠蜀"事件，这引起他统治区域内的动荡不安，大西政权实际上已经处于风雨飘摇之中了。

1646年，吴三桂率清军由陕南入川，攻打张献忠。同年十一月，张献忠主动弃守成都，率军迎战清军，被清将射死在凤凰山。

据《明史》记载，张献忠在被迫撤离成都前，干了一件匪夷所思的事：他让部下在锦江筑堤，抽干江水，在堤坝下游的泥沙中挖出数丈深的大坑，将大量劫掠来的金银财宝统统倾倒其中，再重新决堤放水，将大坑冲平、淹没。后来的史书《明纪》，也一字不易地抄录了这条史料。数百年来，不断有人到锦江河道掘宝，却从未有人成功，张献忠的宝藏真的存在吗？这些宝藏到底是不是藏在锦江江底？

明　银锭

此银锭为张献忠沉银遗址所发掘，上明确写有万历二十七年的字样。

锦江，又称流江或汶江，是岷江的支流之一。锦江的水势比较平缓，如果不是在洪峰季节，确实有可能实行截江断流，在河床挖洞藏宝之举。在清初的许多史料中，都对张献忠断江藏宝这件事情做了记载，就连清朝的正史《明史·张献忠传》中也同样记载了张献忠断江藏宝的事，可见藏宝一事并非空穴来风。

有的书中提到，张献忠藏宝之后，在离开成都前把一些无关紧要的宫妃、侍女、太监和杂役全部杀死，这样一些奇怪的举动，名义上说是为了避免他们被清军抓住后受辱，却让人不得不怀疑是杀人灭口的理由，以防宝藏之事泄露。

对于张献忠留下的这批巨大宝藏，数百年来一直吸引着无数贪婪的目光，从清朝到民国，从朝廷官员、将领到地方军阀、普通百姓，无不对此津津乐道。几百年来，不知有多少人花费了大量金钱和精力去寻找它，就连当时统治着中国的清政府也曾经两次派人去挖掘这笔宝藏，但都是无果而终。

第一次是道光年间，清政府派出官员沿江考察，希望找到藏宝的准确地点，可是最后无功而返。

到了清末，太平天国运动爆发，清政府为了弥补急剧增长的军费开支，又再次旧事重提，希望找到宝藏以解燃眉之急。不知道是什么原因，受命办理这件事情的官员却好像没有一点动静，事情后来也就不了了之了。

后来在民国年间这笔宝藏又引起了一场新的闹剧。当时民国四川政府的几个官员成立了一个"锦江淘金公司"，凭着一张突然出现的"藏宝图"在锦江江底热火朝天地挖了起来，可是最后依然是一无所获。

数百年来的不断搜寻却毫无结果，这不禁又让人对张献忠藏宝的真实性产生了疑问，回过头来看看历史，又觉得这件事确实也充满了疑点。

当时，张自忠撤离成都并不是有计划、有准备的行动，而是被情势所逼，而断江埋宝需要长时间的周密准备，工程庞大，耗时也很长，不是突然之间下了决定，一朝一夕之间就可以完成的。而且，以其"千船"的藏宝规模，是不可能神不知鬼不觉地完成的。如果确有其事，知情者一定不在少数，张献忠尽管已经先杀了一批人，但也不可能如愿地堵住所有人的口。清军攻占成都后，也俘虏了大批的大西政权遗民，他们却对这件事毫无所闻，这难道不是很奇怪的事吗？

但是，近年来，又有人对张献忠藏宝之谜提出了新的看法。一些学者通过实地考证研究认为，数百年来人们不断挖掘却毫无所获的原因，在于挖错了地方。如果宝藏确实是埋在锦江底，可是锦江那么长，宝藏究竟被埋在哪一段了呢？专家们通过分析认为，张献忠藏宝的准确地点是在彭山县的江口镇，这离原来人们挖掘探索的地点还有七十多公里的路程，这也难怪那些人费尽力气也找不到宝藏了。

据说，近几年四川省的地质部门已经派专家勘测过锦江河道，水底存在着异常反应，如此看来，张献忠的宝藏恐怕是确实存在的。既然专家们已经发现了藏宝的准确地址，那这批宝藏的真相或许真的不久就能大白于天下了。

明　虎钮永昌大元帅金印

这方「虎钮永昌大元帅金印」被认定为国家一级文物，对研究明清历史有着极其重大的意义。

一代名妓陈圆圆最终结局

夏有妹喜，商有妲己，周有褒姒，女人似乎成了红颜祸水的代名词。明末农民起义领袖闯王进京，陈圆圆算是一件特殊的战利品。然而，正是这件战利品，导致他最终兵败，使唾手可得的江山、美人全化为泡影。小小的一个女子，为何居然有这天大的本领，甚至还改变了一座城市的命运——北京被八旗子弟所占据，成了大清帝国的都城。假如闯王与陈圆圆擦肩而过，那么吴三桂是否就不会因此恼羞成怒？那么，历史是否就要改写了？

在男权极度膨胀的古代中国，女子大多处于卑微的依附地位，沦为男性征服世界的牺牲品。但是，在明清易代鼎革之际，一位出身微贱的女子，却关系着国家民族的兴亡。她是谁呢？她就是一代名妓陈圆圆。陈圆圆的被劫和吴三桂的降清，彻底地葬送了明王朝复兴的希望，也导致了此后吴三桂家族的覆亡。正因如此，一代"诗史"吴梅村在《圆圆曲》中感慨"冲冠一怒为红颜"。

陈圆圆，本名沅，小字圆圆，又字畹芬。常州府武进奔牛人（今属江苏省常州市）。陈圆圆出身低微，其父是个货郎。陈圆圆归吴三桂后，被召入吴三桂王府。

陈圆圆最初为苏州地区梨园戏班歌妓，她容貌昳丽、秉性温纯、气质超俗，堪称绝代佳人。然而，自古红颜薄命，作为梨园女妓，陈圆圆难以摆脱以色事人的命运。江阴贡修龄之子贡若甫曾以重金赎陈圆圆为妾，但是圆圆不为正妻所容，贡修龄遂将圆圆放归。

陈圆圆入京后，成为田弘遇家乐演员。田弘遇因贵妃去世，日渐失势，为了巩固自己的地位以及在乱世中找到倚靠，有意结交当时声望甚隆且握有重兵的吴三桂。吴三桂在一次赴田弘遇家宴时见到了淡妆丽质的歌姬陈圆圆，惊诧于她的美艳，"不觉其神移心荡也"。田弘遇于是投其所好，将圆圆赠送吴三桂。

李自成农民军攻占北京后，圆圆为刘宗敏所夺。吴三桂本欲投降农民军，但得知圆圆遭劫后，冲冠一怒，愤而降清。

在吴三桂所部和清军的联合夹击下，李自成农民军遭受重创，仓皇逃离北京，尽弃所掠辎重、妇女于道。吴三桂在兵火中找到了陈圆圆，在军营中团圆。此后陈圆圆一直跟随吴三桂辗转征战。吴三桂平定云南后，圆圆进入了吴三桂的平西王府，一度宠冠全府。

正因为这样，历史上，人们大多将明末农民起义的失败归于陈圆圆的头上，认为这个小小的女子改变了一座城市的命运——北京被八旗子弟所占据，成了大清帝国的都城。假如闯王与陈圆圆擦肩而过，那么吴三桂是否就不会因此恼羞成怒？那么，历史是否就要改写了？

其实不然。清军垂涎大明江山已久，取而代之是迟早的事。吴三桂求援，不过给其提供了一个借口而已。因为多尔衮最初听见李闯王逼死明帝的消息，即起趁火打劫之心。八旗兵马早就整装待发，入侵中原，根本不需要什么通行证。

只不过是吴三桂与陈圆圆的艳情，混淆了历史的视野。喧宾夺主的儿女情仇，遮掩了国家兴亡的真实内幕，过多

《清史图典·顺治朝》 陈圆圆画像

陈圆圆年幼时父母双亡，由姨妈收养，姨夫姓陈，故改姓陈，居苏州桃花坞。隶籍梨园，为吴中名伶，明代歌妓，是"秦淮八艳"之一。

清 佚名 吴三桂像

吴三桂是明末清初政治、军事人物，锦州总兵吴襄之子，祖大寿外甥。出身将门，善于骑射。崇祯年间考中武举，凭借门荫，授都督指挥。屡立战功，累迁宁远团练总兵。

明　汪中　得趣在人册

明清易代之际，结社风行，以气节自持，汪中即为其中一员，汪中应同社一位名叫费良的人之邀，为其作《得趣在人册》。

地关注那被夸大了的吴三桂与陈圆圆对改朝换代的影响。

　　后来，吴三桂独霸云南后，阴怀异志，穷奢极欲，歌舞征逐。陈圆圆因年老色衰，加之与吴三桂正妻不谐，且吴三桂另有宠姬数人，于是日渐失宠，遂辞宫入道，一代红妆从此荣华落尽，归于寂寞。

藏在古画里的大明史

大明王朝在历史上留下了很多在史书上永远找不到答案的悬疑案件，被卷入历史洪流中的人物，不可避免地演绎着各不相同的角色。真实的历史故事背后，往往具有后人难以想象的复杂背景和环境，如果细心去探究，会发现真正的历史往往比后世的刻意演绎更具有戏剧性的精彩一面。本章以明朝真实历史为背景、明朝朝廷疑案为主线，细致描述和分析了一系列广受关注，然而内情鲜为人知的明朝疑案，极大地披露了史书记载中诡异离奇又语焉不详的历史真相。

第七章

奇案冤狱：是非曲直终有报

蓝玉案引发一万五千人被杀

蓝玉案或称"蓝党之狱"，爆发于洪武二十六年（1393年）。蓝玉不过是一个脾气粗暴的将领，骄傲跋扈，不善于讨好人，引起了朱元璋的怀疑，终于招致杀身之祸。牵扯进去的一万五千人均遭杀戮。透过这桩奇案，我们可以看到这个社会最底层的赤贫农民，一旦登上皇帝的宝座，是如何残忍地将诸功臣一网打尽的。

蓝玉，定远人，他本是开国公常遇春的妻弟，曾在常遇春手下当过兵。他曾先后跟随中山王徐达征讨北元残部，跟随西平侯沐英征讨西番，跟随颍川侯傅友德征云南。由于他作战勇敢，屡立战功，所以被封为永昌侯，而且其女也被册封为蜀王妃。

洪武二十年（1387年），蓝玉作为左副将军，随大将军冯胜出塞，降服了北元悍将纳哈出；洪武二十一年（1388年），蓝玉作为大将军出塞，征讨北元嗣君脱古思帖木儿，一直打到捕鱼儿海（今贝加尔湖），大胜而还。这是蓝玉立下的诸多著名的军功，而他本人也因此功而晋升为凉国公，成为继中山王徐达、开平王常遇春之后的明军重要将领。

因为屡立奇功，蓝玉十分受朱元璋的宠信。但是，蓝玉恃宠而骄，渐渐骄傲恣肆，甚至还纵容家奴侵占民田。御史对其家奴的不法行为进行质问，他竟驱逐御史。

一次，蓝玉带兵北征，夜半归还到喜峰关城下，要求关吏即时开门。由于有制度约束，关吏没有及时开门，蓝玉就毁关而入。在军中，他更是为所欲为，不加请示而擅自升降将校。尤其是在参加西征后，他被升为太傅，而与他同时出征的宋国公冯胜、颍国公傅友德却被封为太子太师，对此，他大为不满，整日牢骚不断。后来还有人告发他，说他私自占有元朝皇帝的妃子，致使元妃因羞愧而上吊自杀。

洪武二十六年（1393年）二月，有人揭发蓝玉谋反。于是蓝玉被族诛，凡连坐的都称为"蓝党"，一律处死。朱元璋亲手写诏布告天下，并将蓝玉谋反的事实编为《逆臣录》。朱元璋在诏书中说："蓝贼为乱，谋泄，族诛者万五千人。自今胡党、蓝党概赦不问。"在这次"蓝玉案"中，朱元璋一连杀了一万五千多人，仅列入《逆臣录》的高官就有一公、十三侯、二伯。经这一次杀戮之后，明初的功勋宿将差不多都被杀完了，各军府卫所被株连诛杀的军官达几万人。

如此众多手握重兵的高级将领，为什么会毫无反抗地束手就擒呢？显然，他们没有任何要同朝廷作对的准备，也就是说，他们并没有谋反。与之相反，朱元璋却早为这次杀戮做了精心准备。

虽然朱元璋对权臣的防范由来已久，但蓝玉案爆发还有一个重要的导火线。

蓝玉案爆发前一年，也就是洪武二十五年（1392年），朝中发生了一件大事：四月二十五日，年仅三十九岁的太子朱标死了。皇位继承人的死，对朱元璋的打击太大。这位已经六十五岁的皇帝在皇宫东角门召见群臣时大哭："朕老矣，太子不幸，遂至于死，命也！"

按嫡长子继承制，皇位只能由皇太子的长子接任，而朱标的长子早已夭折，这时排行老大的朱允炆才十五岁。朱元璋诛杀权臣，无非

明　历代帝皇名贤像　常遇春

元末红巾军杰出将领，明朝开国名将。

明　历代帝皇名贤像　徐达

徐达为人谨慎，善于治军，戎马一生，为明朝的建立与巩固立下不朽的功勋，朱元璋倚之为"万里长城"。

是想要为子孙铲除后患。因为在早年，朱元璋就曾对朱标明确表示过，铲除权臣如同除掉荆杖上的棘刺，是为了便于掌握。

据一则记载说，当初马皇后去世以后，朱元璋一直处于郁郁不乐的状态，戮杀大臣的行为也更加恣意。有一次，太子朱标进谏说："陛下，您杀大臣杀得太多，恐怕会伤了君臣间的和气。"朱元璋听了以后沉默了很久。第二天，朱元璋把太子叫来，将一根荆棘扔在地上，命令太子去捡起来，面对长满刺的棘杖，太子觉得很为难。朱元璋说："这根荆棘你拿不起来，我替你将刺磨干净了，难道不好吗？现在我所杀的人，都是将来可能威胁到你做皇帝的人，我把他们除了，是在为你造莫大的福啊！"太子跪下来给朱元璋磕头，但心里不同意朱元璋的观点，低头说："上有尧舜之君，下有尧舜之民。"意思是说，父亲您似乎不是尧舜那样的明君，否则哪来那么多乱臣贼子？朱元璋一听，气得搬起坐的椅子就向太子砸去，吓得太子赶忙逃走了。

朱元璋把一切都设计得很美妙，但是唯一没设计到的就是朱标早逝。朱元璋把荆棘上的刺磨得再干净，一旦操杖之人不在了，那该怎么办？朱标生性敦厚仁柔，他死后，他的儿子，也就是朱元璋的皇孙朱允炆则更为孱弱，更令人不放心。朱元璋在位，尚且感到如狼似虎的悍将难于驾驭，一个十五岁的孩子，没有任何政治经验，将来怎么能保证坐稳皇位？

虽然老将都已经被杀光了，但新起的蓝玉等人能征善战，强悍桀骜，不能不令人担心。因此，为了孙子朱允炆，为了防备不测，对蓝玉这样的强臣，反也得杀，不反也得杀。蓝玉等人的引颈就戮，恰恰说明是朱元璋采取了先发制人的行动。

朱元璋不仅先发制人，而且说话还不算数。洪武二十五年（1392年）八月二十二日，他推翻了不再追究胡党的承诺，再次借胡惟庸案诛杀了靖宁侯叶升。叶升是蓝玉的姻亲，杀叶升就是揭开蓝玉案的序幕。这时，蓝玉尚远在征讨西番的前线，死心塌地为朱元璋征战的他对即将临头的大祸毫无觉察。

胡蓝之狱让我们看到，这个社会最底层的赤贫农民，一旦登上皇帝的宝座，就要实现绝对集权，并欲使之传之久远，因此他残忍地让很多人付出鲜血、断送性命！他起事虽早，但是到天下大定时则年已六十有余了。懿文太子朱标仁柔，等他死后，其子朱允炆更加孱弱，朱元璋于是不得不为身后之事做准备了。

因此，他两兴大狱，将诸功臣一网打尽。

朱元璋加强中央集权是为了强化专制皇权，维持朱家皇朝的长治久安。当时，明朝刚刚建立，中央集权的加强可以说保证了统一战争的完成，有利于抵御外敌，有利于保证经济的恢复和发展。但是，朱元璋的极端专制和野蛮杀戮，将民主精神扼杀净尽，给后世留下了恶劣的先例，导致中国再次陷入长期专制统治的深渊，影响了中国历史的发展。

明早期　陈彦清造鎏金铜老子像

此像为明代著名造像大师陈彦清所作，其永乐时被封进京，为皇家制佛像供器，是永宣时期制佛像名家。

所谓妖书，指的是一篇名为《续忧危竑议》的文章，文章很短，仅仅几百字而已，充其量只能算得上是反动传单，但是，让人难以想象的是，就是这样简简单单的一篇文章，被一群别有用心的大臣利用为荼毒朝臣的工具，奇案就此发生。透过案件的真相，我们似乎还能听到大明王朝的衰落之声。

万历十六年（1588年），山西按察御史吕坤把历史上贤德女人的故事以图解的方式编成了一本书，命名为《闺范》。此书一出，随即传遍大江南北，"成闺门至宝矣"。

书传到了万历皇帝之手，万历皇帝看后大为赞赏，当即命人拿给后宫嫔妃们看。妃嫔看后个个感触颇多，然而感觉深受教育的，当属郑贵妃。万历皇帝最宠爱的妃子郑贵妃，是一个诡计多端的女人，她恃宠而骄，尤其是在生下皇三子朱常洵后，更是不可一世。

早年，万历皇帝曾经偶然临幸过一位姓王的宫女，意外地生下太子朱常洛。由于郑贵妃得宠，于是就在暗中觊觎太子之位。

万历二十三年（1595年），郑贵妃读了《闺范》后，自作主张地在书里面增补了十二人，公然把宫人出身的明德皇后作为开篇，把自己作为末篇，还作了序，书名为《闺范图说》。

万历二十六年（1598年），事情发生变化，市面上流传着一篇文章——《忧危竑议》。这篇作者署名为"燕山朱东吉"的《忧危竑议》，是专门为郑贵妃的《闺范图说》作的跋。主要内容是说，《闺范图说》之所以把明德皇后作为开篇，是为了帮郑贵妃荣登皇后宝座造势。

一时，风声四起。郑贵妃见事情牵连到自己，第一反应是跑到万历皇帝那里去哭。对郑贵妃宠爱至深的万历皇帝连忙把所有事情揽在自己身上，此事到此为止。

然而一波未平，一波又起。万历三十一年（1603年）十一月十一日的早晨，京城某些人家门口放着一本书，封面上写着"国本攸关"的字样。里面的文章是署名为"郑福成"的《续忧危竑议》。"反书"的力量是惊人的，这本书很快就在京师流传开来，一夜之间就传遍了宫门街巷。此书以问答体写成，说皇上册立朱常洛为太子是出于不得已，还说郑贵妃与一些大臣勾结，欲废朱常洛另立自己的儿子为太子。整篇文章用词闪烁诡妄，"郑福成"的托名，也蕴含了"郑氏"的儿子"福王"朱常洵"当成"的意思，人称"妖书"。被郑福成点名批评的还有内阁辅臣沈一贯，其余被点名的官员也有十多个。

万历皇帝一见此书，当即怒斥"胡闹"，命锦衣卫速查办，一下子掀起了一股滥捕之风。许多人借此发泄党争仇隙、个人恩怨。这个与同僚不和，便说妖书是同僚搞的；那个人看别人不顺眼，就报告说他是"妖人"；连和尚、医生都被抓了起来，一时廷狱人满为患，京城人人自危。

当时内阁只有三位辅臣，首辅沈一贯，另外两个是朱庚和沈鲤。沈一贯是郑贵妃的人，他一向善于排斥异己。他与次辅沈鲤一向不和，沈鲤以前曾经做过万历皇帝的侍讲官，入阁以后也很受器重。他的门人弟子郭正城这时正在做东宫侍讲，也很受太子朱常洛的信任和尊敬。于是，"妖书案"一出，沈一贯以首辅的身份亲自办理此案，首先将矛头指向威胁到自己地位的沈鲤，上奏说沈鲤勾结党人，反对朝廷，希望皇帝严惩沈鲤等人。万历皇帝这时已经被闹得晕了头，一见到奏疏，就马上下令逮捕沈鲤进行审问。接下来沈一贯便找郭正城清算。郭正城曾是

明　沈一贯像

沈一贯是明朝大臣、诗人，万历二十二年成为内阁首辅大臣。

太子的老师，所以正当沈一贯要整郭正城之时，太子出面了，几经努力，才使得郭正城免遭毒手。沈一贯又派人去沈鲤家中搜查，也没查出什么东西。

十一月二十一日，锦衣卫捕获了一名可疑的男子，据他供认，其兄皦生光有重大嫌疑。皦生光，应天府秀才，他与郑贵妃的伯父有某种关联，于是沈一贯找来亲信刑部尚书萧大亨，意思是让其在审案的时候，引导皦生光把事情往郭正城身上引，但还是没有得逞。沈一贯又命令人对皦生光严刑逼供，要他指证郭正城，皦生光倒还大义凛然地说道："死则死耳！奈何教我迎相公指，妄引郭侍郎乎！"但是，一连多日酷刑，使得皦生光终于受不了了，无奈之下，他屈打成招，求得一死，算是解脱了。万历三十二年（1604年）四月，皦生光被凌迟处死。可怜皦生光，一个柔弱秀才，莫名地被人拉来做了个替死鬼。

这次案件的牵涉范围之广，使一开始持明确态度要求严查的万历皇帝也感到惊心不已。他到这时才发现，由于国本之争，由于他多年的拒不理政，朝廷上的党派之争已经达到了令人吃惊的程度。这时他已经无力改变这种状况，而且万历皇帝还梦想着让各党互相牵制，以利于稳固自己的统治。他这种姑息放任的态度更加促进了党争的激化，最终明王朝就在党派之间的吵吵闹闹中灭亡了。

那么"妖书"令朝野震动，搅翻了后宫，究竟是何人所为呢？有的说此书出自清流之手，想倾覆沈一贯；有的说此书是想诬陷清流领袖郭正城，因为郭正城见忌于沈一贯，这是一个阴谋；还有说沈一贯听命于郑贵妃，这"妖书"是郑贵妃指人所为。各种说法不一而同，到底是出自哪里，有何目的，或许真的只能是一个谜了。不过，因为这场"妖书案"而拷掠牵连，众多朝官遭受荼毒、惨不忍睹倒是事实。

明　描金云龙纹漆笔

此件大明万历年制款御笔，通体以黑漆为地，盖顶金彩花卉，盖身处描"大明万历年制"，笔身与笔盖处皆有金漆描绘云龙纹饰，此笔为万历皇帝十分喜爱之物。

方孝孺被灭十族

　　方孝孺，一个曾经辅佐帝王，被世人称为"杀此人则天下读书种子绝"的一代才士，却惨遭灭十族。时至今日，成祖朱棣灭方孝孺十族仍是人们感叹的话题，那么，究竟是什么原因，让朱棣如此震怒以至于非要灭他十族呢？

　　方孝孺是中国历史上唯一被诛十族的人，他的高风亮节与坚毅不屈至今让人肃然起敬。关于对方孝孺为什么会被诛十族，在明朝祝允明（祝枝山）的《野记》里有这样一则故事：说方孝孺家的祖坟有妖象。

　　传说有一年，方父带领家人修整坟墓时，发现墓中有一个大蛇窟。蛇窟里面数千条蟒蛇错综盘绕，腥秽之气让人不堪目睹。于是大家商议，不如先堵住洞口，回去准备薪柴用火烧之，好一举歼灭蛇族。

　　当天晚上，方父梦见一个黑衣老妇前来对他揖拜，并恳求说："我辈对您并无损害，而您现在却要歼灭我等，希望您能高抬贵手，放我们一条生路，日后一定会报答您的恩德。否则，我们必将报仇雪恨。"方父问："你要怎么报仇雪恨？"老妇人说："您要灭我全族，我就也能灭您全族。现在我带领全族人来恳求您，希望您三思。"方父看看老妇人的身后，果然跟着无数男女，但他并未答应老妇人的要求。

　　第二天，他将梦境告诉家人，而且说："这些妖蟒竟然如此嚣张，我一定要除掉它们！"于是率领家人到蛇窟处，燃薪放火焚烧。见有从洞中逃窜者，亦四处搜捕，赶尽杀绝。当天晚上，大家听到山中传来凄厉的哭声。

　　不久，方孝孺出生。长大后，果然因靖难之役而遭诛十族的惨祸，大家都说这是他父亲歼灭蛇族的报应。

　　这种说法在民间广泛流传，但不过只是一个民间故事罢了，那么，历史上

方孝孺像

的一代才士方孝孺到底是因为什么事而被明成祖灭十族的呢？这要从朱棣夺大明江山说起。

明太祖朱元璋死后，皇太孙朱允炆继位为明惠帝，惠帝听从兵部尚书的削藩建议。驻守北平的燕王朱棣（后来的明成祖）以"清君侧"为名，发动"靖难之役"，挥军南下。惠帝也派兵北伐，当时讨伐燕王的诏书檄文都出自翰林学士方孝孺之手。方孝孺是何许人？他是当时名闻天下的第一大儒，其学识品德为四海称颂。他行文纵横豪放，堪与苏轼、陈亮相比。据说他每撰一文，海内便争相传诵。

燕王朱棣起兵时，他的谋士姚广孝曾对朱棣说："臣有所托。"朱棣问："何为？"姚广孝答道："南有方孝孺者，素有学行，武成之日，必不降附，请勿杀之，杀之则天下读书种子绝矣。"朱棣颔首答应。

结果真如姚广孝所言，在明成祖朱棣占领南京后，文武百官大多见风转舵，唯有方孝孺不肯归附。因为有姚广孝的事先嘱托，所以朱棣只是将他投入狱中而没有杀他。

事实上，对于方孝孺其人，朱棣的确也很敬重。因此，在朱棣准备几天后即位时，便想请方孝孺为他拟登基诏书，希望利用方孝孺的名气为天下士人树立一个归顺的榜样。于是，朱棣屡次派人到狱中向方孝孺招降，但方孝孺就是不肯服从。朱棣又派方孝孺的学生廖镛、廖铭二人前去劝说，没想到不但劝说未果，反遭到方孝孺一顿痛斥。无奈之下，朱棣只好派人强行押解方孝孺上殿，但是方孝孺穿着一身斩衰。什么是斩衰呢？在古代，丧服按生者和死者的关系，分为五等，其中斩衰最重。见方孝孺一身斩衰，而且一进来就大哭不已，朱棣立即命锦衣卫强行撕去他的丧服，换上朝服。

为了劝解方孝孺，朱棣强压怒火亲自为他设座，并起身劝慰道："先生不要难过了！朕本来是要效法周公辅佐成王的。"方孝孺立即反问道："成王在哪里？"朱棣说："他自焚死了。"方孝孺再问道："为什么不立成王的儿子当皇帝？"朱棣说："国家要依赖年长的君主来治理。"方孝孺进一步逼问道："那为什么不立成王的弟弟？"朱棣无法回答，只好搪塞道："这是朕的家事，先生不必过多操劳。"遂暗示左右，强行将笔塞给方孝孺，命道："诏天下草，非先生不可。"方孝孺接过笔，奋笔疾书，写出"燕贼篡位"四个大字，投笔于地，放声说："死即死，诏不可草。"

朱棣发怒道："你难道不顾你的九族吗？"方孝孺愤然回答道："便十族奈何！"骂斥声越来越大。朱棣大怒，命人将方孝孺的嘴割开，从嘴角一直割到耳朵。但满脸是血的方孝孺，仍然痛骂不绝。朱棣厉声道："岂能让你如此痛快地死，当灭你十族！"

于是，朱棣一面命人继续将方孝孺关押狱中，一面搜捕其亲戚家属等人，以及他的学生，算作十族，押解至京，

当着方孝孺的面，一个一个杀戮。每杀一个追问一声，是否回心转意。方孝孺强忍悲痛，始终不屈服于朱棣的淫威。当弟弟方孝友被押到时，方孝孺看着因受自己牵累而将就戮的弟弟，不觉泪如雨下。

方孝友从容吟诗一首，宽慰方孝孺："阿哥何必泪潸潸，取义成仁在此间。华表柱头千载后，旅魂依旧到家山。"方孝孺也作绝命词一首："天降乱离兮孰知其由？奸臣得计兮谋国用猷。忠臣发愤兮血泪交流，以此殉君兮抑又何求？呜呼哀哉兮庶不我尤！"

方孝孺被腰斩于南京聚宝门外，遇难时年仅四十八岁。明代人文地理学家王士性曾评价道："自古节义之盛无过此一时者。"清代学者齐周华也认为："靖难受祸惨烈者，亦莫若孝孺。无论知与不知，无不义而悲之。"老南京相传明宫午朝门内丹墀上的血迹石，即为方孝孺颈血所溅而成，雨后看血迹石，血色鲜红欲滴，嗅之似犹有血腥味。

方孝孺的妻子和两个儿子上吊自杀，两个女儿年未及笄，一起投秦淮河自尽，受他牵连被杀的有八百七十三人，入狱和充军流放者达数千，当时的恐怖气氛可见一斑。

历来株连也不过是灭三族，诛九族已经很恐怖，明成祖还要灭十族，其野蛮、残暴由此可见。

杨继盛含冤而死

　　他不畏权贵，对丑行恶端从不姑息，力谏直言，先后谏阻重权在握的大将军仇鸾和当权丞相严嵩，终至被陷害入狱，最后被迫害致死。他前后从政不过六个年头，但他以其敢于同权贵抗争的壮举赢得了人们的赞誉，成为名震朝野的名臣，千古英名足以令后人仰慕。

　　杨继盛，字仲芳，出生于河北省容城县一个贫苦的农民家庭，他七岁丧母，在继母的叫骂声中长大，受尽了欺凌虐待，并因此而不得入塾读书，成为一个牧牛娃。他从小几次向父亲要求，才在十三岁的时候得以进入学堂学习，家境贫寒、条件恶劣，使他更加珍惜来之不易的学习机会，更加刻苦努力。功夫不负苦心人，几年以后，他参加乡试中了举人，被选送到北京的国子监继续学习，深受当时的国子监祭酒（校长）徐阶的喜爱。嘉靖二十六年（1547年），杨继盛终于考中进士，被封为南京吏部主事，不久又被升为兵部员外郎。

　　但是，刚正不阿的个性使得杨继盛在仕途上走得并不顺畅，与当时奸权当道的黑暗官场格格不入。

　　明嘉靖时期，明朝已经处于没落的中后期，朝政腐败，政坛黑暗，政局动荡不安。朝廷内，由于荒唐的嘉靖皇帝一心想求得长生不老，得道成仙，整日缩在深宫中沉湎于说道修行，不理朝政，朝政大权实际把持在奸臣严嵩手中。他贪污受贿、为非作歹，使得朝野内外一片昏暗。边关一带，外族也趁机屡屡挑起事端，人民生活困苦不堪。

　　嘉靖二十九年（1550年），发生了一起严重的外患，占据河套地区的蒙古鞑靼部在首领俺答的率领下进犯大同，总兵张达战死。在敌人兵临城下的严峻时刻，大同总兵仇鸾怯于敌人武力，居然用重金贿赂俺答，乞求俺答不要进

杨继盛

攻大同。俺答受贿后，竟绕过大同，转而通过古北口进袭北京，明军在鞑靼军队的进攻下很快败退，俺答率部直逼北京城下，这就是历史上的"庚戌之变"。

消息传来，嘉靖皇帝惊慌失措，赶紧封仇鸾为平虏大将军，命其阻挡鞑靼军进京。平虏大将军仇鸾与奸相严嵩商议过后，不仅不前去抵抗，反而向朝廷提出了一个屈辱的建议，请求皇上赶紧降旨允许在边境开辟"马市"，让鞑靼用他们的蒙古马换取中原的货物，以此得到自己想要的东西，以避免战争。

此时蒙古军队在城外大肆劫掠，愤怒的民众群起抵抗，当鞑靼军队打算从长城白羊口退出时，遭到民众的有力反击，鞑靼损失惨重，改由古北口逃去。敌人退去后，仇鸾又假装追击，杀了沿途的几十个百姓，以此向皇帝冒功讨赏。嘉靖皇帝不问事实，还十分高兴，对仇鸾大加赏赐。

鞑靼兵撤，关于开"马市"的讨论却没有结束，大臣们明知道这样做有问题，却没有人敢站出来，提出反对意见。只有杨继盛不畏仇鸾淫威，立即上疏《论互市疏》给皇帝，极力反对议和，论述了开"马市"的"十不可"及"五谬"，说这将使天朝大国颜面尽失，有损国威，而且他还认为以倾国之力去供应外虏，这并不能最终解决边境冲突，日后肯定会再起冲突。而昏庸的世宗听信得到严嵩支持的仇鸾的密告，诬陷杨继盛图谋不轨，大怒之下下诏将杨继盛关进监狱，后虽获出狱，但还是被贬到一个偏远的地方当了一个小小的典史。

杨继盛到了属地之后，卖掉自己的家资，请来先生教当地子弟读书，开导淳朴的平民，劝解地方上的矛盾，赢得了当地百姓的尊重和爱戴，人们都称呼他为"杨父"。没过多久，仇鸾力主的互市就失败了，蒙古人毁约进犯，仇鸾无计可施，焦虑攻心，很快病死了。嘉靖皇帝得到消息后愤怒异常，不但剥夺了他的官职，还鞭尸泄愤。这时皇帝又想起了杨继盛当初的话，觉得他说的全都有理，转过头来又想重用他。于是在一年之中，杨继盛四次升迁，从一个小小的典史直升到刑部员外郎的职位。

经历了"庚戌之变"后，杨继盛更加看清楚了严嵩之流的奸诈面目，但由于严嵩权倾一朝，畏于他的权势，朝野上下多敢怒而不敢言。唯有杨继盛对严嵩的所作所为深感悲愤，嘉靖三十二年（1553年），杨继盛冒死向世宗上《弹严嵩疏》，弹劾严嵩破坏祖制、纵容恶子、冒领军功等十项大罪，还指出严嵩控制拉拢了皇帝身边的一切耳目，用各种手段蒙蔽皇帝。他把严嵩称为内贼，与外贼的俺答相并列，认为内贼之害尤胜于外贼，只有先除去内部奸贼，才能最终除掉外寇。

这篇奏折一上，就像在平静无波的湖水中投入了一颗巨石，一时间在朝廷上激起了千层波。严嵩的恼怒就更不用提了，他马上到皇帝面前数说杨继盛的"罪恶"，使得接到奏折有些不快的嘉靖皇帝更加暴怒，下令将杨继盛逮捕到锦衣卫大牢中，严刑拷问他谁是主使。杨继盛大怒道："为皇上尽忠全是我自己的主意，哪还有什么主使之人？"并坚称自己所言句句属实，审问人员也知道这个案子根本就不必详审，只是狠狠打了他一百杖，就送交刑部定罪。刑部尚书何鳌不敢违背严嵩的意思，就按照严嵩的嘱托，把杨继盛定罪关入诏狱。

杨继盛在锦衣卫的大狱中一关就是三年。在这个暗无天日的地狱里，杨继盛受尽了种种酷刑，据史书记载，杨继盛由于遭受惨烈的杖刑，遍体鳞伤、伤口之处已经腐烂，他于是在苏醒过来之后用碎瓦片割去腐肉，眼看里面的筋骨都暴露出来了，于是索性一并割去，第二天照样毫无惧色地接受审讯。他始终不向严嵩屈服，也不肯承认自己那些莫须有的罪名。杨继盛的案子在当时流传很广，影响极大，人们都知道他是冤枉的，都称他为"天下义士"，也都因此更加痛恨严嵩。

杨继盛的坚强毅力使严嵩之流害怕至极，他决心置杨继盛于死地而后快。嘉靖三十四年（1555年），也就是杨继盛再次入狱的第三年，会都御史张经、李天宠犯下死罪，在上报世宗的名单中，正想陷杨继盛于死地而无处下手的严嵩将杨继盛的名字偷偷加在死刑名单后面，就这样，一代忠良被奸臣轻而易举地夺去了生命。

就是在杨继盛即将被杀的时候，他仍在谆谆教导自己的儿子，一定要好好读书，报效国家，不要因为自己的为忠身死而心怀怨恨。他临刑前还留下了一首荡气回肠、震人心魄的绝命诗，广为人们所传诵："浩气还太虚，丹心照千古。生平未报恩，留作忠魂补！"嘉靖皇帝死后，继位的隆庆皇帝追悼前朝直谏忠臣，杨继盛被列为第一名，赐谥号为"忠愍"，并建立祠堂来纪念他，他的沉冤终于得以昭雪。

明　娇黄釉绿彩凤凰方洗

嘉靖时色地加彩瓷器盛行，此方洗器内口沿锥划转枝灵芝纹一周，器外壁锥划二对凤凰，配色活泼鲜明。

民女荷花为何被冤杀

在中国古代封建社会，女子作为社会上的弱势群体，长期处于受压迫的状态。她们不但遭受着许多欺辱折磨，也常常成为黑暗政治下的牺牲品，成为无辜的刀下冤魂。因此就有了元曲名家关汉卿笔下的《窦娥冤》，千百年来窦娥冤屈而死的故事广为流传。但很多人也许不知道，同样的故事也发生在大明王朝的民间，那就是当时在京城中广为传播的民女荷花的冤案。那么，民女荷花为何被冤杀？在她的死背后，我们可以看到明王朝什么样的政治统治？

几百年来，《窦娥冤》在民间广为流传，她被人冤枉，含恨而死，震动了天地，终于实现她六月飞雪的强烈要求。但这只是文学创作，而在明朝，的的确确发生过类似的故事。故事中的主人公荷花，也是一位像窦娥一样无辜的女子，却被黑暗无情的政治、昏庸糊涂的官吏绞杀了年轻的生命。

隆庆末年（1572 年），有个锦衣卫带俸指挥名叫周世臣，他本是外戚庆云侯周寿的孙子，不过这时候已经很穷了，居住在北京东城的一条小巷中。在妻子去世后，周世臣因贫穷而无钱再娶，就同家中婢女荷花同居了。此外，还有一个男仆王奎看守门户。

一天晚上，突然有一伙强盗破门而入，周世臣急忙拿起棍棒驱赶，打倒了一个强盗。其他强盗一见自己的同伙被打，立即合力将周世臣打倒并杀死了他。荷花悄悄地躲在暗处窥视，吓得浑身瑟瑟发抖，直到强盗翻箱倒柜抢走一百五十两银子扬长而去之后，荷花才从角落里跑出来，将家中剩下的银钱拿到王奎那里去，一起商量着怎样去报官。

不巧的是，当时恰逢隆庆皇帝驾崩准备出殡，京城内外全部戒严。把总张国维奉兵部命令巡查街市，当得知出现了强盗劫杀皇亲的事后，他马上带着人前去周家追捕。强盗早已跑得无影无踪了，屋内只有荷花与王奎。

真是无巧不成书，在张国维到来之前，正好有一个邻居卢锦前来讨取肉账，听见巡逻的士兵来了，他慌乱之中躲到了床下。张国维没有捉住强盗，害怕受到责罚，就把这三人当作奴婢通奸、勾结强人杀主抢劫的罪犯捕走。

由于找不出通奸弑主的确证，刑部郎中潘志伊认为这是一桩冤案，却又找不到真正的凶手，因此长时间不能决断下来。而以刑部侍郎署理部事的翁大立，则坚信是荷花通奸弑主，一再催促潘志伊尽快结案。潘志伊仍然持谨慎态度，翁大立只得另委郎中王三锡、徐一忠参与审理。在翁大立的催促下，三人只得以奸杀上奏，王奎、卢锦、荷花都被判处死刑。

然而，法官们万万没有想到，几年以后，杀死周世臣的凶手朱国臣居然会自己落入法网。这个朱国臣，本来是一个屠夫，常趁黑夜出去打家劫舍，为非作歹。因为缉捕官吏的无能，他干得非常顺手，积攒了一份不错的家业。他还养了两个盲女，白天让她们出去弹唱赚钱，夜里陪他，稍有不如意，便是拳打脚踢。长此以往，两个盲女不堪忍受他的虐待，便把他杀死皇亲周世臣的事泄漏出去。兵部知道了这个消息后，将朱国臣及其党羽都抓来关进监狱。

一时间，京城中到处传播着荷花的冤案，最后竟传到了内廷。万历皇帝下令将朱国臣押到刑部审问，他招供说，周世臣曾多次上下打量朱国臣，作恶多端的朱国臣怀疑身为锦衣卫指挥的周世臣可能是在辨认形貌，因此他就下手先杀了周世臣，并且还供出当年共同杀死周世臣的凶手刘汝成、刘五二人。

当时的刑部尚书严清，担心上奏此事会使当初问案的官员被处罚，就同首辅张居正商量。张居正坚持务必以真情上告皇上，不能有所隐瞒，要严惩当初错判的官员。后来，按照张居正的意见和要求，这件事被原原本本地上奏给皇帝，于是，王三锡、徐一忠和潘志伊都被降职外调，已经退休在家的翁大立被剥夺了官爵，废为平民。荷花在死后几年总算得以平反昭雪，真正的杀人凶手也得到了应有的惩罚。但是，当初错抓荷花的张国维却逃脱了罪责，尽管张居正一再强调他应该受到严惩，但是因为张国维背后有强大的靠山，最终也只判了个充军了事。

明朝后宫三疑案

中国古代无疑是个等级社会，最高贵的当然是皇家。然而出生在皇家的人其人生道路却往往充满了凶险，多少个无辜的生命成了刀下冤魂……那么，是谁导演了这一桩桩千古冤案？冤案的背后操纵者有着什么样不可告人的目的？这些杀害忠良的刽子手们最后又得到了什么样的下场？他们向一个个可悲的冤魂做着何样的忏悔？

到万历时的大明王朝，已经十分衰落。在关外，女真族已经举起大旗并日益强大，极大地威胁着明王朝的统治；在北京，大明后宫却围绕着皇帝宝座争权夺利，发生了三个疑案。这三个疑案就是"梃击案""红丸案"和"移宫案"。

先说"梃击案"，"梃"就是棍棒的意思，这是怎么回事呢？原来万历皇帝一共在位四十八年，是明朝所有皇帝中在位时间最长的一个。他的正宫娘娘是王皇后，十分贤惠，但一直没有生育。他的长子朱常洛是他偶然临幸了一个姓王的宫女而生的，尽管万历皇帝后来把这个王宫女封为恭妃，但他却并不喜欢她，他最喜欢的是郑妃，因为郑妃妖媚动人而且善于逢迎，因此深得万历皇帝宠爱。爱屋及乌，他对郑妃所生的三儿子朱常洵的喜爱也就远远地超过了长子朱常洛了。

在古代的封建王朝，每个皇帝在死前都要立太子，以便将来继承皇位，按照明朝初年制定的"立长不立幼"的规矩，是要立最大的儿子为太子。但是现在的问题是，万历皇帝不喜欢大儿子而喜欢三儿子，于是他将立太子的事先拖着。

皇帝不急，但是满朝大臣却都坐不住了，不立太子怎么能行？国不可一日无君，万一皇帝有个三长两短，岂不天下大乱。于是大臣们纷纷上书要求立朱

明　仇英　汉宫春晓图

此为仇英经典画作，虽然所绘是汉代宫殿情景，但其中人物头饰贵冠、器物摆设更偏向明朝风格，此画是仇英人文思想的体现。

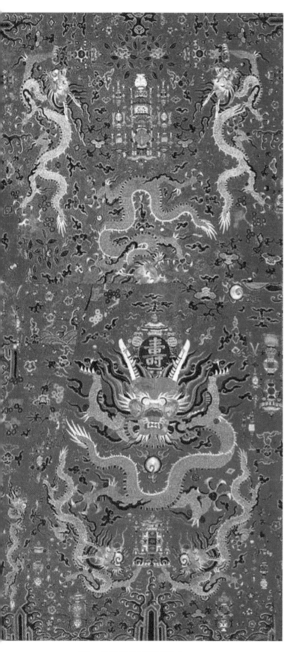

明 龙袍的后背和袖子

明万历时期，手工业经济发达，龙袍的制作雍容繁复，彰显皇室威严。

常洛为东宫太子，以防出现几个皇子争位的局面。但万历皇帝对这些奏章毫不在意，奏章进了宫就像石沉大海，立太子的事依然拖着。一年年过去，万历皇帝眼看四十岁了，众臣劝立太子的奏章更多了，万历皇帝拖不下去了，只得立朱常洛为东宫太子，这时朱常洛已经二十岁了。

万历四十三年（1615年），发生了一件怪事。一个中年汉子手拿一根木棍跌跌撞撞地打入太子朱常洛的慈庆宫，门卫也没有拦住他。这个汉子见人就打，一直往里闯，眼看就要进太子房间，幸亏门卫及时报告，大批卫士才将这个中年汉子捆绑起来，押在牢里。

闯太子宫还了得，而且还手拿凶器。万历皇帝十分重视，立刻命令刑部官员严刑拷问，定要问个水落石出。一开始这个汉子只承认自己叫张差，别的什么也不说，审判官员可急了，用酷刑拷打，这个汉子坚持不住，只得招供实情。他供道自己真名叫张五儿，是无业游民，这次闯慈庆宫是庞保、刘成两位公公指使的。

庞保和刘成都是郑妃宫里的太监，显然这件事和郑妃有关。看来郑妃想谋害太子。万历皇帝立刻带随从来到郑妃宫中，气呼呼地让她看供词。郑妃一看阴谋败露可慌了神，连忙跪地磕头，向皇上求饶。万历皇帝宠爱郑妃，不忍心处罚她，也就没有再追究。但他知道这件事后，朱常洵也失去了成为太子的可能。接着张五儿、庞保、刘成都被杀了，"梃击案"也就不了了之。

明光宗朱常洛继位时，已年近四十了。但是，这位短命的皇帝，只在位一个月便死去，这是怎么回事呢？这就要提到"红丸案"了。

明光宗朱常洛身体虚弱，他的正妃郭氏病死后，还有四个选侍，选侍是一种品级较低的妃子，除她们外还有无数美女陪伴在光宗身边，光宗只知享乐，身体越来越糟。

这年九月，也就是朱常洛当了近一个月皇帝后的一天晚上，他忽然肚子疼。一个叫李可灼的官员手捧红丸进献，称是祖传秘方所制，百病皆除。朱常洛看到这颗红彤彤的丸药，立即吃下。不久，光宗果然精神倍增，红光满面，他十分高兴，大大称赞李可灼的忠心。但是，当朱常洛吃完第二颗红丸以后，却疼痛难忍，一命呜呼了。谁也搞不清他怎么会突然死去，这个神秘的"红丸案"也就成了千古之谜。

光宗一死，他十六岁的皇子朱由校登上了皇位，这就是明熹宗。他登基不久就发生了"移宫案"。

这个"移宫案"是由光宗原来四个选侍之一的李选侍引起的。光宗正妃郭妃病死，没有正宫皇后。现在朱由校登基，这个李选侍就想当太后，她在乾清宫中缠着明熹宗，一定要明熹宗封她为太后。

乾清宫是皇帝办公、居住的地方，现在李选侍却依仗自己是先帝的妃子待在乾清宫中不走。十六岁的小皇帝也没有什么主意，他不想封李选侍，但又下不了决心。但李选侍总赖在乾清宫里也不成体统，该怎么办呢？

这时有个叫王安的太监，他出主意让皇帝立即下诏逼迫李娘娘搬出乾清宫。熹宗马上下诏书。圣旨的威力果然巨大，李选侍再有怨言也只好灰溜溜地搬出了乾清宫，搬到宫女住的宫里，再也没出头之日了。这就是明史上的"移宫案"。

三个案子都发生在明朝末年，正是明朝走向灭亡的时期，而且都是围绕权位而发生的。明朝皇帝统治的大部分时间都花在这上面，无心管理国家，使得明王朝灭亡的脚步渐行渐近了。

袁崇焕蒙受多少奇冤

明朝在辽东的边事上，错杀了两个人，一个是努尔哈赤的父亲塔克世，从而使努尔哈赤起兵叛乱，成为焚毁朱明王朝大厦的纵火者；另一个是袁崇焕，使得明王朝再无人能抵御八旗铁蹄，再无人能成为明王朝大厦的救火者。

袁崇焕，字元素，号自如，广西藤县人，生于万历十二年（1584年）。他自幼熟读兵书，关注边疆战事，希望将来能在边疆为国尽忠效力。万历四十七年（1619年），袁崇焕中进士，初为福建邵武知县，开始步入仕途。

天启二年（1622年），袁崇焕进京朝见皇帝，向朝廷提出了许多靖边之策，受到皇帝赏识，破格提升他为兵部侍郎，负责掌管策应辽东的防务。后来，辽东边事告急，袁崇焕自告奋勇要前往辽东前线，被任命为兵部佥事，专门负责关外的军事活动，从此，袁崇焕开始了他的军事生涯。

袁崇焕坐镇山海关，扼守咽喉，力抵清兵，成为努尔哈赤和皇太极难以逾越的屏障。在一次战斗中，努尔哈赤被袁崇焕用红衣大炮击中，不久含恨而死，这使得其子皇太极极为恼怒，时刻想着为父亲报仇。

然而，就是袁崇焕这样一名雄才大略、竭尽忠诚的明朝大将，却又如何落得个"凌迟处死"、被当时百姓"食尽其肉"的下场？这不得不提到一个人——毛文龙。处理毛文龙问题的轻率与专断，在很大程度上促成了袁崇焕的悲剧命运。

毛文龙当时对皮岛治理有方，而皮岛地处后金海上咽喉之地，当明军在辽东的几座重镇相继失守后，皮岛的战略意义更加突出。朝廷充分认识到了这一点，不仅把毛文龙提升为总兵，还多次派人前往慰问。时间一长，毛文龙变得骄横不法。他几乎把皮岛的驻军变成了毛家军，他不但虚报兵额，使大量军饷

清 佚名 袁崇焕像

袁崇焕是明末抗清名将。

落入私囊，还在朝廷没有授权的情况下，利用皮岛优越的地理位置，向来往商船征税。

　　袁崇焕对毛文龙的这些不法情况了如指掌，他看不惯毛文龙的骄横，更看不惯毛文龙对朝廷诏命的阳奉阴违。果然，袁崇焕到任后，首先派官员到皮岛对毛文龙的经济状况进行审计，接着又宣布海禁，不许商船径直开往皮岛，其直接后果就是使毛文龙原本十分丰厚的税收从此颗粒无收。

　　袁崇焕最终以十二大罪将毛文龙斩首于帐前，毛的部众被袁崇焕整编，毛家军从此不复存在。

　　虽然此前崇祯皇帝赐予了袁崇焕可以便宜行事的尚方宝剑，但袁崇焕竟然在不做任何汇报的情况下，擅自处死一名崇祯皇帝认为可以独当一面的高级官员，这不仅是简单的越权，简直就是擅作威福的草菅"官"命。然而，崇祯皇帝刚把辽事全盘托付给袁崇焕，把袁崇焕确定为力挽狂澜的不二人选，袁崇焕本人也夸下了"五年平辽"的海口，那么，追究处死毛文龙之罪，不但对毛文龙之

原任参将朱清攻破

阑州参将童大发攻破

察多族番贼

原任都司张九功

明　佚名　平番得胜图

《平番得胜图》是一卷描绘平定西北蛮夷叛乱的历史画卷，是明朝后期军队的真实写照。

死无济于事，反而有可能影响五年平辽大计。

当袁崇焕集中精力地解决毛文龙时，后金抓住这一有利时机，在安抚了漠南蒙古之后，皇太极亲率十万大军，绕开袁崇焕重兵防守的宁远和锦州，从辽西经蒙古，由蓟门一带明军防守的薄弱地带入侵。袁军到达蓟州，与清兵交锋，清兵没有料到会在这里遭遇袁军，大惊，于半夜越过蓟州向通州退兵，渡北运河，直逼北京。

几个月前，袁崇焕在平台召问时，信誓旦旦地向崇祯皇帝表示五年平辽，刚愎而又多疑的崇祯皇帝正是看在这一点上，才对袁崇焕冒失诛杀毛文龙不加计较，而今，不但平辽成泡影，后金大军竟然兵临城下，崇祯皇帝气恼之余，还多了一分被欺骗的愤怒。

袁崇焕从关外星夜赶往京城，本应在京城以外的通州和后金军队决战，但他怕北京有所闪失，士不传餐，马不再秣，就径直率大军直抵京师门外，要求让疲劳的士兵入城休养。多疑的崇祯皇帝哪里信得过：袁崇焕不在城外退敌，却想手握重兵入城，谁能保证他真的和后金没有丝毫瓜葛？于是就没有批准，袁军只得驻扎在广渠门外。

清兵一路上攻来，到高密店时侦知袁军已在北京，大惊失色，以为袁军从天而降。二十日，两军在广渠门会战。袁军合起来也不过九千人，从早打到晚，清兵终于不支，败退，连退十几里才稳住了阵脚。

这一仗，是硬碰硬的野外作战，在军事形势上并无优势可言，而能击败十倍于己的敌军，靠的是誓死保卫京师的高昂士气，赢得十分侥幸。而士气是不可长期依赖的，作为一个高明的军事指挥官，袁崇焕深深知道这一点。所以袁崇焕按兵不动，等待随后就会赶到的大批步兵和各地勤王兵。崇祯皇帝一再催促他出战，他都以兵困马乏、等待援兵为由加以推迟。其实即使援兵赶到，他也未必就愿意立即跟清兵决战，因为打野战，明军不是能骑善射的清兵的对手。这一次皇太极以倾国之师深入大明腹地，本来极其冒险，拖得越久，对他们越不利。袁崇焕的计划便是截断清兵退路，把清兵围困住，等到各路勤王兵云集，待时机成熟，再四面合围，进行决战，毕其功于一役。即使不能在此役全歼清兵，也当能给以重创，这时有两路勤王兵赶到，袁崇焕并未把他们留下守卫北京，而是一路派去昌平保卫皇陵，另一路退至三河截断清兵后路。他自己的主

清 《清实录》 宁远大战

宁远之战中袁崇焕临危不惧，召集诸将，组织全城军民共同守城。此战明军取得胜利，后金军战败，
这也是首次明军打败后金军，称为"宁远大捷"。

力预计十二月初三、初四日即可赶到，可以开始实施合围计划了。不料初一日
袁崇焕竟被捕下狱，使得历史因之改写。

　　对袁崇焕的这一番部署，生性多疑的崇祯皇帝越想越不对头：为什么他能
料敌如神，说清兵要来清兵就真的来了？为什么打败敌军后不乘胜追击，反而
按兵不动？为什么勤王兵赶到时他反而把他们驱散？而这时朝中、城中的舆论
对袁崇焕也非常不利。这是清兵首次打到北京城外，北京的官民何曾见过这种
阵势，巴不得早点把清兵赶跑；高官贵族大多在城外置有家产，现在惨遭清兵
蹂躏，自然心疼得很，见袁崇焕按兵不动要打持久战，官民们便把怨气都发泄

到了袁崇焕头上，骂他"纵敌"，而这更加深了崇祯皇帝的疑虑。

终于，有两个被清兵俘虏的太监逃了回来，向崇祯皇帝报告了他们在敌营偷听来的重大机密：原来袁崇焕通敌，与清兵有密约。崇祯皇帝至此恍然大悟，觉得所有的谜团一一解开了，崇祯皇帝自以为证据在手，十二月初一，在兵临城下之时，把自己的最高军事指挥官逮捕下狱。

接下来，崇祯皇帝下旨，将袁崇焕"依律碟之"，那场"大快人心"的"凌迟"处刑就这样不可阻挡地发生了。

一向以"心苦后人知"自慰的袁崇焕便只有期待着历史公正无私的审判，然而这一天来得实在太晚了，一直到乾隆年间，清人根据《清太宗实录》编写《明史》的"袁崇焕传"，世人才知道，原来那两位太监是清兵有意放回，他们所偷听到的机密也是清兵有意让他们听到的，而这一切，都是熟读《三国演义》的皇太极亲自导演的一出"蒋干盗书"。这桩千古奇冤至此大白于天下，然而这时候大明王朝已经灰飞烟灭一百年了。

对于袁崇焕的死，与其说是皇太极的高明，倒不如说是崇祯皇帝对袁崇焕的所谓信任原本就是镜花水月。

明　镀金碗（景德镇瓷器）

藏在古画里的大明史

明朝思想界的情况，确实可以让人有灿若星河的感叹。可以说，明朝是自秦汉以后，中国历史上思想界最为活跃开放的一个朝代。出产的思想家无论是数量还是级别都是中国历史上的一个高峰，也许只有百家争鸣的春秋战国时期，才可以与之一较高下。那一部部脍炙人口的文学佳作，长期以来受到人们的喜爱。但同时，一些作者或作品却给我们留下了很多的谜团，千年来让人琢磨不定。本章将为您一一解开这些千古之谜。

第八章

思想文化：卓越才思今犹存

顾宪成办东林书院

纵观顾宪成一生，早年立志把求学与服务社会结合起来，中年以后把讲学与议政活动结合起来，开辟了知识分子议政的风气。他的高风亮节和爱国热情也一直在鼓舞激励着后人。那么，顾宪成为什么要开办东林书院，对当时的社会发展做出了什么样的贡献？

顾宪成，字叔时，号泾阳，无锡泾里（今无锡张泾）人，因创办东林书院而被人尊称"东林先生"。顾宪成小时候家境十分清贫，他的父亲顾学开了爿豆腐作坊，但因家庭人口多，常常入不敷出，要向人借贷，他家住的房子很破旧，不蔽风雨。但是，艰苦的生活环境反而激发了顾宪成奋发读书的决心与向上进取的志向。他六岁就进私塾读书，既聪明，又刻苦，而且怀有远大抱负。他在自己所居陋室的墙壁上题了两句话："读得孔书才是乐，纵居颜巷不为贫。"诗中所提的"颜"指颜回，是孔子著名的学生，家里十分贫穷，但他不以为苦，师从孔子，刻苦好学，以学为乐。顾宪成以颜回自喻，表达了自己的苦乐观和贫富观，希望做一个有知识的富翁。他还自撰了一副非常有名的对联，"风声雨声读书声声声入耳，家事国事天下事事事关心"，表达了他在读书期间对社会的关注。

万历四年（1576 年），二十七岁的顾宪成赴应天（今江苏南京）参加考试，他在应试的文章中指出：天下治理的关键在于用人得当，只有选拔、任用贤才，使之各司其职，才能使国家稳固、政治清明、民情安定。同时，顾宪成还强调朝廷要广开言论，虚心纳谏，以法治国，注意总结前代的经验教训以供借鉴，把国家的事情办好。由于顾宪成的文章立意远大，分析透彻，结果以第一名中举，从此闻名遐迩。万历八年（1580 年），解元顾宪成赴京参加会试，又被录取在二甲第二名，从此投身到社会激流中，开始了他的仕宦生涯。

顾宪成带着强烈的政治热情踏上仕途，想为国为民做些有益的事。但当时政治黑暗，军事羸弱，财政拮据，人民由于苛政暴敛，被迫反抗的事件也层出不穷。由于明朝国力渐衰，崛起于关外的满洲贵族也逐渐不服明朝中央政府的管束，并逐渐对明朝构成威胁。面对这种国势日衰的形势，顾宪成初入仕途，就不顾自己位微言轻，上书直谏，主张举用人才，评论时政得失，无所隐避。他先在户部、吏部任职，后外放桂阳（今属湖南）、处州（今浙江丽水）等地为官，后又奉调再入吏部，不管在什么地方、什么部门任职，他都不媚权贵、廉洁自守、正直无私、办事认真。

首辅张居正去世后，继任首辅王锡爵只知道在朝中一味迎合神宗，不能听取大臣的合理意见，弄得人心向背。一次，王锡爵对顾宪成说："当今所最怪者，朝廷认为对的，外人一定认为不对；朝廷认为不对的，外人一定认为是对的。"意思是责怪百姓心不向着朝廷。顾宪成针锋相对地回答："我看应该这样说，外人认为对的，朝廷一定认为是错的；外人认为是错的，朝廷一定认为是对的。"他指出国事搞不好的责任在朝廷而不在百姓，一语道破了朝廷当权者们颠倒是非、混淆黑白的真相。

万历二十二年（1594年），顾宪成任吏部文选司郎中，掌管官吏班秩迁升、改调等事务。时逢首辅王锡爵年老引退，明神宗便命吏部根据品望推选六七位能够胜任首辅之职的官员听候点用。顾宪成与吏部尚书陈有年不徇私情，拒绝请托，根据品望合拟了七人名单上报，请神宗亲裁。不料，顾宪成提名的人，都是神宗所厌恶的，神宗不由分说，指责吏部有"徇私"做法，在吏部的奏疏上批了"司官降杂职"五个字，就把顾宪成文选司郎中的职务给撤掉了。陈有年作为吏部尚书，上疏引咎自责，认为有

顾宪成像

责任也在自己身上，不能追究下属，恳请恢复顾宪成的文选司郎中职务。其他正直的大臣也纷纷上疏申救顾宪成，奏疏共达几百封。不料，神宗一意孤行，将有些上疏申救的官员外放、降调、削职，顾宪成则被革职为民。从此，顾宪成结束了十几年的官场生涯，以"忤旨"罪回到原籍无锡。

顾宪成孜孜国事，反而获罪罢官，朝野许多人士为朝中失去这样一位正直无私的官员扼腕叹息，也对顾宪成的品格十分钦佩，顾宪成的名望反而更高了。

由于顾宪成在学界和政界都有很高的声望，所以慕名来请教他的人很多。顾宪成不顾病体，不管其贫富贵贱，一视同仁，热情欢迎接待。后来，他看到来的人实在太多，小小的泾里镇上，连祠宇、客栈和自己周围邻居家都住满了客人，还容纳不下，就与长兄性成、次兄自成及弟弟允成商量，在自家住宅南边造了几十间书舍供来人居住，顾宪成的夫人朱氏给学生们烧饭做菜，使学生来了就像回到家里一样。泾溪南北，昼则书声琅琅，夜则烛火辉辉，一派夜以继日奋发攻读的景象。许多已有功名、才学亦高的学者也争相前来求教。

顾宪成在居家讲学的同时，还经常到苏州、常州、宜兴等地去讲学，经常与苏州、松江、常熟、太仓、嘉兴、宜兴等吴中学者聚会于无锡惠山天下第二泉畔研讨学术。在讲学活动中，顾宪成迫切感到必须具备一个固定的讲学场所，将分散的讲学活动变成一个有协调组织的统一活动，从而对吴地乃至整个社会产生良好的影响和作用。万历三十二年（1604年），经顾宪成和吴地学者的共同努力，官府终于批准在无锡城东门内的东林书院遗址重建兴复东林书院。重建工程开始于这年四月十一日，至九月九日告竣，共用了一千二百多两银子。作为发起人之一的顾宪成捐银最多，又去策动吴地官员和缙绅捐资助修，出了大力。顾宪成又亲自为书院讲会审订了宗旨及具体会约仪式，这年十月，顾宪成会同顾允成、高攀龙、安希范、刘元珍、钱一本、薛敷教、叶茂才（时称东林八君子）等人发起东林大会，制定了《东林会约》，顾宪成首任东林书院的主讲。

东林讲学是在特定历史条件下，适应时代、社会和学人的共同需要兴办起来的。它规定每年一大会，每月一小会，除了严寒盛暑外，定期会讲。这就将原来士绅的分散游学形式变为集中固定的有组织的讲学活动。而且书院不分尊卑、不限地区、不论长少、不收学费，只要愿意，均可参加，还提供食宿方便。讲授方式十分灵活，有时采用演讲方式，讲了一段时间后，就穿插朗诵诗词以活跃气氛、开发灵性，主讲者还随时回答提问。有时采用集体讨论方式，沟通思想、交流心得。

由于东林讲会开创了一种崭新的讲学风气，引起了朝野的普遍关注。一些学者从全国各地赶来赴会，学人云集，每年一次的大会有时多至千人，不大的书院竟成了当时国内文人荟萃的重要会区，和江南讲学者遥相呼应。东林书院实际上成为一个舆论中心，这里的人们便逐渐由一个学术团体形成一个政治派别，被他们的反对者称为"东林党"。东林党与朝廷中的腐朽势力展开了殊死斗争，东林书院的主讲顾宪成则以其卓越的思想气度成为东林党的精神领袖。

万历三十九年（1611年）是朝廷规定的京察之年，即对朝廷官员进行考察调整。主持此事的东林官员叶向高等希望积极设法解除以往纷争，秉公办事，澄清吏治，使政治朝局焕然一新。不料其他派别的官员联合起来栽赃陷害，把目标集中在东林官员身上，意图将朝中正人搞倒，由他们来控制内阁大权。因此这次京察，东林官员的努力没有实现。相反，一帮奸党因祸得福，都纷纷挤到各要津重地，不遗余力地捏造借口打击排挤朝中正人。被指控为"讲学东林，遥执朝政"的顾宪成处境艰危，东林书院的境况也开始走下坡路，与会人员锐减，讲事也逐渐凋零。次年，一生忧国忧民的顾宪成走完了他六十二岁的人生历程。

清　佚名　高攀龙像

高攀龙是明朝政治家、思想家，东林党领袖，"东林八君子"之一。

元　佚名　至圣先贤半身像

颜回尊称复圣颜子，春秋末期鲁国思想家，孔门七十二贤之首。

在民间传说中，解缙的故事迭出，为众人津津乐道，褒奖有加。邹元标在《解春雨学士墓志》中称解缙"义节千秋壮，文章百代尊"，充分表达了后人对解缙的尊重和崇敬之意。那么，这位才高八斗、学富五车的旷世奇才的一生，到底是怎样的起伏波折？他的命运为什么如此坎坷，生命又如此短暂呢？

解缙，字大绅，江西吉水人，明代著名的文学家，内阁大学士。洪武二年（1369年），解缙出生在吉水县城东门的一个书香人家。解缙的高祖解昭子于南宋成淳年间任太学，被誉为"江右八龙"之一；父亲解开为元朝末年国子监生，明灭元后，朱元璋安排他当官，被他推辞，后来回到吉水当教书先生；母亲高妙莹出身书香门第，不仅经史、传记、天文、地理、医学之书皆能论析，而且善小楷、晓音律。可以说，解缙一出生就在一个祥和的家庭中接受着正统的儒家文化教育。

《明史·解缙列传》记载"缙幼颖敏"，说他自幼聪明绝伦，其母教他写字，年幼的解缙竟然能过目不忘。六七岁时，他就能即席吟诗作对，被当地人誉为神童。关于解缙的故事，在民间流传十分广泛。据说有一次，解缙挑着担子在街上走，当时正逢春天下着小雨，路面很滑，解缙不小心摔了一跤，街上一些闲人看见哈哈大笑，解缙便作诗反讥他们说："春雨贵如油，落得满街流。跌倒解学士，笑煞一群牛。"解缙的聪明绝伦、出口成章可见一斑。

洪武二十年（1387年），年仅十九岁的解缙参加江西乡试，考中第一名为解元，次年参加南京会试，被取为第七名，殿试后录取为三甲进士，被任命为翰林院庶吉士。洪武二十一年（1388年）四月的一天，解缙侍从朱元璋。朱元璋谈到时政，对解缙说："朕与尔义则君臣，恩犹父子，当知无不言。"

少年得志的解缙年轻气盛，当天便写了"封事"万言书，批评朝政，指责太祖屡改政令，杀戮过多。这使得解缙一时间名声大噪，但也因此触犯龙颜，于是被罢官回家，十年不许入京。

朱元璋死后，朱允炆即位，解缙才再度被起用。后来，"靖难之役"爆发，燕王朱棣攻进南京时，解缙率先迎接朱棣进城。朱棣准备登基时，命著名才子方孝孺草拟《登极诏》，但方孝孺忠于建文帝，宁可招致杀身灭族之祸也不肯写。于是解缙写了《登极诏》，为他以后受到朱棣重用奠定了基础。

朱棣即位不久后，解缙便从翰林待诏升任本院侍读，后又受命入直文渊阁，参与机务，成为朱棣身边的顾问。

朱棣是一个野心勃勃的帝王，他对外开辟北方战场，袭击北元的残余势力，七次派太监郑和出使西洋，在国内也实行严刑峻法，之后他又下令朝廷的众多文臣编订一部旷古未有的大型图书集成性质的巨著，这就是《永乐大典》。而这部书的主要编纂者就是解缙，足可见皇帝对他的信任与赏识。

朱棣即位之后马上面临着确立继承人的问题。成祖朱棣有三个嫡子，长子朱高炽敦厚仁孝，二子朱高煦雄武强悍且在"靖难之役"中立下战功，并笼络了一批武臣，一心夺嫡，三子朱高燧以英武闻名，最得朱棣钟爱。朱高炽的地位岌岌可危，不过要朱棣废长立幼，一时决心难下。于是他就征求解缙的意见，解缙极力反对废除嫡长子，他说："皇长子仁孝，天下归心。"成祖听后默然不语。事隔不久，成祖拿出一幅虎彪图，命廷臣应制作诗。解缙见图，很快写了一首诗呈上，诗道："虎为百兽尊，谁敢触其怒？唯有父子情，一步一回顾。"成祖见诗，心中有所感悟，加之群臣也大都主张立朱高炽为太子，于是朱棣不再犹豫。

清　顾见龙　解缙像

江西等处行中书省吉安路吉水州人，解纶之弟。明朝第一位内阁首辅。

永乐二年（1404年）四月初四，朱棣正式册立朱高炽为太子，朱高煦为汉王，朱高燧为赵王，并设置了东宫官属。解缙等人奉旨侍奉东宫，每天奉敕为太子讲解《文华宝鉴》，以东宫官属为己任，忠心辅佐，这样就与蓄谋夺嫡的汉王朱高煦的矛盾日趋激化。而太子之立原属勉强，所以成祖始终不喜欢朱高炽。解缙于是进谏说："这样做会引起争端，不好。"成祖很不高兴，加上朱高煦挑拨，认为解缙是有意离间，一怒之下，便将解缙黜任广西。

永乐八年（1410年），解缙从广西至南京朝廷奏事，而朱棣早在永乐七年（1409年）二月便前往北京。解缙未能见到朱棣，出于旧主情谊，便去谒见监国的太子朱高炽，之后便回去了。十一月，朱棣回到京师，汉王朱高煦便状告解缙"伺上外出，私觐太子，径归，无人臣礼"，诬告他私觐东宫，必有阴谋。朱棣听后十分恼怒，下令逮解缙入狱。之后解缙更是备受冷落，他在狱中整整被关了五年，无人过问。永乐十三年（1415年），锦衣卫上报囚犯名册，成祖看见了解缙的名字，才想起问道："解缙还在吗？"并稍露怜惜之意。朱高煦听说后，害怕成祖重新起用解缙，于是密令用酒灌醉他，然后埋到积雪中，活活冻死，当时解缙年四十七岁。可怜这一代名士，就这样悲惨地死在了皇室争权夺利的罪恶斗争之中，成为兄弟相残的牺牲品。

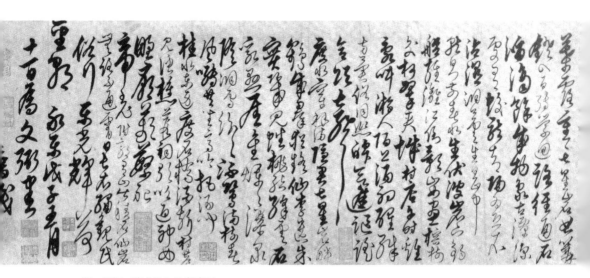

明 解缙 草书游七星岩诗页

此作品书于永乐六年（1408年），时解缙四十岁。其书艺臻至成熟自化，笔墨奔放，傲让相缀而意向谨严。

李时珍修《本草纲目》

　　《本草纲目》是李时珍历时二十七年的心血结晶，这部医药学巨著，集中国十六世纪以前药学成就之大成，是几千年来中国药物学的总结，对世界自然科学的研究都有重要的价值。这本药典，不论从它严密的科学分类，或是从它包含药物的数目之多和流畅生动的文笔来看，都远远超过古代任何一部本草著作。那么，李时珍是如何完成《本草纲目》的？

　　李时珍，字东璧，号濒湖山人，正德十三年（1518年）生于湖北蕲州，是我国古代著名的医药学家，他的医药学巨著《本草纲目》，自编成后就在全国广泛流传，至今仍是学习中医的必备工具书之一。李时珍以一人之力，究竟是怎样编成这本巨著的呢？李时珍出身于一个医生世家，其祖父和父亲都是当地有名的医生。从小在这样的家庭环境中长大，李时珍自然而然对医学有着极为浓厚的兴趣。他从小便十分同情那些生了病的人，下定决心长大以后要做一个好医生以减轻病痛对人的折磨。

　　在当时，医生的地位是十分低下的。李时珍的父亲一心想让儿子通过科举走上仕途，以光宗耀祖，所以李时珍一心向医的伟大志向从一开始就遭到了全家的反对。

　　在父亲的安排下，李时珍努力攻读儒家经典，自幼聪明加之勤奋好学，使得他在刚刚十四岁时就中了秀才，这让他的父

李时珍像

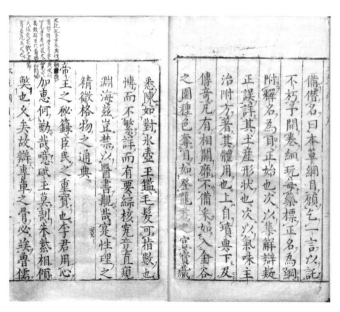

明　李时珍　《本草纲目》

全书首列总目、凡例、附图。卷一卷二为序例，主要介绍历代诸家本草及中药基本理论等内容。

亲十分高兴，更让李时珍信心十足地面对科举考试。

可是，在接下来的连续三次举人考试中，李时珍都很不顺利——每一次都名落孙山。多次应试都不中，父亲只得遵从儿子的意愿，不再勉强他，同意他学习医术。

李时珍在学医的过程中特别认真，也特别善于思考。他通过为病人抓药发现，以前所熟读的那些医学书籍中，记载的很多内容都是不正确的，有些条目还杂乱无章、前后矛盾，甚至有些还存在着明显的错误。如果仅仅机械地按照医书上记载的药方抓药，不但不能减轻病痛，反而还可能使得病情恶化。

同时，他还悟出：在治疗疾病的过程中，医术固然很重要，但是药学同样十分重要，如果单有良医，而没有对症治疗的良药，那对病人仍旧毫无帮助。所以，他又产生了仔细研究药学的兴趣，立志要编出一本新的医书，不仅包括良药，而且包括天下所有的药方，纠正和弥补历代医书中存在的错漏之处。

然而要编一部新的《本草》，并不是一件简单的事情。为什么这么说呢？因为现有的《类证本草》是在宋朝编纂的一部医书，它是在前代药书的基础之上重新编制而成的，内容比前代增加了许多，书中记录了九百多种药材。它的编成，是在宋朝政府强有力的支持下，派了几十个人花费了十几年的时间才最终成书。而李时珍想编著新的内容繁杂、包罗万象的《本草》，又要超越前人的成果，仅仅以一个人的力量是非常困难，甚至是不可能的。

作为一名医生，李时珍深知，要想写好一本药书，首先就要精通医术，只有在长年行医积累经验的过程中，才能对药材的使用有一个全面正确的了解。所以在不到三十岁的时候，他就已经成了当地的名医。后来，因为他治好了楚王小儿子的顽疾，被楚王推荐到北京的太医院去任职。太医院是当时全国等级最高的官方医疗机构，李时珍在这里虽然无所事事，但有机会博览太医院中丰富的医学书籍，对他日后写《本草》起到了很大的作用。

一切条件成熟后，李时珍辞去了太医院的职务，开始了在全国各地边行医边考察的云游生活。

李时珍每到一处，都要遍访当地的乡村故老，寻问一些奇特的偏方秘药，并亲自到深山野林中去寻找这些罕见的药草，研究这些草木的药性。在细心的探访中，他还发现了很多古医书上未见记载的药草。于是他就在行医的临床经验中，开始总结某些药草的特性。

在持续不断的探访行医中，时间一下子就过去了二十多年。在这漫长的时间里，李时珍的足迹遍布了大江南北的名山大川，直到晚年才回到家中，开始用积累的材料创作这本新的《本草》。

他几乎动员了全家之力，家里的每个人都参与了抄写、绘图、校订等各种工作。历经二十七年时间，这部穷尽他心血积累编写的巨著终于完成了。此后不久，时年六十一岁的李时珍去世，他的儿子把这部巨著献给了朝廷，受到当时著名的大政治家张居正的重视，在全国大力推广。

这部分为十六部六十二类五十二卷的医学巨著一共一百九十多万字，内容收载了一千八百九十七种药物，并记下了一万一千零九十六个药方。书的开头还将常见病分为一百七十七类，并详细记述了每一类病的治疗方法，开出足够的药物和附方，还详细写出了各种药物的产地、形态、颜色、气味等。为了便于识别，还绘制了上千幅草药的插图。

李时珍穷尽了他毕生的心血，为人类留下了一笔无比珍贵的巨大财富。《本草纲目》出版以后，迅速流传到世界各地。现在，这部巨著已经被翻译成日、德、英、法、俄、拉丁等多种文字，在我国乃至世界医药学发展史上都占据了重要的地位。

《水浒传》作者存疑

　　一部脍炙人口的《水浒传》，将宋徽宗统治末年发生的一场农民起义描写得淋漓尽致。书中人物刻画生动形象，故事情节惊险感人，长期以来受到人们的普遍喜爱，被称为我国古典四大名著之一。然而，这部巨著的作者究竟是谁，却是一个值得推敲的问题。

　　作为我国古典四大名著之一，现在流行的各种《水浒传》版本上作者的名字都有"施耐庵"这三个字，那么，《水浒传》真的是施耐庵写的吗？这个施耐庵是什么人，他又为什么要写《水浒传》？

　　最早提出施耐庵是《水浒传》作者的人，是明代的胡应麟，许多后人的著作都采用了这种说法。

　　施耐庵（1296—1371 年），字耐庵，号子安，江苏兴化人。他是中国元末明初的一位著名文学家，据说他才华横溢，对所读之书过目不忘。

　　当时，民间的说书艺人很多，从小就十分喜欢听书的施耐庵，在那些妙趣横生的历史故事和民间传说中学习到了不少道理。尤其是在那些充斥着民间英雄揭竿而起、反抗暴政的故事中，施耐庵明白了官逼民反，决心长大之后做一个好官，造福一方百姓。

　　但是，志向远大、学问出众的他在仕途上却不顺利，一直到二十九岁时才考中举人，到三十五岁时才考上进士，被元朝廷任命到钱塘县做了一个小官。走上官场后，施耐庵才真正明白了朝廷的腐败、官场的黑暗，也深深地明白了这一切并不是他一个小人物所能改变的。既然不能兼济天下，难道还不能独善其身吗？失去了做官的兴致后，在任上只待了两年的施耐庵就找了个借口，辞官回到家乡。

官是不当了，那么，今后赋闲在家中又该做些什么呢？于是，他开始了《水浒传》的创作。

其时，元朝的统治已经是摇摇欲坠，各地的农民起义风起云涌。农民起义领袖张士诚听说了施耐庵的才干，就亲自登门拜访，想请施耐庵出山助自己一臂之力。但经历过一段黑暗官场生涯的施耐庵，早就对做官失去了兴趣和信心，就以母亲年老无人照应为理由婉言拒绝了张士诚。

后来，雄才大略的朱元璋也求贤若渴，到处收罗天下名士以成大业。由于施耐庵和刘伯温曾经是同窗好友，因此，刘伯温就向朱元璋推荐施耐庵，说他的聪明才智远远胜过自己。朱元璋马上叫刘伯温拿

清代年画《水浒人物》

着自己的亲笔书信去请施耐庵，但是施耐庵老早就出门躲避去了。刘伯温白跑了几趟，无奈之下打消了这个念头。就这样，施耐庵深居简出，闭门谢客，终于心无旁骛地完成了这部古典名著。事情到此，似乎再无可疑，《水浒传》确是施耐庵所作无疑。

但是，后代人对这部书仍有很多的疑问。现在通行的《水浒传》的版本作者有几种不同的写法，有的只写施耐庵著，有的写施耐庵和罗贯中合著，有的干脆空着著者一栏。为什么会出现这种情况呢？

有一种意见认为，《水浒传》是施耐庵和罗贯中共同写成的，而罗贯中正是施耐庵的学生。不可否认，这种说法有一定道理，但它的缺漏在于，它没有交代清楚他们是什么样的合作关系，在这二人之中，谁为主，谁为次？依照常理来判断，不可能恰好是对半，没有那么凑巧。在清代，也有人提出了施、罗

清　任薰　《水浒人物》册页

任薰人物画取法陈洪绶及任熊，然奇躯伟貌，别出心裁。

二人分工的说法，把前七十回给予施耐庵，把后五十回给予罗贯中。但这仅仅是凭空猜测，而且出现的时间太晚——只有在《水浒传》一百二十回本、七十回本流行之后，它才在人们的头脑中萌生。也有人提出施耐庵是作者，是执笔人；罗贯中是编者或整理者、加工者，这种说法还比较让人信服，能够准确地理解他们的合作关系。

也有一种意见认为，《水浒传》的作者是罗贯中，因为罗贯中写的另一部小说中有二十一篇赞词，而《水浒传》中就引用了其中的十五篇。人们以此认为两书的作者应是同一个人。这种说法恐怕也是不可靠的。我们知道，罗贯中是《三国演义》的作者，在这一点上毫无争议。而《三国演义》和《水浒传》两部小说，在语言形式上完全不同。前者用的是浅近的文言，后者却用通俗的白话，说它们出于同一作者的笔下，实在很难获得人们的首肯。

除了施耐庵和罗贯中的争议之外，还有人认为这本书根本不是元末明初的作品，而是明代中叶成书，是明代的官员郭勋组织门人编写的。他们坚持的理由是书中的许多地名是明代才有的，元末的人根本不可能知道或写出来，这说明作者只能是明代改地名之后的某个文人，既不可能是施耐庵，也不可能是罗贯中，因为他们都生活在明初。

至于使用"施耐庵"这个名字，则只是后人的杜撰，不可能是真名，而罗贯中也是被硬拉进来的。以明朝特务机构网罗之严密，像《水浒传》这样倡导人们起来反抗的书，作者大概也不敢署上真名吧？但是这种说法缺乏材料的佐证，学术界仍有很大争论。

总之，文学巨著《水浒传》真正的作者到底是谁，至今仍然是一个谜。

《西游记》作者是吴承恩吗

　　《西游记》这部深受世人喜欢的文学巨著，其真正的作者是谁，数百年来一直是一个历史悬案。二十世纪二十年代，胡适与鲁迅从清代学者中论证出《西游记》作者是嘉靖中岁贡生的吴承恩。但是，又有学者提出《西游记》的作者不是吴承恩，而是嘉靖年间的"青词宰相"李春芳。那么，这部传世名著《西游记》的作者到底是谁呢？

　　《西游记》——中国古典四大名著之一，是一部优秀的神魔小说，也是一部群众创作和文人创作相结合的作品。小说把孙悟空的形象提到全书首要的地位，主要描写的是孙悟空保唐僧西天取经，历经九九八十一难的故事。这部巨著在文学史上获得了很高的评价，就连外国的文学评论家也把这部书和托尔斯泰等世界著名文学家的作品并称。但是，大多数熟知并喜爱《西游记》的读者并不知道，关于它的作者，在学术界至今仍有争议，不能最终确定。

　　多数人认为，《西游记》的作者是吴承恩，这似乎是毫无疑问的，那么我们先来看看吴承恩其人其事。

　　吴承恩，明朝淮安府山阳县人，字汝忠，号射阳山人，大致生活在 1500 年至 1582 年间。幼时的吴承恩非常喜欢读书，尤其喜欢市井的野言稗史、志奇鬼怪。他的祖先居住在涟水，曾祖和祖父都是地方上管理教育的官员。但是，到了他父亲这一代，这个书香门第家道中落，吴承恩的父亲只好弃学从商，做了一个本分的小商人。

　　青年时的吴承恩心高气盛，不甘心继承父亲的职业——做一个平凡的小商人。因为他自幼喜欢文墨，所以交往了一些当时非常有名的文人，例如嘉靖时期的状元沈坤、诗人徐中行等。

绘本　无底洞　　取材于《西游记》故事，图中绘孙悟空与白鼠精大战的场景。

　　但是极富才华的吴承恩在科场却并不顺利，大约四十岁才补得一个岁贡生，到北京等待分配官职但仍没有被选上，由于母老家贫，便去做了长兴县丞，终因受人诬告，两年后"拂袖而归"，晚年以卖文为生，大约活了八十二岁。由于他自幼喜欢读野言稗史，熟悉古代神话和民间传说。科场的失意，生活的困顿，使他加深了对封建科举制度、黑暗社会的认识，促使他运用志怪小说的形式来表达内心的不满和愤懑。

　　从吴承恩的才能、条件和时间来看，《西游记》确实很有可能是他所作。而且在他去世后四十多年后所编的天启朝《淮安府志》中明确记载了《西游记》是吴承恩的作品之一，这可能是证明《西游记》是吴承恩所作的最早证据了。而且，学者们通过分析书中的语言，认为大多数都出自淮安的俚语，以此推断作者应该是淮安人无疑，清代的大学问家纪晓岚也从书中提到的司礼监、锦衣卫、兵马司等机构设置推测其应为明代人所作。综合以上种种条件，似乎吴承恩是《西游记》作者毫无疑问。

　　但是，在《淮安府志》中，却把吴承恩的《西游记》一书归入地理游记一类，而非神怪小说一类。而且，无论是吴承恩的好友还是后人子弟的文集中都丝毫没有提到过吴承恩写作《西游记》一事，这实在不能不让人感到奇怪。如果是一两个人忘了还可以理解，可是大家都不约而同地忘了提，这又如何让人理解呢？

尤其值得一提的是，在《西游记》作者栏内署上"吴承恩著"，只是近代的事情。在清代以前的主流看法中，这部神怪小说的作者却是元初的名道士丘处机。

丘处机少年出家，自号长春子，师从王重阳，是全真七子之首。南宋末年，他的名气很大，据说元太祖铁木真也曾慕名请他去蒙古传道，丘处机于是率领十八个弟子，前往蒙古草原朝见铁木真大汗，讲解道法。后来，他又游走于蒙古各地，宣扬道教真义。期间，他以西行讲道的经过和途中的经历见闻为主线，写成了一本《西游记》。

但是，这样一本《西游记》实际上是一本纪实的游记，和我们所谈的神怪小说《西游记》实在扯不上什么关系，后人却因为这两本书的同名而糊里糊涂地把它们连在一起。

真正明确提出吴承恩才是《西游记》作者的是民国初年的文学大家鲁迅和胡适。他们确实是提出了一些证据，而且胡适也详细考证了吴承恩的生平事迹，虽然仍旧没有确凿的证据，但因为鲁迅和胡适两人在近代中国文学史上的地位，所以他们的看法得到了广泛的认可。从此以后，再出版的《西游记》上都署上了吴承恩的名字。

由上可见，《西游记》真正作者的问题，几百年来仍然没有得到准确的答案，所以近年来又有人提出了一种新的看法，认为《西游记》的真正作者是嘉靖时期有名的"青词宰相"李春芳。他们分析了书中的一些诗词，认为其中隐含了李春芳作品的痕迹。而且《西游记》有的版本上面有"华阳洞天主人校"字样，而李春芳正好曾经在华阳洞读书，自号为"华阳洞天主人"。两相对比，所以提出了李春芳所作一说。

可是，无论以上哪种说法，其实都没有明确的证据。因此目前出版的《西游记》中虽然都署着"吴承恩"的名字，但也不过是约定俗成的习惯而已，《西游记》的真正作者是谁至今仍然是一个谜。

徐霞客著成《徐霞客游记》

经三十年的考察而撰成二百六十多万字的《徐霞客游记》，开辟了地理学上系统观察自然、描述自然的新方向，它既是系统考察我国地质地貌的地理名著，又是描绘华夏风景资源的旅游巨篇，在国内外具有深远的影响。此书作者徐霞客，在考察中与长风为伍，与云雾为伴，出生入死，尝尽了旅途的艰辛。那么，他是如何写成这部书的呢？

徐霞客，名弘祖，字振之，号霞客，是我国伟大的地理学家、旅行家和探险家。1587年1月5日，徐霞客出生于江苏江阴一个有名的书香门第。他的祖上都是读书人，父亲徐有勉一生不愿为官，也不愿同权势交往，而是喜欢到处游览欣赏山水景观。幼年的徐霞客受父亲影响，喜爱读历史和地理书籍，尤其对那些探险、游记之类的书籍更是爱不释手。因此他从小就热爱祖国的壮丽河山，立志要遍游名山大川。

在徐霞客十九岁那年，其父去世。当时他很想外出寻访，亲自到名山大川游历考察一番。但是按照封建社会"父母在，不远游"的道德规范，徐霞客不能在老母亲在堂的时候出游，所以没有马上出发。

他的心事被母亲觉察到了，于是这个读书识字、明白事理的女人鼓励儿子说："男儿志在四方，哪能为了我留在家里，做篱笆下的小鸡、马圈里的小马呢！"母亲为他准备行装，还给他缝制了一顶远游冠。有了母亲的热情支持，徐霞客远游的决心更坚定了。

二十二岁那年，徐霞客带上母亲为他准备的行囊，告别了新婚的妻子，踏上了探险考察的艰苦行程。

他先后游历了太湖、洞庭山、天台山、雁荡山、泰山、武夷山和北方的五台山、恒山等。每次游历回家，他总是要和亲友们谈起各地的奇风异俗和游历中的惊险情景，他的母亲总是听得津津有味。

有一次，徐霞客在广西山中的一个秘洞中探险，恰巧碰到一条巨大的蟒蛇盘卧在洞口，他毫不畏惧，从大蛇的身上爬过去进了山洞，晚上就和大蟒蛇一起睡在山洞中。还有一次在攀登雁荡山的时候，他把自己的包脚布解下来当绳索用，让仆人抓住一端，自己则顺着带子悬空而下，结果一不小心，包脚布被尖利的岩石磨破了，徐霞客一下子就掉向深渊，幸亏他机敏地抓住身边突出的岩石爬了上来，才免于粉身碎骨的命运。

徐霞客像

母亲去世以后，徐霞客就把全部精力都放在游历考察的事业上。就在五十岁那年，他开始了一次漫长的旅行。在几年时间里，他游历了湖南、广西、贵州、云南等几个当时人迹罕至的省份，一路上跋山涉水，到了许多从未有人到过的地方，攀登悬崖峭壁，考察奇峰异洞。他还对沿途的地形地貌、土质构成、岩石成分等进行了详细的考察和记录。有一次他在腾越经过一座高耸的山峰，发现悬崖上有一个岩洞，根本没路可走。他冒着生命危险，像猿猴一样爬上了悬崖，终于到达了洞口。他的一生考察了一百多个这样的洞穴，每一个都非常危险，洞中暗河歧路密布，一不小心就会迷失方向，就连当地人都不敢轻易孤身犯险。但徐霞客毫不畏惧，对一个个神秘危险的洞穴都进行了详细的探测。他的许多探测结果与现在的科学研究成果都非常接近。

徐霞客在考察中听人说云南腾越的一座山里发生了奇怪的现象，大地震动，雷声轰鸣，森林全都无故燃起大火，许多人和动物都离奇死亡了，他经过细心的实地考察，得出了这是一次火山爆发的正确结论。又有一次，他在湖南

清　叶澄　雁荡山图

雁荡山是中国十大名山之一，徐霞客曾三次游历雁荡山，并掷笔感叹："欲穷雁荡之胜，非飞仙不能。"

明　徐霞客《游雁荡山诗》手迹

徐霞客曾先后写下两篇《游雁荡山日记》。

茶陵，听说当地有个麻叶洞，洞里有神龙或者精怪，没有法术的人，都不敢进洞。徐霞客不信神怪，他出高价雇了个当地人当向导，进洞考察。正要进洞的时候，向导问他是什么人，当他知道徐霞客是个普通读书人的时候，吓得直往后退，说："我以为您是什么法师，才敢跟您一起进洞，原来是个读书人，我才不冒这个险呢。"徐霞客并不罢休，带着他的仆人举起火把进洞。村里的百姓听说有人进洞，都拥到洞口来看热闹。徐霞客在洞里考察了很久，一直到火把快烧完才出来。围在洞口的百姓看他们安全出洞，都十分惊奇地说："我们等了好久，以为你们一定被妖精吃了呢。"

徐霞客漫游西南的时候，开始时还带了个仆人同行，可后来仆人因为害怕，偷偷地扔下他自己逃走了，只剩下他孤身一个人继续进行危险的探索之旅。但是这些挫折都没有动摇他探索自然的决心。

在旅途中，徐霞客每天晚上休息之前，不管如何劳累，都坚持把当天的所见所闻、行程和自己的考察结果详详细细地记录下来，即使在荒山野林里露宿的日子，也总是在篝火旁，伏在包袱上坚持写日记。通过实地考察，他纠正了过去地理书上记载的错误，发现了过去没人记载过的地理现象，为我国古代地理学的研究留下了宝贵文献。

经历了几十年的艰辛考察生活，徐霞客五十四岁的时候终于结束了探索自然的征程，回到了阔别已久的家乡。1641 年，徐霞客去世。他去世后，人们把他留下的大量以日记形式记载的地理考察记录编成一本书——《徐霞客游记》，这部文笔优美的著作，成为后世研究地理学的重要参考资料，被称为"千古奇书"。

明代思想家李贽之死

　　李贽，我国晚明思想启蒙运动者，一位以"奇谈怪论"闻名天下的狂人和奇士。他崇尚真奇，揭露封建社会的虚伪现实，反对儒家的泛道德主义，建立了以"童心说"为核心的新思想体系。理解他，乃是理解晚明政治走向、社会风尚和思潮变迁的一大关键。明朝万历三十年，李贽在镇抚司的狱中用剃刀自杀，结束了他七十六岁的生命。他的死，可以说是明王朝真正失败的一部总纪录。

　　李贽，初名林载贽，后改为李贽，1527年出生于工商业比较发达的福建泉州，其祖上曾是富商巨贾，但到李贽时家道中落。

　　李贽七岁时，母亲去世，他和父亲过着孤苦无依的生活。缺少母爱无疑是不幸的，但也促成了他特立独行、不受约束的个性。这种性格在他对自己的描述中可见一斑："我自六七岁丧母，便能自立。以至于今七十，尽是单身度日，独立过时。虽或蒙天庇，或蒙人庇，然皆不求自来，若要我求庇于人，虽死不为也。"

　　嘉靖三十一年（1552年），李贽中为举人，历任共城知县、国子监博士，万历中任姚安知府等职。做官对李贽来说是一项苦差事，因为违背了他的心性——他一辈子追求自由，不愿受拘束。这样的个性注定了他与当时的官场无缘。1580年，时年五十三岁的李贽，在姚安知府任满后，自动辞官。

　　对此李贽曾有解释，他说世间有一种人，"怕居官束缚，而心中又舍不得官。既苦其外，又苦其内。此其人颇高，而其心最苦，直至舍了官方得自在，弟等是也"。他很坦诚，并没有打着什么清高自赏的幌子，但也可以看得清楚，他之所以辞官就是因为不愿意受束缚。

　　照常理，辞官回家，安度晚年，这是必然的选择。但李贽却没有回泉州老

李贽像

家，而是带领全家背井离乡，投靠湖广黄安的朋友耿氏兄弟。

为什么有家不回呢？这又与李贽害怕拘束受扰、不得安宁有关系，他已看透了当时社会逃脱不了官场的习气，层层叠叠的关系压得人喘不过气来。

这种选择虽然得不到周围人及家族其他人的理解与支持，但他一意孤行，决不改变。不幸的是，随着知心好友耿定理的去世，李贽与他的哥哥耿定向由于各种各样的原因发生激烈冲突，导致李贽搬出耿家，迁往麻城，并最终出家。

而李贽与耿定向的争论以及所受到的无端指责也激发了他的狂傲气质，其性情中原有的倔强执拗、桀骜不驯、嫉恶如仇也发展到极致，公开与世俗对着干，不惮以狂放不羁、惊世骇俗的言与行出现在世人面前。

辞官、离乡、出家后的李贽并没有忘怀世事，而是全身心地投入到著书立说之中去，并敢言人所不敢言，敢发人所不敢发。很显然，他将著书立说视为实现自我价值的途径与方式。对于能够摆脱世俗羁绊得以进行自己最喜欢的事业，李贽表示了由衷的喜悦之情。他用心来写，倾注进热情、生命与智慧，而且异常地投入与勤勉，他的心灵在读书著述中得到前所未有的熨帖与自在，堪称得其所哉！唯有著述，才能延续其生命，光大其精神，证明其价值。

但狂傲褊狭、孤高自许又口无遮拦、放言无忌的李贽，难免招致怨尤。

当然更多的是他的言论、主张、思想有不合正统规矩、标准、要求之处，触及了当权者的某些痛处。

这样的言论主张在中国十七世纪早期封建制度与意识形态控制相当严酷的时候，无疑是大胆的、超前的，具有振聋发聩的效果，直接刺激全社会的思想解放与精神觉醒；但对统治者来讲，就是危险的、大逆不道的，被视为直接危及统治基础。那么李贽被置之死地就是一种自然的结果。

于是，礼部给事中张问达上疏弹劾李贽，说李贽著《藏书》《焚书》等"流行海内，惑乱人心"，又说他在麻城讲学期间"肆行不简，与无良辈游庵院，挟妓女白昼同浴，勾引士人妻女，入庵讲法，至有携衾枕而宿者"。劾疏一上，万历皇帝下谕道："李贽敢倡乱道，惑世诬民，便令厂卫五城严拿治罪。"

对于此，李贽早有预料。所以在被捕时，他表现得十分从容，甚至疾呼："速行！我罪人也，不宜留。"万历三十年（1602 年），李贽在狱中自刎而死。

现在我们看来，李贽的悲剧，不仅是个人的悲剧，更是时代的悲剧。不论是李贽，还是迫害他的冯应京、张问达，都不过是封建伦理道德至上主义的牺牲品。所不同的是，李贽觉悟了，而冯应京、张问达却至死不悟而已。

《永乐大典》下落之谜

　　明初编纂的《永乐大典》，初名《文献大成》，内容包括经、史、子、集、百家、天文、地志、阴阳、医、卜、戏剧、小说等。它是我国古代编纂的一部大型类书，为了防止毁坏，共制作了正副两个版本，分别藏在两处。但几百年过去了，这两个版本都荡然无存，几百年来众说纷纭，莫衷一是。那么，《永乐大典》的下落在何处呢？

　　明成祖朱棣在即位之初，便下令编纂一部包括经史子集、百家等，包罗万象的大规模丛书。为此，他命翰林院学士解缙、太子少保姚广孝为监修，在文渊阁进行编纂，先后"供事编辑者三千余人"，其中国子监监生就达千人以上。1407 年，编修工程竣工。全书共三亿七千万字，收录了上自先秦、下迄明初的各种图书八千余种。内容包括经、史、子、集、百家、天文、地志、阴阳、医、卜、戏剧、小说等，朱棣阅后亲自撰写了《序言》，正式定名为《永乐大典》。明成祖迁都北京后，将文渊阁所储书籍各取一部包括《永乐大典》运送至北京，共计一百柜，装船十余艘。

　　八国联军入侵北京时，被储存在翰林院的《永乐大典》惨遭不测，大部分都葬身火海，只有少部分被这些强盗带回国，或收藏，或转卖，珍贵的《永乐大典》散落世界各地。时至今日，只剩四百册左右的《永乐大典》分散在八个国家的三十多个收藏机构中。我国一直在全力收购这批流失国外的百科全书。就全书而言，如今的《永乐大典》剩余不到百分之四。

　　可令人震惊的是，现存所有的《永乐大典》用的都是嘉靖时期的皮纸（也叫白棉纸），而且书后都注明了重录总校官、分校官、写书官及圈点人姓名。由此可以推断，这些《永乐大典》全部出自明朝嘉靖时期。专家们发现，不仅

明 解缙、姚广孝等编纂 《永乐大典》

《永乐大典》内容包括经、史、子、集，涉及天文地理、阴阳医术、占卜、释藏道经、戏剧、工艺、农艺，涵盖了中华民族数千年来的知识财富。

保留在中国的《永乐大典》如此，目前全世界所能见到的也都不是永乐年间编纂的。

那么，正本究竟去了哪里？难道有人用其他版本取代了正本？几百年来，关于这个问题众说纷纭，莫衷一是。

明成祖朱棣对《永乐大典》的喜爱是不言自明的，可在他之后，明朝各代帝王中查阅过《永乐大典》的却寥寥可数，但嘉靖皇帝是例外。有书记载，嘉靖皇帝对《永乐大典》爱不释手，在他的床榻上，常常放有《永乐大典》以备查看。自他登基以后，更是将其作为必备的参考经典，并时常在朝廷上引用。

嘉靖三十六年（1557 年），宫中失火，嘉靖皇帝把自己身边的人都调派到收藏《永乐大典》的文楼抢运《永乐大典》，由于抢救及时，《永乐大典》完好无损，但心有余悸的嘉靖皇帝决定"重录一部，贮之他所，以备不虞"。

老蓮 洪綬 畫於柳橋

明 陈洪绶 校书图 此图描绘明人校对书籍的情景。永乐大典初成时，朱棣非常不满，将编修人数扩至三千余人，多方校对最终成书。

因此在大火之后的第五年秋天，浩大的重录工程正式开始。重录后的《永乐大典》在内容、格式、装帧方面与原本如出一辙，从此，《永乐大典》便有了两个版本——永乐正本和嘉靖副本，正本仍藏在文楼，副本藏在皇史宬。

总的来说，目前流散世界各地的《永乐大典》全都是副本。也就是说，《永乐大典》的正本已经彻底消失了。那么，它是什么时候，又是因为什么原因消失的？

一说是李自成兵败迁怒《永乐大典》，将其烧毁。

很多专家都持这种观点，认为《永乐大典》很可能在明朝灭亡时，毁于李自成之手。当年，李自成占据北京，仅辉煌了十天就被多尔衮、吴三桂的联军所败。李自成撤离北京之际，将怒火发泄在这些几百年的宫殿和城楼上，下令放火焚烧。皇城因此"火光烛天""殿宇半毁"，《永乐大典》正本可能就毁在这把火中。但这种合情合理的观点只是猜测而已，并没有真凭实据。当时确实是烧毁了许多古籍，但并没有资料记载烧的就是《永乐大典》。

另一种说法与上述说法有一致的地方，也认为《永乐大典》是被烧毁的，但是与上述不同的是，认为这把火是万历年间的那一把火。

万历二十五年（1597 年）六月，北京皇宫三大殿皇极、中极、建极殿发生火灾，《永乐大典》正本连同其他许多文献资料极有可能被烧毁。在晚明学者方以智的《通雅》中有一段关于《永乐大典》的描述："《永乐大典》藏于文楼，嘉靖中火，上亟命救得免，复命儒臣摹录，隆庆元年始竟。万历中因三殿火，书遂亡。"方以智是崇祯十三年（1640 年）进士，任翰林院编修、定王讲官等职，擅长典章制度和考据之学。其祖父、父亲都是万历年间进士，对京师掌故十分熟悉。方以智秉承家学，谙熟明季史事。所以很多学者认为他们所记之事应当是可信的，即《永乐大典》正本毁于三殿火灾。

但是又有学者反对《永乐大典》正本毁于大火之说，认为正本其实仍然存世，只不过被藏在嘉靖皇帝的永陵里。

历史已经离我们远去，但真相只有一个。关于《永乐大典》正本的下落或许将成为历史长河中一个永远的谜了。

《金瓶梅》是明代四大奇书之一，书中暴露了明朝中后期社会的黑暗与腐朽，以及社会道德的沦丧和人物心理的病态。作者以悲愤的情感、悲凉的笔调，开创了我国文学史上的"平民写作"之风，通过对现实社会黑暗面露骨的描写，预言了明朝必将走向灭亡的现实，以描写世间丑恶而呼唤正义、光明与善良。但是，这部被公认为世界文学名著的伟大著作，其隐秘的作者却给后人留下了无尽的困惑，它真正的作者究竟是谁呢？

　　《金瓶梅》，明代四大奇书之一，是我国第一部以日常家庭生活为题材的长篇小说。小说借恶霸西门庆私通潘金莲的故事为主线，刻画了李瓶儿、春梅、吴月娘、李娇儿、孟玉楼、孙雪娥、应伯爵等一大批栩栩如生的人物形象，通过描写一个家庭中的罪恶，揭露出了整个社会的颓废衰败。就思想性和艺术性而言，《金瓶梅》一书无疑达到了极高的水平，但因为书中有大量色情描写，此书面世后曾几度被统治者定为禁书，最后终于在世界文学史上获得应有的地位，被公认为伟大的世界文学名著。这部深刻的现实主义小说的作者署名为"兰陵笑笑生"，给后人留下了无尽的困惑，令世人苦思不得其解。那么，它真正的作者到底是谁呢？

　　一说《金瓶梅》的作者是明朝嘉靖年间的大文学家王世贞。王世贞的父亲王杼本是一省巡抚，他有一件无价的传家之宝——宋代画家张择端的《清明上河图》。但这《清明上河图》不仅没有给王家带来财富，还带来了极大的灾祸。这是怎么回事呢？原来，当时权倾朝野的大奸臣严嵩听说了王家藏有《清明上河图》真本，就要强行索取。王杼不甘心就此将家传之宝拱手让人，但又畏惧严嵩，无奈之下弄了一幅临摹的假画送去。

不料，这幅摹本却被当时的江右巡抚唐荆川识破，阴险奸诈的严嵩于是在朝堂上随便找了个借口将王杼杀害。

为了给父亲报仇，王世贞曾经好几次派杀手去暗杀唐荆川，但由于其防护严密，均告失败，王世贞决定用自己的办法来杀死仇人。他得知唐荆川看书时喜欢用手指沾唾沫翻动书页，于是他把自己关在家中，三年不见客，耗费了巨大心血，终于写成了一本旷世奇书——《金瓶梅》。书中以严嵩的儿子严世蕃为原型，塑造了西门庆这一人物形象。这样的说法在后来看来不无道理，因为严世蕃的小名叫作"庆"，号"东楼"，而"西门"正好与之相对，"庆"也与之同名。

王世贞在书中描写了西门庆从发达到衰落，并最终因作恶多端招致暴死的结局，表达出了王世贞心中恨意。书成之后，王世贞就在书的边页上抹上毒药，让人拿到街上以"出售天下第一奇书"去叫卖。能识破《清明上河图》摹本的唐荆川，学问自然了得，听到这样的叫卖，就停了下来。他把书拿到手中一看，果真是一本奇书。他如痴如醉地看了起来，不知不觉就翻完了整本书，同时把书上的毒药也吃进了肚子里，毒发身亡。

无独有偶，这个故事的另一版本就是说王世贞用这本书毒死的并不是唐荆川，而是严嵩那个好色如命的儿子严世蕃。不管被毒死的是谁，故事的结局是一样的，都承认了王世贞是《金瓶梅》的作者。

但是到了后来，通过对书中一些具体情节的分析，一些学者却提出了不同的看法。

在《金瓶梅》中，大量地使用了山东方言，据此，一些学者推测出作者应该是山东人氏，至少也应该是在山东生活过很长时间的人；再者，全书的描写细致入微，妙趣横生，足以看出该书作者高超的文字功力，因而作者不会是在文坛上的默默无闻之辈；还有，从书中对官场众生的刻画，对纵情声色的生活描述来看，作者应该是

徐渭像

清　佚名　金瓶梅插图册

清代版本的金瓶梅插图色彩艳丽，人物绘制精细准确。

官场失意情场得意的典型人物。综合以上这些方面，推断出来最符合条件的人应该是明朝万历年间的文学家屠龙。

屠龙，祖籍江苏，而"兰陵"正是指江苏常州西北一带。在屠龙创作的《开卷一笑》中，就曾经用过"笑笑先生"的笔名，这不能不让人们联想到"笑笑生"的名字。从个人经历来考察，屠龙曾经做过京官，后来因为被人揭发纵淫而被罢官，看清了官场险恶的他，从此变得更加玩世不恭，纵情声色。这样的经历，正好为写作《金瓶梅》提供了极好的素材与生活经验。这么一说，屠龙确实是像极了隐藏在《金瓶梅》幕后的真正作者。

还有学者根据以上条件推测出《金瓶梅》作者应该是明朝时著名的文学家、艺术家徐渭。徐渭是明代一流戏曲作家，生于正德十六年（1521年），卒于万历二十一年（1593年），一生跨正、嘉、隆、万四朝，著有《四声猿》《歌代啸》等反映现实的杂剧作品，因此，他完全有能力写作《金瓶梅》。徐渭也是我国文学史上著名的"怪才"，虽满腹才华，但仕途不顺，七次科举考试都落榜，至晚年依旧是一名穷苦秀才。

　　明嘉靖年间，浙江总督胡宗宪领兵于江南抗倭，因战争需要而招募参谋，文武全才的徐渭被选中，先后提出了一些行之有效的抗倭计策，深得胡宗宪倚重。

　　到了后来，恩人胡宗宪入狱，徐渭一度抑郁成疾，精神错乱，不断用锤子敲击自己的头，甚至杀害了自己的妻子后入狱。后来，当朝状元张元忭和翰林院编修陶望龄等组织了各方力量，极力为徐渭求情，希望官府看在徐渭神志不清的份上将其释放，徐渭终得以重获自由。

　　出狱后的徐渭，虽然又娶了几任妻子，但最终都以休妻告终。坎坷经历造成了徐渭心理上的阴影，特别是在看待女性的问题上。正是这种病态促使了徐渭能从"审丑"的角度来创作小说，在他的笔下，妇女都成了迎奸卖俏的市井淫妇，官不为官，妻不为妻。

　　总之，《金瓶梅》的作者之争，已经持续了四百多年，人们恐怕还要为此继续争论下去，直到我们终于能够确定这本奇书作者的那一天。我们翘首以待，相信随着对《金瓶梅》研究的深入，一定能撩开"兰陵笑笑生"的神秘面纱。

藏在古画里的大明史

本章用简洁的文字记录了大明王朝民间的故事，展现了古人的智慧与闲情，向读者描绘了一幅幅旧时古人生活的曼妙场景。隔着岁月的河流远远望去，古人的娴雅，古人的精致，古人的智慧及古人的意趣虽已不是那么真切，却仍散发着摇漾人心的光芒，照耀着中国人的过去与现在。

第九章

民间轶事：人间闲情竞风流

春节贴对联的来历

对联产生于我国古典文学和民族文化，它融合了诗词曲赋等多种文体的优秀成就，成为对仗文学的高峰和典范，可以称作我国文学艺术中一朵芬芳绚丽的奇葩。它既具有诗词曲赋的某些特点，也有自己独特的艺术魅力，集文学性、艺术性、思想性和知识性于一体，具有广泛的娱乐性和实用性。那么，对联产生于什么时期？推广于什么时代呢？

对联，又称楹联或对子，是中文语言独特的艺术形式，它言简意深，对仗工整，平仄协调，是中华民族的文化瑰宝。据说，对联起源于五代后蜀主孟昶，不过，真正把这种艺术形式推广到民间的，却是明太祖朱元璋。

朱元璋虽然从小没读过什么书，但是后来一朝登上皇位，忽然间变得深思好学，尤其喜欢题对联。

相传，在朱元璋还没有夺取天下时，有一次率兵包围集庆，路上经过一个驿站停下来休息，发现这个驿站的管理人竟然是一个十多岁的小男孩。见这个孩子长得很是可爱，朱元璋就随口说道："十岁儿童当马驿。"

本来，朱元璋只是随便说说，可谁知话音刚落，那个正在玩着马鞭的小男孩竟然脱口而出道："万年天子坐龙廷。"这话让朱元璋喜出望外，因为，对于一个起义军的领袖来说，这可是一个绝好的预言啊！于是，他高兴地将这个孩子收为义子。

说来也怪，后来朱元璋真的就应了孩子的那句话——做了皇帝。在他登基的第一个春节，就下了一道圣旨，命令全国上下无论王公大臣还是普通百姓之家，在除夕之前都要在自家门前贴出一副对联，以示庆贺之意，并且还亲笔写了几副对联送给他的大臣们。

清 佚名 《年节习俗考全图》元旦贺年 图绘清朝人庆贺新年的场景，门上贴着红色的春联，是明代的习俗延续到清代的体现。

明　李士达　岁朝村庆图

图绘明人访友宴饮，燃放鞭炮，敲锣打鼓，辞旧迎新，欢庆佳节的热闹场面。

在这些对联中，送给开国功臣徐达的对联尤为一提：

破敌平蛮，功贯古今第一；

出将入相，才兼文武无双。

这副对联，不仅文笔优美，而且把徐达的功劳与才干大大地夸赞了一番，深受大臣们的赞赏。

关于朱元璋与对联的故事，在民间还远不止这些。

除夕这天下午，朱元璋想看看老百姓是否都贴上了对联，于是就偷偷地溜出了皇宫，在京城的大街小巷中闲逛，欣赏着各家各户门前贴的对联。

眼见满街红红绿绿，不乏对仗工整、寓意深远的妙联，朱元璋喜不自胜。但就在他准备回宫的时候，忽然发现有一家店铺的门前没有贴上对联，在满街的繁华喜庆气氛中显得格外冷清。于是，朱元璋找到这家店的老板问道："今年过春节，京城中到处都贴满了对联，怎么只有你家没有呢？难道你不怕皇帝怪罪吗？"

老板愁眉苦脸地回道："我是很想贴一副啊！可是我家一向以杀猪、阉猪为生，家里的人都不识字，就是想请人代写都没人愿意帮忙啊！"朱元璋听老板这么一说，顿时来了兴致，就对老板说："要不这样吧，我替你写一副可好？"

老板一听，立刻喜出望外，忙叫家人去找来笔墨纸砚，请朱元璋进店来写对联。朱元璋低头想了想，随手提笔写下一副对联：

双手劈开生死路；

一刀割断是非根。

这对联写得可谓是通俗易懂，又很符合这一家的生活状况，老板连连答谢。

又有一天，朱元璋微服走到菜市上，遇到一位卖藕的农民。看着一段段雪白的藕，他不禁赞叹道："一弯西子臂。"不料卖藕的农民随口就接道："七窍比干心。"以比干对西子，仍是以手中的莲藕为题，和朱元璋的一句话恰好成为一副对仗工整的妙联。朱元璋一听，心想这位农民一定读过不少书，细问之下果然如此。第二天一上朝，爱才的朱元璋就命人找来那位农民，让他担任国子监祭酒的官职。

一次，朱元璋在路上遇到一位书生，攀谈之下知道书生是四川重庆府人氏。朱元璋想考考书生的才学如何，就出了一个以重字为题的上联"千里为重，重山、重水、重庆府"，书生一听，当即接道："一人成大，大邦、大国、大明君。"朱元璋听了还以为书生识破了自己的身份呢。

朱元璋不单在大街上随便找人对对子，在宫中，在朝中，他也常和学识渊博的学士们一比高下，尤其喜欢和他的军师刘伯温对对。有一次他和刘伯温一起下棋，忽然之间有了灵感，看着棋盘随口就以棋为题吟道："天作棋盘，星作子，日月争光。"刘伯温一听，拍案叫绝，也应声道："雷为战鼓，电为旗，风云际会。"朱元璋到姑苏去时，刘伯温也随驾前往，两个人闲来无事就玩起了对对联的游戏。朱元璋用"天""口"两个字出上联："天下口，天上口，志在吞吴。"刘伯温就以"人""王"两个字对出下联："人中王，人边王，意图全任。"

还有一次，朱元璋看到他的大臣陶安正头枕着书本打瞌睡，为了戏弄陶安，就以此为题作出上联："枕耽典籍，与许多圣贤并头。"陶安一听，登时睡意全无，他又怎么敢和圣贤并头呢？这时朱元璋手中正拿着一柄画着山水画的扇子。陶安瞟了一眼扇子，立时有了主意，他不慌不忙地对道："扇写江山，有一统乾坤在手。"这下可把朱元璋高兴坏了，连说陶安对得好。

朱元璋就是这样酷爱对对联，并用行政命令把它推广到社会的各个阶层，使对联不仅是上层人士闲暇时的娱乐，更成为广大群众喜闻乐见的文学表现形式，并日渐成为人们节日生活中不可缺少的一部分。

历史上真有张三丰吗

我国武术有内家和外家之分，外家就以少林为尊，内家则以武当称雄。在武当派的众多武术中，又尤以内家拳驰名中外。这武当内家拳由来已久，一向以"以柔克刚、以静制动"而闻名。在各种武侠小说中，张三丰是武当内家拳的创始人，他有着出神入化的武当神功，其仙风道骨和高尚德行令人钦佩不已。那么，历史上确实有张三丰这个人吗？

历史上的张三丰有好几个，有的说他生于宋代，有的说他生于金元，最常见的则说他是明初之人。到底哪一个张三丰才是武当派的真正创始人呢？

宋朝的张三丰大概生活在北宋末年。这种说法最早是明末清初著名思想家和历史学家黄宗羲在《王征南墓志铭》中提出来的，内家拳"盖起于宋之张三丰。三丰为武当丹士，徽宗召之，道梗不得进，夜梦玄帝授之拳法，厥明，以单丁杀贼百余"。黄宗羲儿子黄百家，也是清代著名的历史学家，跟王征南学过内家拳，在他写的《王征南先生传》中说："盖自外家至少林，其术精矣。张三丰既精于少林，复从而翻之，是名内家。得其一二者，已足胜少林。"王征南是黄宗羲的朋友，是黄百家的师父，因为黄氏父子的名气很大，而且作为严肃的历史学家，关于宋朝张三丰的记载也应该是相当认真的，所以后人没有对此提出质疑。

金元年间的张三丰，本名张阳，字三风，中岳武当山道士，中岳慈云寺佛徒，创张阳拳和二路通臂拳。然而关于金元之间的张三丰，至今说法不一，甚至都模糊不清。据说他曾经和刘秉忠是同学，《名山藏》中也说：张三丰曾与刘秉忠、冷谦同师元初著名的海云禅师。清人李西月编写的《张三丰全集·芦汀夜话》里，张三丰自称生于元定宗三年（1248年），曾任中山博陵县令，

张三丰像

张三丰历官至中山博陵令，其人丰姿魁伟，大耳圆目，须髯如戟，时隐时现，行踪莫测。

后弃官出家，做全真道士，在终南山遇到火龙真人，得到真诀，最后在武当山修炼多年。刘秉忠（1216—1274年）是元代前期著名政治家、文学家、建筑设计家。但是刘秉忠现存作品较多，却均没有提到"张三丰"这个人。据此推算而得出的结论，实在不知这同学之说又是来自何处。

那么明朝的张三丰是一个怎样的人呢？

明朝的张三丰是一名被神化的人物。《明史》中专门有一篇张三丰传，其中详细介绍了张三丰的生平事迹。张三丰生于元朝末年，是辽东人，本名叫全一，又叫君宝，号为三丰，道号玄玄子。他的外貌十分威武，曾经在终南山从师于火龙道人，练就了一身绝技。师成下山以后，一直浪迹江湖。他虽然极为聪颖，有过目不忘之能，但是潇洒放荡，不把世间的教条规矩放在心上，行止大异于常人。据说他有时候三五天吃一顿饭，有时候两三个月才吃一次饭。精神好的时候穿山走石，累了的时候铺云卧雪。有时一日走千里，"人皆异之，咸以为神仙中人"。更让人不解的是，无论严寒酷暑，他都只着单薄衣衫而不觉其寒。他整日在各地游走，与武当山的渊源就是在他的旅途中结下的。据说他有一日到了武当山下，一望之下就断言"此山翌日必大兴"，而且还在山上结庐而居，准备长住下去。但是不知为何住了不长时间就又远游去了。他还有一件事最令人称奇，据说有一次他走到陕西宝鸡的一座道观，对跟随他的徒弟说自己就要死了，当晚果真就阖目而逝。可就在徒弟要埋葬他时却又听到棺材中有声音，打开一看，张三丰竟然死而复生了，还笑着跨出棺材，像没事人一样，更加使人觉得不可思议。

关于张三丰的传言愈加神奇，越传越有夸大之辞，最后还传到了皇帝的耳朵里，皇帝一心想得见他的庐山真面目。洪武二十四年（1391年），明太祖朱元璋为了加强对道教的控制，派遣一些道士出使全国各地道观，特意叮嘱使者："有张玄玄，可请来。"但始终没有找到张三丰，久寻不获，只好放弃了。永乐年间，有关张三丰的话题又被提起。明成祖也想见见这位异人，于是又派人在全国各地到处寻找。因为又有建文帝下落不明的事，所以大家都认为成祖寻找张三丰只是暗寻建文帝的一个幌子。不管这种说法是真是假，成祖寻找张三丰的行动总是真实的。以至于数年之后派出的人一无所获，成祖还自叹福缘浅薄，无缘得见，并且决心为张三丰做些事。他命工部官员征集了三十万民工，拨银上百万两，重建武当山上被战火所毁的宫殿庙宇，塑了张三丰的像，派专人管理，并亲自赐匾"遇真宫"。这下，武当山声名大震，一时间香客云集，成了天下闻名的圣山，应了张三丰的预言。如此看来，武当山虽然不是张三丰亲手所建，却是因他而兴旺发达，也难怪那些武当派的徒子徒孙们把他奉为开山祖师了。由此机缘，武当功夫也声名鹊起，得到普及和发展，徒众上万，成了可以与古老少林一派并称的武术大支。

由此可知，张三丰其人是真实存在着的，武当山的发达也与他有着密切的关系。至于武当内家拳是否真是张三丰所创倒是不得而知，但至少有一点是真实的，张三丰本人确实有着一身出神入化的武功，而且行事莫测，否则也不会被当时的人视为陆地神仙了。

明朝航天实践者万户

在世界航天史上，最老的传言是鲁班造飞鸟，不过这只是传言，已不可考了。有史可考的是在明朝时期一个叫万户的人，他可是世界上有航天经历的第一人。那么，万户是怎样做出这一壮举的？他的飞天梦最后是否得以实现了？今天，我们该如何评价这位"世界航天第一人"呢？

1999年11月20日至21日，中国成功地发射并回收了第一艘"神舟"号无人试验飞船，标志着中国已突破了载人飞船的基本技术，在载人航天领域迈出了重要步伐。

其实，航天是中国人早已有之的梦想，只是苦于没有交通工具，数百年间这个梦想一直停靠在无数人的心里无法出海。明朝时，情况大为改变，当时国内的兵器工业取得了重大进步，尤其是"火箭"技术的提高，使一个名叫万户的人最终将这个千百年的梦想付诸行动，成为世界航天史上的第一人。

美国火箭学家赫伯特·S.基姆在1945年出版的《火箭和喷气发动机》一书中写道："约当十四世纪之末，有一位中国的官吏叫万户，他在一把座椅的背后，装上四十七枚当时可能买得到的最大火箭。他把自己捆绑在椅子的前边，两只手各拿一个大风筝。然后叫他的仆人同时点燃四十七枚大火箭，其目的是想借火箭向前推动的力量，加上风筝上升的力量飞向前方。"

万户，生于明朝初年的一个富家子弟，他从小酷爱木工，而且喜欢钻研、进行技术改良或是发明创造。为了让自己的天赋产生最大的价值，万户毅然放弃科考，参军入伍走上了保家卫国的第一线。这段时间，他用自己的双手改造了一系列武器，刀、枪、箭、炮无所不包。当时明朝政府和逃到方的蒙古势力常有大规模交火。他的这些发明让明军屡获战功，大将班背因此十分欣赏他，

把他调到兵器局上班，专心武器研发。事实上，班背也是个兵器爱好者，他的兴趣重点在当时的火箭技术改良上，梦想能制造出一飞冲天的"飞鸟"。闲暇之余，班背就与万户一起讨论。有了大靠山，万户的前途似乎一片光明。然而，班背是个十分正直的人，舌头不会打弯，心眼也不会打弯，从来都是一根直肠子。没过多久，他就因得罪了右中郎李广太，被关在拒马河上游的深山中。

看到好友受难，万户心神难安，想尽办法要营救。恰好这时燕王朱棣正广泛笼络人才，能工巧匠来者不拒。李广太看准了朱棣这棵大树，竭力巴结，并推荐了精通尖端兵器技术的万户。但是他知道万户和班背的关系，所以多次威逼利诱。万户为了帮好友早日脱离苦海，就答应了他。人算不如天算，拒马河靠近明朝边境，是蒙古骑兵经常遛马的地方。没等万户人到，班背就死在了蒙古人的刀下。遇难前，他让随从把自己毕生的研究成果——《火箭书》带了出去，交到万户手上，希望他完成自己的飞天梦想。

握着《火箭书》，万户立誓要造出"飞鸟"，从此开始了漫长的钻研。其实，火箭这种技术早在弓箭诞生不久就已经有了，原本的含义是纵火之箭。通常作战时，士兵在箭头缠上甘草等易燃物品，点燃后射向敌人，达到大力度杀伤对方和焚烧粮草的效果。这种技术使用了很多年，在隋唐时期出现火药的基础上，又进行了重大改良。即把易燃物换成火药，产生的效果就不仅仅是燃烧，还有更大威力的爆炸，这种火箭的名字叫作"弓射石榴箭"。实际上，"弓射石榴箭"的动力基本还是来自人的双臂，射程有限，无法达到理想的杀伤效果。这种情形在南宋时发生了改变。当时在与蒙古骑兵的长期对决中，为了有效地在远距离之外消灭对方的机动兵力，让骑兵的优势无法发挥，能工巧匠们开始用火药气体取代人的双臂，推进火箭发射。最初的时候，弓箭手们利用绑在箭杆上的火药筒喷出火药气体来增加射程。不过这是一项高难度工作，人的力量、弓的张力和射角都必须达到完美的配合，才能产生最理想的效果。为了解决这一技术难题，聪明的祖先逐渐设计成完全依靠火药气体推进的发射形式，这就是最原始的单级火箭。

万户经过多年的研究，逐渐从军中广泛使用的火箭中得到了灵感，设计出一种前所未有的"飞龙"火箭，射程可以达到一千米。理想终于实现，该是实现梦想的时候了。虽然是在六百多年前，虽然是百分之百的送死，但是万户还是迈出了人类走向太空的第一步。当时没有宇宙飞船，他就用椅子代替，椅子后面捆绑了四十七支"飞龙"火箭，借助火箭向前推进的力量，太空似乎不再遥远。难能可贵的是，他还想到了着陆问题，手里准备了两个大风筝，这样就可以平稳地降落。这几乎是当时所能用到、所能想到的最先进的优势组合了。

起飞那天，万户坐在飞天椅上，平静地吩咐仆人举起火把。他的梦想，班背的梦想，无数古人的梦想，那一刻在他的口中化作两个坚定的字——"点火"。随着一阵阵轰响声，火箭喷出一股股火焰，"飞龙"火箭把万户推向半空。正当地面上围观的人群发出欢呼的时候，第二排火箭自行点燃了，一声巨响，万户连同"飞天椅"一起坠落在万家山……

万户就这样走了，他牺牲在自己梦想的征途中。为了纪念这位伟大的人类航天先行者，在二十世纪七十年代的一次国际天文联合会上，众人将月球上一座环形山命名为"万户"，将万户的名字永远写在了他梦想触及的地方，以纪念"第一个试图利用火箭飞行的人"。

以古代火箭为基础，在随后的历史发展中，随着科学技术的进步，人类一步步将飞天的梦想变成了现实。

沈万三有聚宝盆吗

　　他本来是一个普普通通的农民，可是在很短的时间里突然暴富，这是为什么呢？相传，是因为他在无意之间获得了一件奇珍异宝——聚宝盆，这个被人们传得神而又神的传说是真的吗？沈万三真的是因为获得了聚宝盆而成为天下首富的吗？

　　沈万三，名富，字仲荣，俗称万三，元末明初人，其家资雄厚，富甲天下。为什么呢？因为传说他有一只聚宝盆，靠这个聚宝盆，他积聚了大量的财富。以下这个故事就是沈万三是如何得到聚宝盆的传说。

　　有一天，沈万三从一个渔夫手中买下刚捕来的一百多只青蛙，之后，沈万三不愿伤害它们，便一股脑地把它们都放回到水里。这些青蛙似乎也十分感恩，久久不肯直接回到水里，而是聚在岸边，持续不断地往一只破瓦盆中跳。

　　这种情景让沈万三感觉很奇怪，于是就翻转瓦盆，把青蛙从里面倒出来，但更为奇怪的现象发生了：他刚把瓦盆放下，青蛙又都跳进瓦盆里。沈万三看着这个有些古怪的瓦盆感到莫名其妙，于是把瓦盆带回了家。

　　回到家中，沈万三和妻子研究了半天，也没有搞清楚这个破破烂烂的瓦盆到底有什么蹊跷，最后就置之一边，不再理会。

　　后来一个偶然的机会，他的妻子不小心把一只银戒指掉在了瓦盆里，还不待她取出时，瓦盆中忽然之间就出现了满满一盆一模一样的戒指。沈妻一看大吃一惊，连忙把这件不可思议的事情告诉了丈夫。沈万三将信将疑地把一小块金子投进盆去，盆中立刻就充满了金块。沈万三于是就用这个聚宝盆生出了无数的财富，成了当时的天下首富。

　　明太祖朱元璋听说了这件事，十分眼红，于是下令让沈万三进献这只宝盆，可谁知这见金生金、见银生银的宝盆，一旦进了宫就什么作用也没有了。无奈之下，朱元璋就让人把这个破瓦盆又送回给沈万三。沈万三清楚地知道宝盆不起作用惹怒了皇帝，如果继续把它留在家中，定会招来祸患，于是上奏皇帝，请求将聚宝盆埋在南京新建的一个城门下面，说是用来增长南京城的帝王之气，而这个城门就被人称为聚宝门。

可即使这样，朱元璋还是不高兴，觉得沈万三愚弄了他。不久，他终于找了个理由治了沈万三的罪，抄了沈万三的家，并将其发配到当时的蛮荒之地云南。

这个故事虽然情节诱人，但毕竟不是历史上的真实事件。不过，沈万三确实是元末明初的天下首富，这一点倒是毋庸置疑的，现存的各种史料大多有记载。

那么，既然用聚宝盆发家致富是不可能的，沈万三又是用什么方法在不长的时间里就积攒了这么多的财富呢？

一种说法是，沈万三曾经给江南一位姓陆的富翁管理事务，后来这位富翁临死前就把这些财产全送给了沈万三和另一个为他管理事务的人，沈万三就以这些分得的财产做本钱，靠着自己精明的商业头脑，终于创造了那个时代的财富神话。

还有一种让人最为信服的说法就是，沈万三是以与外国进行通商贸易而致富的。沈万三家原本不富裕，为了逃荒，他的父亲便带着家人来到苏州定居。当时那儿的荒地很多，他们一家就开垦荒田，通过一家人十多年的辛苦努力，终于成了当地的一个小地主。

后来，沈父死去，儿子分了家，各自去发展了。精明的沈万三看准了当时海外贸易的广阔市场，就常携带一些江浙盛产的丝绸、瓷器、茶叶等货物到外洋去交易，渐渐地，手中小有积蓄。

沈万三又把目光投向了陆上贸易，他借钱给别人以收取高额的利息，还逐渐在全国各地建立起自己的商业体系，经营着各种生意。沈万三靠着其极为精准的眼光，在任何一笔投资上都可以获利。经过近二十年的财富积累，到朱元璋建立明王朝的时候，沈万三已经从一个不名一文的农民一跃成为富甲天下的富翁。

但是，富可敌国的沈家，却被最高统治者朱元璋三次抄家而迅速衰败。

第一次打击是在洪武六年（1373 年）前后。据史料记载，沈万三除筑洪武门至水西门城墙外，还以龙角贡献，并献有白金二千锭、黄金二百斤、甲士十人、甲马十匹，建南京廊庑、酒楼等。除沈万三充军云南之外，他的第二个女婿余十舍也被流放潮州。这次打击不仅使沈家失去了沈万三这个当家人，而且富气也减去了大半。

第二次打击是在洪武十九年（1386 年）春，这次沈至、沈庄为田赋坐了牢，沈庄当年就死在牢中，从根本上动摇了沈家的基业。

第三次打击是在洪武三十一年（1398 年）。这次沈万三的女婿顾学文一家及沈家六口近八十余人全都被杀头，没收田地。沈万三苦心经营的巨大家业急剧衰落了。沈家在遭受了如此三次沉重的打击后家破人亡。

总之，过多的财富并没有给沈万三带来快乐，反而还招来灾祸。也就是说，无论朱元璋以什么样的理由让沈万三家破人亡，但总不会与他的巨额财富无关。

法　禄是道　《中国民间信仰研究》

元朝末年，沈万三以躬耕起家。帮助商人陆道源理财，取得巨资。全力开展贸易活动，迅速成为"资产巨万、田产逾吴下"的江南第一富豪。

"风流才子"唐伯虎

　　在众多的历史才俊中，但凡拥有伟大爱情的名人，他们同样也拥有感人的悲剧婚姻。一部电影《唐伯虎点秋香》，将明朝江南才子唐伯虎与秋香的爱情故事演绎得淋漓尽致，使一个天资聪慧、仪表堂堂、琴棋精通、诗画双绝的风流才子形象跃然眼前。那么，历史上的唐伯虎真的是个"风流才子"吗？他真的与秋香发生过一段缠绵悱恻的传奇式爱情故事吗？

　　唐伯虎，本名唐寅，字伯虎，又字子畏，号六如居士，又号桃花庵主。他的名气很大，其诗、书、画号称"三绝"。当时有"江南第一才子"的美名。

　　唐伯虎自幼聪明，几岁时就能写文章，十六岁就考中了秀才，父亲在世时经营着一个小酒馆，家境还算殷实，他整日过着"琴棋书画诗酒花"的生活。其父去世后，唐伯虎失去了生活的依靠。

　　为了使以后的生活有所保证，他决心求得科举，于是，回家后把窗户都用泥堵死，谢绝访客，专心一意地研习经书。果然，在弘治十一年（1498年），二十八岁的唐伯虎高中应天府乡试第一名。主考官梁储十分欣

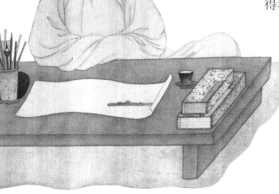

清　叶衍兰　**唐寅像**　　唐寅是明朝著名画家、书法家、诗人。

赏他的文章，甚至在回到京城后，还把唐伯虎的考卷拿给朝中的大学士程敏政看，从此，唐伯虎名声大振。

转年就是大考之年，信心百倍的唐伯虎进京参加考试，人们都认为他会再次夺取魁首。谁料，天有不测风云，唐伯虎受到了一场科举舞弊案的牵连。

不久前还锦衣玉食的唐解元，本以为"春风得意马蹄疾，一夜赏尽长安花"，殊不料银铛入狱，身披刑具，还要面对令人恐惧的审问呵斥，遭受世人的指责唾骂。经过一年多的审讯，虽然最终没有判定唐伯虎是本次考场舞弊案主犯，但干系是摆脱不掉的。唐伯虎不仅没能像预计的那样夺取功名，而且被捕下狱。虽然后来很快被释放出来，但被除掉"士"籍，发配到浙江为吏。这种污辱，几乎就是撕掉了唐伯虎作为读书人赖以生存的"精神脸面"。

在官场上备受打击的唐伯虎，偏偏祸不单行。就在这时，他性喜浮华的妻子徐氏竟然席卷了他大部分的家财和别人跑了，这更让唐伯虎心灰意冷。这时，被封在南昌的宁王朱宸濠听说他才华出众，就想强逼他去做幕僚。可是宁王想造反，唐伯虎怕自己被连累，于是设法拒绝了宁王。为了逃避灾祸，他开始到全国各地去游历，也顺路结识了不少好友。

之后，唐伯虎返回了老家吴县，在城北桃花坞置地建房子，取名"桃花庵"。

就在这个时候，唐伯虎认识了苏州名妓沈九娘，不幸的命运把他们连在了一起。九娘后来还生了一个女儿，取名桃笙。落魄的唐伯虎刚刚尝到一点生活的甜头，但命运就是这样让人无法预料——吴县一带遭了大水，人们连饭都吃不上了，唐伯虎的字画根本卖不出去。这样的日子在他的诗文中可见一斑，"漫劳海内传名字，谁信腰间没酒钱"，这实在是他生活困顿的真实写照。

不久，不堪劳苦的沈九娘撒手人寰。唐伯虎设法厚葬了这位红颜知己，从此就没有再娶。在女儿桃笙嫁给了一位商人后，唐伯虎一个人孤苦无依，曾经一度饭依佛门，号"六如居士"。如此几年后，在冷清寂寞之中度过了他命运多舛的一生，终年五十四岁。

唐伯虎不但没有显赫的政治地位，而且连日常生活的维持都成了问题，可以说他的一生都处在困窘不堪之中，这样一个失意落魄的文人，怎么会得了一个"风流才子"的称号呢？

第一，无论明王朝的统治多么残酷和毫无人性，中国知识分子"士可杀不

一宿围墙进旅中短词聊以
识泥鸿当时我作陶歌音
何必尊前面蘗红　唐寅

明　唐寅　陶谷赠词图

该图描绘的正是陶谷赠词时的场面。该画行笔秀润、缜密而有韵致、布局得体，设色秀妍，而且理趣兼优，形神俱佳。

红葉題情付御溝當時叮囑向西流
無端東下人間去却使君王不信愁

唐寅

明 唐寅 红叶题诗仕女图

该画是唐寅比较有代表性的作品，以传统的工笔重彩的手法，以「三白法」染仕女的面部，突出了宫女的浓妆艳抹。

可辱"的气节仍残存于这位柔弱江南文士的血脉之中。在抱怨自己"筋骨脆弱，不能挽强执锐，揽荆吴之士，剑客大侠，独常一队，为国家出死命，使功劳可以记录"之后，唐伯虎"岁月不久，人命飞霜；何能自戮尘中，屈身低眉，以窃衣食"，开始了他漂泊、辛酸、不俗而又传奇的后半生。他开始以卖文卖画为生，并且性情大变，破罐破摔，狎妓聚饮，无所不为。行止之放荡，不言自明。

第二，唐伯虎精于仕女题材的绘画，画上诸多美女的形象，使得人们以此推断，认为他一定非常熟悉这些美人的日常起居生活，否则他就不可能画得如此传神入微。

第三，他冒众讳，娶了苏州名妓沈九娘为妻。因此人们添油加醋，把金陵名妓秋香也与他联系在一起了，于是以讹传讹，却被后人信以为真，还以为他是真的娶了秋香，而不是沈九娘。

那么，历史上是否有秋香此人呢？据史载，秋香倒是确有其人，她出生在一个小官员的家庭中，名字叫作林奴儿，也还通一点文墨，但是后来家境遭变，被迫成为官妓，改名秋香。因为她长得很美，又能歌善舞，还能吟诗作画，成了金陵城内达官贵人竞相追逐的花魁。后来，秋香脱离了官妓的户籍，和一个姓李的商人结婚从良。秋香比唐伯虎要大上二十几岁，两人根本没有什么关系，更别提什么"唐伯虎三点秋香"的风流韵事了。

历史上真有潘金莲吗

几百年来，她一直被钉在历史的耻辱柱上，成为妖艳、淫荡、狠毒的典型。但也有人同情她的遭遇，羡慕她追求自由，反抗旧伦理的勇气。这就是潘金莲。经《水浒传》的刻画和《金瓶梅》的极度演绎，她成为一个既聪明伶俐、美丽风流，又心狠手辣、淫欲无度的女人，在戏剧舞台和文学作品中作为坏女人典型遭到千古唾骂。我们不禁要问，历史上真有潘金莲这个人吗？

在《水浒传》和《金瓶梅》中，都描写了潘金莲，但两书故事情节和潘金莲的性格却不一样。有人指出，潘金莲在历史上确有其人，她是山东阳谷人。阳谷潘氏自认是潘金莲母系后裔。清初王世祯《香祖笔记》说："阳谷西北有冢，俗称西门冢。有大族潘、吴二氏，自言是西门嫡室吴氏、妾潘氏之族。一日社会，登台演剧，吴之族使演《水浒记》，潘之族谓辱其姑，聚众大哄，互控于县令。"根据这个记载，历史上可能真有潘金莲其人。也有人说，所谓潘金莲，历史上有这么一个真人真事，而后又在传说中加以渲染，增加一些虚构的情节，才成了各种文学作品所取材描写的典型。经过文学家的加工创作，与历史上的潘金莲便越来越远了。那么，历史上真有潘金莲这个人吗？

要探究这个问题，首先应从潘金莲首次出场的《水浒传》开始查起。

《水浒传》，中国明代长篇小说，又题为《忠义水浒传》，描写的是发生在宋徽宗宣和年间以宋江为首的农民起义，是作者在民间传说、民间说话艺术和元杂剧水浒戏的基础上加工而成。嘉靖十九年（1540年），高儒在《百川书志》记载："《忠义水浒传》一百卷，钱塘施耐庵的本，罗贯中编次。"嘉靖四十五年（1566年），郎瑛在《七修类稿》中说：此书为"钱塘施耐庵的本"。由此可见此书根据史实不断加工演变，而且掺杂了大量的民间传说。因此可以肯定，除了全书的基本故事梗概是依据史实，其余单个人物的经历基本上是作者根据生活经验和想象对人物形象丰满化的加工。所以，对于潘金莲这个配角，作者完全可以为了突出武松这个重要人物而凭空创作出来。

我们再看看作品本身。潘金莲与武松这个主要人物有关系，那武松真实存在吗？在《临安县志》《西湖大观》《杭州府志》和《浙江通志》等史籍中，都记载了北宋时杭州府中的提辖武松勇于为民除恶的侠义壮举。上述史籍中，武松原系浪迹江湖的卖艺人，"貌奇伟，尝使技于涌金门外""非盗也"。杭州知府高权见武松武艺高强，人才出众，遂邀请入府，让他充当都头。不久，因功被提升为提辖，成为知府高权的心腹。后来高权因得罪权贵，被奸人诬陷而罢官，武松也因此受到牵连而被赶出衙门。继任的新知府是太师蔡京的儿子，他倚仗其父的权势在杭州任上虐政殃民，百姓怨声载道，人称其为"蔡虎"。武松对这个奸臣恨之入骨，决心拼上性命也要为民除害。一日，他身藏利刃，隐匿在蔡府厅前，候蔡前呼后拥而来之际，箭一般冲上前去，向蔡猛刺数刀，当即结果了他的性命。官兵蜂拥前来围攻武松，武松终因寡不敌众被官兵捕获。后惨遭重刑死于狱中。当地"百姓深感其德，葬于杭州西泠桥畔"，后人立碑，题曰"宋义士武松之墓"。由此可见，历史上的武松与《水浒传》中描写的武松可谓大相径庭。历史上武松的侠义切合了作者创作人物的主旨，但是他的事迹并不符合作者创作的背景，所以作者对武松进行了脱胎换骨的改造，从景阳冈打虎到杀死潘金莲和西门庆，都是创作出来的，而非历史的真实呈现。由此可见，烘托武松这个人物的潘金莲也是作者加上去的。

因为在《水浒传》中作者运用了大量的民间传说，而民间传说也是来源于生活的，只不过是加上了后人的想象和再创作，可以说是有源可循的。在《水浒传》中，潘金莲自幼为奴，后被"赏"或"卖"给矮小丑陋的武大郎为妻。所以，对于这段根本没有丝毫感情可言的婚姻，在封建道德体系束缚下的潘金莲别无选择。如果她终生没有遇见第二个男人，守在武大郎的炊屋里，枯萎凋零而终，全如中国世世代代无数平凡女性那样，那仍然是压抑人性的一个巨大悲剧。即使因此送给潘金莲一顶道德桂冠，装饰得再美丽，也掩饰不住其下面毁灭青春、扼杀人性的罪恶。可是生活终究没有让潘金莲沿着这个悲剧走下去，却转向了另一个悲剧。潘金莲毕竟是个活生生的人，毕竟年轻美貌，无论怎样压抑，她毕竟需要感情生活，需要性的慰藉。这一切，武大郎都不能给予她。这种情况下，与武二郎的相见，使潘金莲感情生活的意识觉醒了，而且如久枯干柴遇火，一发而不可收。但是在封建道德体系的罗网里，离婚不可能，要被视为大逆不道。她只好走许多不幸婚姻迫害下妇女走过的道路——偷情。可是武二郎偏偏不好女色，不理解潘金莲，不愿与之偷情。潘金莲面临了极大的挑战，于是有权有势又有钱的西门大官人来捡便宜了，以买卖感情和肉体为业的王婆得以入手。潘金莲为了挣脱与武大郎不幸婚姻的悲剧，堕入另一个更深重的悲剧，把被玩弄当作爱情。于是潘金莲就成了一个社会道德罪恶的牺牲品。从这一大段的描述中其实我们也可以有另一种解读，潘金莲是在向封建伦理道德挑战，虽然她的挑战是在她为了满足自己需要的情形下发生的，但是这也是一种突破，其实这与作者作品的反封建思想在某种程度上达成了一致。另外，作者在创作潘金莲这个人物的同时，也加进了自己的思考。

综合上述各个原因，潘金莲这个人物在历史上是不存在的，但是有原型可循，她之所以形象那么鲜明，因为她是作者创作的需要，从许多生活原型中提炼糅合并且在符合作者作品要求的前提下创作出来的。

景阳冈武松打虎

此图主要讲述梁山好汉武松回家探望兄长，途经景阳冈醉后欲行赶路，奋起平生之力以双拳将虎打死，被世人传为佳话。

桃花扇中见真情的李香君

　　她，是秦淮河畔媚香楼里的名妓，以沉鱼落雁闭月羞花之貌和诗书琴画歌舞之才，令远近无数的风流雅士为之倾倒。她是谁呢？她就是一代名妓李香君，因为孔尚任《桃花扇》的问世而闻名于世。

　　李香君，又名李香，南京人，明末的秦淮八艳之一。李香君自幼被鸨母李丽贞收养，不仅能歌善舞，丝竹琵琶、音律诗词无一不通，而且生得小巧玲珑，慧俊婉转。据说她生来就体有异香，所以当时知道她的人都亲切地叫她"香扇坠"，一时间声名盛于南方，四方之士争相一睹为快。

　　李香君第一次见到侯方域时，刚十六岁。

李香君像

　　侯方域，字朝宗，河南商丘人。他的祖父侯执蒲是明朝的太常卿，父亲侯恂做过户部尚书，都是有名的刚直不阿的忠臣。侯方域自幼跟随家乡名士倪元路学习诗书，聪敏多才，学问进步得很快。崇祯十六年（1643年），二十二岁的侯方域前来南京参加会试。就在这里，他经人引荐结识了秦淮名妓李香君。

　　一个是风流倜傥的翩翩少年，一个是娇柔多情、蕙质兰心的青楼玉女，两个人一见倾心，几次交往之后便坠入爱河，缠绵难分。为了能够一直相依相守，侯方域干脆搬进了李香君所居住的媚香楼。

清　崔鹤　李香君肖像

《李香君肖像》画面上的李香君伏在窗户边，面目清秀，脸色沉静，似在忧愁，又似思念。李香君沉秀纤柔，举止娴雅，衣纹线条清劲流畅，用笔工细。

要得到像李香君这样的名妓，没有大把大把的金钱投资，是绝不能成为媚香楼的座上宾的，来这里的风流雅士，每每要付一笔丰厚的礼金给鸨母才可。但侯方域本是来赶考的，并没有多少银子带在身上，无能为力之下，他接受了当时很不得志的阉党分子阮大铖托人送来的一大笔金钱，才解了燃眉之急。

阮大铖本是一个十分有才的人，是明末了不起的戏曲家和文学家，但这人空有一肚子文墨，人品却十分低劣。那么，阴险奸诈的阮大铖为什么要帮助侯方域呢？

原来，阮大铖是万历四十四年（1616年）的进士，多年在朝中为官，与宦官魏忠贤狼狈为奸，搅得朝中乌烟瘴气。崇祯元年（1628年），魏忠贤被诛杀，阮大铖作为逆贼同僚被朝廷削籍免官，退到南京闲居。但他仍然不死心，在南京广交江湖人士，暗中谋划，伺机东山再起。

江南义士陈贞慧、吴应箕等人察觉了阮大铖的不轨之心，作了《留都防乱公揭》，对他的阴谋进行了揭露，阮大铖既恼怒又害怕，只好闭门谢客，深居简出。

侯方域也是当时有名的复社领袖之一，与陈贞慧、吴应箕等人因志同道合而结下了莫逆之交，阮大铖正是抓住这一点才来拼命巴结他的，目的是想通过拉拢侯方域而缓和与陈贞慧等人的关系，使他们不与自己作对。

李香君后来知道了这件事，非常生气，她坚持要求侯方域把这笔钱尽快还给阮大铖。侯方域因为当时没钱，尚自犹豫，但是李香君气愤至极了，劈手就把头上的发簪脱了下来，骂醒了侯方域。她变卖了首饰，四下借钱，总算凑够了数，把钱还给了阮大铖。侯方域见她如此深明大义，对她更是敬重。

但是时间不长，李自成攻破北京，崇祯皇帝自缢殉国，福王朱由崧在一帮旧臣拥护下，在南京建立了弘光新皇朝，马士英成了执政大臣，随即启用阮大铖为兵部侍郎，继而又升为兵部尚书。他一心想报复那些以前瞧不起他的人，陈贞慧、吴应箕等被捕下狱。侯方域得到消息后，只好连夜逃离了南京。李香君一个人留在南京，从此洗尽铅华，闭门谢客。

可是阮大铖仍然记得侯方域和李香君，总想找个机会报复他们。后来弘光朝中有一个很重要的大臣仰慕李香君的艳名，想纳其为小妾。阮大铖于是抓住这个机会，主动提出要把李香君送给这个大臣。

第二天，阮大铖派人携带重金前往媚春楼行聘，被李香君一口回绝。可是他根本不予理睬，令人强抢，被逼无奈的李香君，怀抱那把侯方域送给她的洁白如雪的定情团扇，从楼上跳下，鲜血顿时染红扇子。迎亲的人一见闹出了人命，吓得跑回去了。后来，侯方域的一个朋友用她留在扇面上的鲜血改画成了一幅凄美绝艳的桃花图，这就是戏剧家孔尚任笔下的《桃花扇》。

总算用一死保住了自己贞节的李香君，后来在妓院姐妹们的帮助下又渐渐好了起来，只是在额头上留下了一条大大的伤疤。后来南京被清军攻下，李香君流离失所，投奔了住在苏州的好友卞玉京。因为惊吓和劳累，这时的李香君已病入膏肓。但她仍然日夜捧着那把血染的桃花扇，泪水浸透了衣襟。侯方域在南京遍寻不获她的行踪之后返回了老家河南。后接到卞玉京托人传来的李香君病危的消息，侯方域便星夜兼程赶往苏州。但是等他到达时，一代名妓已香消玉殒。

藏在古画里的大明史

第十章
迷踪帝陵：神秘传奇十八陵

幽静的亭台楼阁，也许只有青苔的印记足以见证大明王朝的沧桑。四五百年在人类历史的长河里虽然显得微不足道，当一种尘封已久的记忆被目光再次开启，当年的金戈铁马，已化成了银屏上的镜头。那个已然远逝的是是非非的大明王朝，那个有过短暂辉煌，更充斥着禁锢、愚昧、杀戮、荒唐、糜烂的东方帝国，似乎留给后人更多的只有感叹——沧桑岁月，谁主沉浮？

朱元璋寻找明祖陵

按常理说，朱元璋的祖先们既然被追尊为皇帝、皇后，其葬处就应该建陵，并应依制建造帝陵建筑。但根据历史记载，朱元璋在洪武初年只追加封号，没有营建祖陵建筑，这背后有什么样的历史原因呢？原来朱元璋少时家贫，居住地一迁再迁，使他根本不知道其三代祖考的确切葬地。因此，他为寻找祖陵葬地颇费了一番周折。

根据史料记载，刚开始有人告诉朱元璋，他家的祖陵在句容通德乡朱家巷，朱元璋信以为真，即"命筑万岁山，有司修砌路，太祖躬临拜祭"。不料，他才只磕了一个头，万岁山竟然中间分为深涧。他不禁恼怒异常——这岂是我家祖茔，怎能经不起我一拜？于是"重罚言者"，认为这不是自己的祖茔所在。后来，朱元璋经过回忆，想起二姐曾说过祖父的坟墓在泗州旧陵嘴一带，但具体位置仍无从考察。到了洪武十七年（1384年），一个偶然的机会，终于使朱元璋弄清了祖陵的真实位置所在。朱元璋的同宗朱贵，他祖父与朱元璋的祖父一起从朱家巷迁到了泗州城北的孙家岗，通过回乡查访，朱元璋终于知道了自己的祖父母葬在泗州城北的杨家墩。

这是否真的就是朱元璋祖父母的葬地呢？还是因为政治需要而凭空建造的呢？在有明一代至后来的几百年中，有一个现象被人们有意或者无意地忽略了，或者没有任何人敢于说将出来，那就是既然朱元璋那么急切地找寻祖父的安葬地，找到了又花费那么多时间与财力来大规模营建，甚至竟然让不能随便动用的国储来当这个祖陵的总管与总监，为什么在祖陵建成后竟然没有来这里进行一次祭祀并像在句容那样磕头呢？是怕一个头磕下去又会分为深涧吗？朱元璋是不是对这个祖茔也产生了什么怀疑？朱贵献的图是真的吗？朱贵说杨家墩就

明　佚名　明太祖真像

是祖陵所在地是得到多个族人证明的，那么这些族人呢？朱贵是不是也是来邀宠或混个世袭之职的？唯一的与众不同之处，大概就是这个朱贵做得比较聪明，比较认真，比较像那么回事。但一向多疑又心机聪慧，特别是深知祖上颠沛流离、居无定所、死无葬地的朱元璋恐怕不会看不出来。

那么他为什么还要相信朱贵，还要封杨家墩为万岁山，并将祖陵定在这悠悠淮水之滨呢？或许朱元璋心中也是十分苦闷的，因为他很清楚，那个句容的万岁山是假的。但是，为了证明大明王朝是祖上"积功累善，天之报施，茂于厥后"，为了蛊惑与欺骗人民，为了证明他这个皇帝是有祖传"基因"的，是由上天钦定的，不是其他人想当就能当得的。于是他不得不这样将错就错。

不管出于什么目的，祖陵就被定在了这淮水之滨，就定在了泗州城北的杨家墩。朱元璋祖父母之所以葬在那里，还有着一段神奇的传说。

相传朱元璋祖上几代非常穷困，四处漂泊，真乃上无片瓦、下无立锥之地。他的祖父朱初一，六十多岁时，流落在古泗州境内，为双沟镇一个姓水的财主家干活。这水员外号称水半湖，双沟东去印里洪泽湖边全是他家的地。朱初一带着全家搭个窝棚，就住在湖边孙家岗为水财主放猪、垦荒，以维持生计。

孙家岗庄后有个墩子，人称杨家墩，墩上有个凹窝。一年深秋，太阳快要落山时起风了，阵阵秋风吹得正在这里放猪的朱初一浑身直打寒战。于是他爬到墩上的凹窝内避风暖和。朱初一正在棚子里迷迷糊糊睡觉，忽然听到一老一少两个道士在不远处私语。小道士对老道士说："师父你看，那位老者在如此寒冬躺在这里，难道他不怕被冻坏吗？"那老者仔细端详了半天对小徒弟说："徒儿，你有所不知，那老人家不仅不会感到冷，相反他还会感到温暖呢。"小徒弟惊讶地问："师父，那是为什么呢？"老者深沉地说："你没看到这座山背山面水，后面有青山的雄壮葱郁，前面有洪泽湖的宽广博大吗？这其实是一块龙脉，夏天不会感到热，冬天不会感到冷。谁死后葬在这里，谁的后世就一定会出皇帝。"

小徒弟摇头表示不相信，老者为了向小徒弟显示自己风水学的博大精深，同时又为了证明自己的预言是否灵验，就对小徒弟："徒儿你去把一根枯柳枝插在那个老人家的身边，十天之后咱们再从这儿走的时候看看这根柳枝会不会发芽长叶子。"小和尚半信半疑地将一根枯柳枝插在了窝棚边上，何止是小和尚不相信，朱初一其实也没睡着，一直在听，他压根也不相信，但是他还是装着睡得很沉，并且老道士所说的这地方冬暖夏凉是他自己亲身体验着的。他也期盼这是真的，所以他每天回来都要对着枯柳枝发一阵呆，直到第九天，奇迹真的出现了，在数九寒冬，一根小小的枯柳枝真的生根发芽了。

朱初一立刻像看到了天底下最大的秘密和宝藏，他的大脑在迅速地飞转：怎样才能骗过老道士，将这块龙脉之地变成朱家的。自己和祖先们穷了很久了，再不能让后世子孙这样下去了，如果后世真的能出龙子龙孙，那么自己在阴曹地府也可以风光了，也可以享受后世子孙的感激和拜祭呀。就在那个晚上，他终于想出了一条瞒天过海的妙计，他找来一根与已经生根发芽的柳枝一样的枯柳枝，偷梁换柱地把它换上去了。第二天老道师徒二人又准时经过这里，一起蹲下来看个究竟，老道士一看大吃一惊，因为并没有出现他推测的结果。

小道士也大吃一惊，因为这是他师父第一次说话不准，在他的印象中师父可是神仙一般，能预测一切的。两人左思右想地研究了好一会儿，想不出个所以来，最后带着莫名的心境和遗憾的神色很不情愿地离开了。但是老道士留下了一句话：看来这块宝地和咱们道家无缘，这里有高人呀。

　　杨家墩的地理位置，在风水学上明明不是风水宝地，为何在传说里就成了龙脉之地了呢？其实，这个传说应该出现在朱元璋登上宝座之后。这是一种明显的穿凿附会，朱元璋为什么要创造这样一个传说呢？这还是和他的出身有关，他的帝位是由自己和众兄弟从最底层打下来的，他并没有显赫的家世，没有值得炫耀的血统资本。历史上开千古帝业的几乎都比他这个放牛的、打扫庙院的和尚强。秦始皇嬴政、隋文帝杨坚、唐太宗李世民、元世祖忽必烈哪一个不是帝王之后或名门望族？对于朱元璋来说，那种感觉就像被人唾弃的乞丐，突然有一天发了一笔财开始身着华服，但是心里还总是觉得别人的眼光是那么怪怪的。于是从朱元璋当上皇帝后，就流传了朱氏坟冢葬于龙脉的传说。先是从洪泽湖畔开始，后一发不可收拾，像水银泻地般地遍布全国。

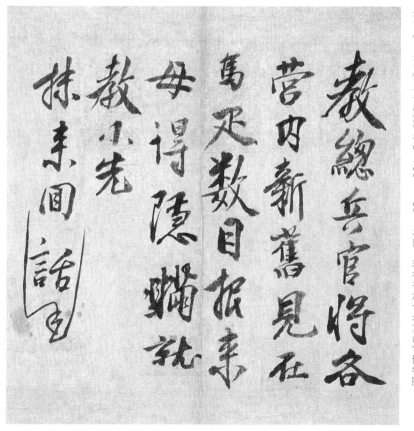

明　朱元璋　总兵帖

这幅《总兵帖》写于1366年2月18日—19日之间，现在存放于北京故宫博物院。

明太祖是否葬在孝陵

　　明孝陵位于南京钟山，是明朝开国皇帝朱元璋的安息之所。一个从普通农民到上天之子、龙之化身的传奇人物，一生的奋斗和不凡的经历，在皇帝的光环卸去之后，留下这样一座宏伟、神秘的陵墓，成为他宏伟一生的最终归宿。

　　中国历代帝王陵寝的选址，都讲究风水，都必须是一块绝佳的风水宝地，即"龙穴砂水无美不收，形势理气诸吉咸备"。"草根"出身的朱元璋对陵址选择非常讲究，希望求得风水佳境，以保大明基业世代相传，赐福朱氏子孙。根据历史记载，约在洪武二年（1369年），朱元璋就已在钟山之阳选下了自己的陵寝吉壤，使这一地区成了禁地，他还下令强行迁走了原先在此的千年古刹太平兴国禅寺（即蒋山寺，原"开善寺"）。

　　为什么朱元璋会对钟山情有独钟，渴望在那里营造自己的地下王国呢？这背后究竟隐藏着怎么样的玄机和奇妙之处呢？

　　据传说，钟山在古时候被称为"龙山"，有"虎踞龙盘"之意。朱元璋已经将虎踞之势的石城，也就是今天的南京定为都城，所以将天然有"虎踞龙盘"之势的钟山作为自己的陵寝也就不难理解了。

　　朱元璋的孝陵非常讲究风水原则。在孝陵西面有一座被称为"小虎山"的小山，与孝陵东侧的"龙砂"之象左右对列；而与孝陵正对的孙陵岗（也就是今天的梅花山），以及远处的东山构成"近案""远朝"的风水形势。

　　这样孝陵就具备了左青龙、右白虎、前朱雀、后玄武（在风水学上，凡是屋宅，左边有流水的，称为青龙；右边有长道的，称为白虎；前面有水塘的，称为朱雀；后面有丘陵的，称为玄武）的风水"四象"，加之孝陵的三道"御河"都呈由左向右流淌的形式，这种水在风水上称"冠带水"，也是十分难得。

明　仇英　《南都繁会图（局部）》　　此图描绘秦淮河两岸风貌，属于南京版的"清明上河图"。

其实除了风水要求外，这也是朱元璋和他的建筑设计师们刻意利用大自然的地形地势。朱元璋因势利导，将三条河纳入自己的寝陵范围，既可以保留泄洪通道，又让河流为陵墓增色。试想如果朱元璋建造寝陵时将此三条河填平，一旦山洪暴发，其地下王国会是一番什么样的景象呢？

在南京，民间流传着这样一个传说：在1638年，朱元璋下葬的那天出现了"迷魂阵"——在南京的十三个城门同时出殡。关于这一说法，并不是空穴来风，而是有史书记载的。在《皇明大政记中》明确地称道，在朱元璋下葬那天，"而发引，各门下葬"。既然朱元璋生前都为自己的归宿找好了地方，选择钟山山阳的地块筑陵，谁会不知道他葬在哪里呢？为什么要摆这个"迷魂阵"呢？莫非朱元璋没有葬在孝陵，这只是他的一个虚冢？这个谜团，一直到了六百年后才有了新的发现。

在1998年的秋天，江苏省地震工程研究院的技术人员们携带精密磁测仪器，进入宝城下玄宫的墓道。

因为在此之前，国内所有帝陵的墓道都是在玄宫的南北中轴线上，所以他

法 禄是道 《中国民间信仰研究》和合四象图

"四象"即东方苍龙象、北方龟蛇象、西方白虎象和南方朱雀象。

们以明楼北"此山明太祖之墓"的"太"字为中心，形成一个东西宽八十米、南北长二百一十米的测网，为了增加探测精度，技术人员还把磁测带分成了一个个一米见方的网格，仔细地逐个探测。

等到所有测点的数据都出来后，根据分析结果，技术人员怎么也看不出明孝陵有大型墓葬的迹象。大家一下子都傻眼了，这怎么可能呢？于是，专家们都不约而同地想到了这个传说。据说朱元璋生前多疑，生怕被人盗墓，因此死后在十三个城门同时出棺，所以这里可能不是朱元璋真正的墓葬所在。

专家们又沿中轴线东侧设了一个测网，这回发现了异常。向东南延伸的磁导信号让技术人员信心大增，赶忙增设了东南测网，终于找到了宝城内明孝陵地宫的中心位置，确认朱元璋就葬在宝城所在的独龙阜下数十米处。为什么朱元璋的地宫和墓道不在南北中轴线上，而是在东南呢？

根据探测发现，明孝陵宝城所在的独龙阜下面有两种截然不同的岩石，而方城的南北轴线处恰好是分界面，东面是相对较软的砂岩，西面是无比坚硬的砾岩。或许正是这些坚硬的岩石阻止了造墓人的施工道路，朱元璋无奈只好将自己的墓道绕了一个大圈子。

朱元璋因为遇到坚硬岩石而被迫将墓道拐了个弯，这应该是一个意外，但不知道因为什么，这个意外在大明朝三百多年，竟然成为一个规矩。北京的明十三陵，墓道也都遵循着祖宗朱元璋的"章法"，再也不走正门了，全部从偏门进入墓室玄宫。老祖宗是从东边进入的，他们不敢与祖宗相比，只好从西边开个边门进入玄宫。

朱棣因何建陵北京

永乐五年（1407年）七月，明成祖朱棣的徐皇后去世了，朱棣派了一些风水术士到北京地区选择"吉壤"，其实也就是通常所说的风水宝地，准备修建陵寝。相信大家都知道，明朝正式迁都北京，是发生在永乐十九年，即1421年，为什么朱棣那个时候就决定要在北京，而不是南京修建陵墓呢？

永乐五年（1407年）七月，明成祖朱棣的皇后徐氏去世，朱棣命礼部尚书赵羾和江西术士廖钧卿等前往北京一带卜选陵址，至永乐七年（1409年），选中今北京市昌平区康家庄楼子营。这一带青山环抱，绿水长流，植被茂盛，土深地厚。北面的"龙脉"奔腾而来，气势磅礴，至此三峰并峙，如拱似屏。山前一马平川，明堂开阔，蟒山绕其左，虎峪踞其右。外围层峦叠嶂，群山罗列回护如"万骑簇拥""千官侍从"。正所谓"风水理论"中的"山川大聚"之势，真正是只配帝王享用的形胜宝地。廖钧卿等将陵址绘图呈进，朱棣亲临阅视后十分满意，遂"封其山曰天寿山"，择吉日动工兴建。

明成祖朱棣十分重视陵墓的建设。永乐八年（1410年）九月，朱棣亲自到天寿山视察山陵工程的进度和质量，此后又多次驾临。永乐十一年（1413年）玄宫建成后，从南京迎皇后徐氏的棺椁北上，择吉入葬，并命名山陵曰"长陵"。永乐十四年（1416年），长陵棱恩殿建成。此后长陵的附属建筑依然在逐步营建，直至宣德二年（1427年），朱棣死后三年，长陵工程才大体告竣，历时十八年之久。

大家都知道，明朝正式迁都北京，是发生在永乐十九年，即1421年，为什么朱棣那个时候就决定要在北京，而不是南京修建陵墓呢？

朱棣在北京营造皇陵主要有两个原因，首先是政治方面的原因。

朱棣发动政变，也就是历史上著名的"靖难之役"，抢了侄子的皇位，而

明　佚名　明成祖真像

《永乐大典》"廓斋"条目

《永乐大典》已经成为中国文化的一个重要符号。

建文帝在宫内大火中不知所终，这让朱棣很不放心，登基后一直心不自安，除了派人寻找朱允炆的下落外，又制造发动"壬午殉难"，大杀朱允炆朝臣，但人心终究不服，这对朱棣的统治始终是个威胁。北京则是朱棣经营了多年的根据地，是龙兴之地，所以他自登基之初（1404年）便计划迁都北京。皇陵随之建在北京，也就顺理成章了。

其次是战略方面的考虑。明朝初年，蒙古的残余势力逃到漠北，成为明朝北方的一个长期威胁。而南京鞭长莫及，难以控制北方的局势，北方不稳必震动中原，搞不好还会重蹈宋朝覆辙。所以朱棣迁都北京的同时在北京卜选陵址，是极具战略意图的举措。

事实上，定陵北京这一措施对明朝疆域的巩固的确曾起过重要的作用。正统十四年（1449年），发生了"土木堡之变"，当时的皇帝英宗被俘，国本动摇，人心涣散。有人建议南迁（迁都南京）。反对者提出，老祖宗定陵寝于北京的目的就是"示子孙以不拔之计也"，"若去，陵寝将谁与守？"众所周知，古人对祖先都是很尊崇的，怎么能弃祖坟于不顾，留给敌人呢？这实乃大不孝之举。这一反对暂时保住了大明江山。而明末的崇祯皇帝朱由检,本有机会南迁,起码可以做半壁江山的皇帝。但他没走,上吊煤山时披发覆面,以示无面目见祖宗于地下,朱棣的决策影响可谓深远。

清朝入关以后,在统治国家的问题上遇到了极大的困难,为此清廷采取了很多措施以缓解明朝遗民的反抗情绪。比如暂缓实行剃发易服、恢复科考、重用汉人等,其中包括对明朝陵墓的管理。

康熙皇帝是一位深谋远虑的政治家。为收抚人心,他每次南巡都会去南京明孝陵为朱元璋上香祭奠。他进入孝陵神道,必走路之右侧,至为恭敬。他不仅自己身体力行,而且为了大局的安定,他曾有谕旨准备找明朝皇室直系后裔,来承祀明皇陵的香火。但这件事在康熙朝未能落实。

雍正元年(1723年),清世宗胤禛看到这道谕旨,下令求访明太祖支派后裔。第二年找到了男爵朱廷玺,他是朱元璋第三子代简王后裔,谱系明白。遂于同年十月封朱廷玺之孙、时任直隶正定知府的朱之琏为一等侯,列五等之班,世代负责明陵的祭祀及管理,其族内人丁也由镶白旗抬旗转入正白旗。乾隆十四年(1749年),赐其后代为一等延恩侯,世袭。

清廷对明陵的管理是有效的。清初明十三陵很多陵寝都已破败不堪,清廷不惜工本加以修葺,整个清朝时期明陵一直保护得较好。在机构上清廷设司香使即守陵太监,具体负责相关事宜。另设陵户负责看守陵园建筑及陵区内树木。规定每陵设陵户若干,分配土地若干,每年缴租银若干,以为祭陵费用,多余的收入归陵户所有。但这些待遇对定陵比较苛刻,大约是万历年间,清太祖努尔哈赤有"七大恨告天"的缘故。

从第一代朱之琏开始,朱氏侯爵身份延续了十一代。民国年间,最后一代延恩侯朱煜勋住在北平东城羊管胡同,其时他虽贵为侯爷,却已然穷困潦倒,狼狈不堪。1929年,延恩侯朱煜勋以"生计奇窘,无法维持"为由,"呈请国民政府格外抚恤,委以末职,俾维生计"。民国政府经研究决定,取消其爵位,委以明陵保管委员之职,月薪五十大洋,列入财政部预算。孰料朱煜勋不但白拿钱不干活,又被控参与盗挖雀山妃坟墓地等事,有监守自盗之嫌。1933年10月,民国政府下令撤销其职务,将明十三陵交由昌平县管理,陵区内设护陵警察所,抽陵户为护陵警察。从此明陵香火断绝,延恩侯退出历史舞台。

景泰帝为何没有入葬十三陵

　　明朝前后有十四位皇帝在北京执政，但是昌平区的"十三陵"只葬着十三位皇帝。明代宗朱祁钰的陵墓以他在位时的年号命名，即"景泰陵"，它不在十三陵，而在颐和园去香山沿途路北的金山口。那么，景泰皇帝到底是个什么样的人呢？他为什么没有埋在十三陵呢？

　　在北京市海淀区玉泉山后，有座长满松树的小山包，沿着小山包路北一条北向的小路，就可以到达景泰陵前。在绿树浓荫之中，一座黄琉璃瓦顶的碑亭就撞进眼帘，那就是景泰陵的标志。碑亭很壮观，四角重檐歇山，正脊的鸱吻造型别致，把亭子衬托得有凌空之势。亭里有一古碑，阴刻"大明恭仁康定景皇帝之陵"，阳刻清代乾隆皇帝凭吊的诗并序。那碑汉白玉石质，已有残破，但气势还在，显示着景泰皇帝悲壮一生的精魂。

　　碑亭以北是陵恩门，面阔三间，古色古香。进陵恩门后，两侧的石墙包围着宝城。与十三陵相比，这里显得凄凉，显得残败，显得太简朴，和一般的王爷坟区别不大，但这里的的确确埋葬着一位执掌过天下的皇帝。《宛署杂记》载："恭仁康定景皇帝、贞惠安和景皇后陵俱在西山玉泉山。"还说陵墓"前有享殿，有神库、神厨、宰牲亭、内官房，成化十二年，建碑亭于陵门左。嘉靖二十一年，以神碑偏置门左，非制，乃改建于陵门之外。岁正旦、清明、霜降、中元、冬至、万寿节、帝后忌辰，凡八祭……"那陵墓的规模形制和祭祀的隆重场面可以想见。

　　那景泰皇帝到底是个什么样的人呢？他为什么没有埋在十三陵呢？

　　明代宗朱祁钰是宣宗朱瞻基次子，由贤妃吴氏所生。吴氏原本是汉王府邸的一位侍女，宣宗皇帝御驾亲征生擒叔父汉王朱高煦后，将汉王宫的女眷充入后宫为奴，其中包括吴氏。宣宗皇帝被吴氏的美貌与聪慧所打动，于是吴氏得以陪伴宣宗皇帝直到回京。回京后，身份为奴的吴氏是不能被封为嫔妃的，宣宗皇帝将她安排在一个紧贴宫墙的大宅院中，并时常临幸。后吴氏为宣宗生下一子，取名朱祁钰，这就是后来的明代宗。吴氏也因此被封为贤妃，但仍住在宫外。宣德八年（1433年），宣宗皇帝病重，遂派人将吴氏母子召进宫，并托付自己的母后张太后善待吴氏母子，托孤之后驾崩。

按照封建礼法，朱祁钰是当不上皇帝的，所以在英宗即位后，被封为郕王。他性格内向、为人谨慎，不过机运巧合，世事突变，正统十四年（1449年），一场关系明朝生死存亡的变局，使他鬼使神差之下就轻而易举地登上帝位。

那一年，瓦剌的也先部落侵扰边境，大宦官王振非让朱祁钰的皇帝哥哥亲自去征讨，结果发生了"土木堡之变"。五十万大军覆没，许多大将战死，王振死于乱军之中，连朱祁钰的皇帝哥哥也在河北省怀来附近被俘。瓦剌人抓到了大明皇帝，立刻乘胜挥军南下，兵锋直指明朝的国都北京。

国家没有了皇帝，一切毫无章法。紧急中，大臣们想到了王爷朱祁钰，先让他监国，不久又即皇帝位，改元景泰。景泰皇帝还真是临危不乱，他一面调动全国的军队勤王，一面废除他哥哥的许多错误政策，争取民心，并任命民族英雄于谦为兵部尚书，负责北京保卫战。朱祁钰当了皇帝后，将国家治理得井井有条，还在十三陵给自己建了陵墓。

不久，于谦在京郊打败瓦剌军，在北京军民的全力抵御下，蒙古也先部多次在北京城下吃了败仗，无奈之下只得退兵，并且不附带任何屈辱的条件，就将太上皇英宗放回。景泰元年（1450年）八月初三，太上皇英宗从也先营地出发，踏上了南行归国之路。

英宗抵达北京后，虽为太上皇，却被软禁在南宫。即位刚一年时间的景泰皇帝从内心来讲并不希望英宗回朝，为防备英宗与旧臣联系，对英宗的一举一动，景泰皇帝都严加防范。1455年夏，他竟接受太监高平的建议，将南宫的树木全部砍伐，以防有人越过高墙与英宗联系。

随着帝位渐渐巩固，朱祁钰更换太子的心思越来越急。当时，"土木堡之变"英宗被俘后，张太后命郕王监国，差不多同时也立英宗之子朱见深为太子。张太后的用意很明白：大明江山依然是英宗的，郕王只不过是代理执政而已。英

清　佚名　明十三陵图

明十三陵位于北京市昌平区，它是中国现存规模最大、帝后陵寝最多的皇陵建筑群。

367

明　景泰款掐丝珐琅鹿鹤长春花插

宗还京后，景泰皇帝保国有功，未把皇位交还给英宗还说得过去，但他反把英宗之子的太子位也废了，朝臣上下认为景泰皇帝私心过重，有失民心。后来，朱祁钰通过笼络大臣和经过一番曲折，终于把自己的儿子扶到了太子之位上。1452年，景泰皇帝在奉天门正式宣旨废太子朱见深为沂王，立皇子朱见济为皇太子。不料好景不长，朱见济正位东宫仅一年有余，便于景泰四年（1453年）十一月死了。

景泰八年（1457年）正月，朱祁钰得了重病，野心家石亨等趁机发动了宫廷政变，把他哥哥朱祁镇又扶上了皇位，史称"南宫复辟"或"夺门之变"。"夺门之变"后，英宗指斥代宗"不孝、不悌、不仁、不义，秽往彰闻，神人共愤"，宣布废他为郕王。失去帝号的朱祁钰被迁到西内永安宫居住，病情不久趋于恶化，于1457年正月十九离世。他的死是个谜，正史看是"有疾而终"，野史看却是被他哥哥害死。朱祁钰死后，英宗毁其生前所建寿陵，以王爷的身份转葬于玉泉山后，不仅有贬谪之意，更有折辱的成分。

成化十一年（1475年），英宗之子宪宗以其叔叔"戡乱保邦、奠安宗社"于国有功，恢复了他"代宗"的地位，改谥号为"恭定景皇帝"，接着命有司缮修陵寝，其祭飨与诸皇陵享受同等待遇。嘉靖时期，金山的景泰陵又有所改建，还把绿瓦统一换成了只有皇帝才能用的黄色琉璃瓦，但景泰皇帝的遗体始终没有迁入十三陵原建的寿陵中。因此，景泰陵独居金山。原来在十三陵为其建的陵地，百年后埋葬了只当了二十九天皇帝的明光宗朱常洛，也就是现在十三陵中的庆陵。

光宗朱常洛如何葬于庆陵

　　明朝历史上有两个死不瞑目的皇帝，那就是万历皇帝和他的儿子朱常洛。明光宗朱常洛，这个可谓一生都崎岖不平的皇帝，就是在死后也没有一个满意的葬身之所。这是为什么呢？透过他的背后，我们可以窥视到大明王朝哪些鲜为人知的秘密？

　　位于北京昌平天寿山陵内黄山寺二岭南麓的庆陵，是明朝第十四位皇帝光宗朱常洛和皇后郭氏、王氏、刘氏的合葬陵寝。

　　明光宗朱常洛，是明神宗的长子，万历四十八年（1620年）八月初一即皇帝位。九月初一便逝于乾清宫，享年三十九岁。天启元年（公元1621年）九月初四葬庆陵。在熹宗即位后，改万历四十八年八月以后为泰昌元年。

　　纵观光宗朱常洛的一生，可谓历经坎坷。为什么这么说呢？首先，朱常洛生来就是一个不受欢迎的人，万历皇帝偶然私幸太后身边的王姓小宫女，意外地生下朱常洛。万历皇帝不喜欢王姓小宫女，自然就不喜欢朱常洛。他喜欢自己所宠爱的郑妃生下的皇三子朱常洵。其次，郑贵妃为帮自己的儿子争夺太子之位，不择手段地谋害于他，这其中就包括"梃击案"。万历四十三年（1615年）五月初四傍晚，在当时还是太子的朱常洛所居住的慈庆宫中，突然闯进一名手持木棍的男子，逢人便打。该人被捕后，经两次审讯，查出案件与郑贵妃有关。但是万历皇帝为包庇郑氏，迫使朱常洛同意将该人以疯癫定罪斩首，并将与此案有直接关系的两名太监秘密处死于宫中。经过长达十五年之久的"国本之争"后，在万历皇帝之母李太后的干预下，朱常洛终于被立为太子。

　　后明神宗去世，太子朱常洛即位。初继大位的朱常洛马上办了几件为世人称道的事情，罢免矿税，拨重金犒赏边关将士，补充官缺，改变神宗时浙党专权的局面。这些举措，为百姓解除了一些苦难，也为朱常洛自己赢得了一些好名声。

本就国事繁忙，又分外宠幸郑贵妃向他进献的八名美艳侍姬，朱常洛终于病倒。御医崔文升违反常规，猛用泻药，令朱常洛身体岌岌可危。后来，朱常洛在两次服用了鸿胪寺卿李可灼所进的红色丸药后，撒手尘寰。朱常洛在位仅仅二十九天，成为明代历史上享国最短的一位皇帝。关于他的死，至今是一个谜，当时群臣认为这一切都是出于郑贵妃的指使，上书弹劾。这便是明末著名的"红丸案"。

据说，每到下雨天，庆陵石碑底座上的四个水坑就会反光，能把石碑照得透亮。从南边透过石碑，能看见北边的明楼。民间传说朱常洛一到雨天就显灵，让石碑透亮，看是谁来害他。

由于朱常洛死得突然，加之国力空虚，建陵时挤占了景泰帝的寿陵陵址。

皇后郭氏本是顺天府人郭维城之女。万历二十九年（1601 年）册立为皇太子妃，万历四十一年（1613 年）去世。停尸宫中两年后在天寿山泰陵园后长岭之前建坟葬之。熹宗即位，尊谥"孝元昭懿哲惠庄仁合天弼圣贞皇后"，迁葬庆陵。皇后王氏是熹宗的生母，初为选侍，因为生了熹宗，所以被封为才人，万历四十七年（1619 年）去世，熹宗即位后尊谥"孝和恭献温穆徽慈谐天鞠圣皇太后"，附葬庆陵。皇后刘氏是崇祯皇帝的生母，宛平人，瀛国公刘应元之女。初为淑女，后被打入冷宫，病逝后葬京西金山。光宗即位后，尊谥"孝纯恭懿淑穆庄静毗天毓圣皇太后"，迁葬庆陵。

庆陵陵园建筑由神道、陵宫及陵宫外附属建筑三部分组成。神道上建单空石桥一座。近陵处建神功圣德碑亭遗作，亭内竖碑，螭首龟趺，无字。陵宫建筑总体布局呈前方后圆形状，占地约两万七千六百平方米。前面有两进方院，彼此不相连接，在二进院落之间有神道相连，并于第一进院落后建单空石桥三座。

崇祯被葬思陵

在历代改朝换姓的时候，亡国之君大都会被后世所骂，崇祯皇帝是个例外。在位十七年，一直勤政理事，节俭自律，不近女色。如果论起励精图治，崇祯皇帝是朱元璋以始明代十六位君主中最突出的一个。但是，当大明王朝的接力棒交到他手上的时候，他已经无力回天。因为当时内有李自成、张献忠等"流寇"，外有清军虎视眈眈。正因为这样，后世在评价他时，大都充满同情，都认为明朝灭亡与他无关，他不过是一个悲剧人物。

思陵，位于陵区西南隅的鹿马山南麓，是明朝最后一个皇帝朱由检及皇后周氏、皇贵妃田氏的合葬陵墓。

崇祯十七年（1644 年），沙尘暴在北京城的大街小巷呼啸肆虐。时人描写道："飞沙咫尺不见，日无光。"当时的许多官员都精通天象，以为这是不祥之兆。有官员占卜一卦，卦文上说，将有暴兵破城之灾。没几日，凤阳祖陵发生了地震，人们的心头更加不安了。

正月初九，兵部收到已经称帝的李自成派人送来的文书。李自成宣称，如果明朝不同意对他裂土而治，让他和崇祯皇帝平起平坐，农民军就要对北京城发动总攻。

朱由检断然拒绝了李自成的最后通牒。从新年开始，朱由检就心急如焚，寝食难安。他想抽调辽东军队救援北京，又不想放弃东北地区给清军；他想迁都南京，但又害怕承担丧失北方领土的罪责。所以只好坐守北京孤城了，但是怎么守呢？朱由检无助、愤怒、疲惫，进而丧失理智。一次上朝时，朱由检向大臣们吐露了心声："朕非亡国之君，事事乃亡国之象，祖宗栉风沐雨之天下，一朝失之，将何面目见于地下？朕愿督师，以决一战，即身死沙场亦所不顾，但死不瞑目。"

崇祯朝的大臣们没比朱由检好到哪里去，但也没有坏到家，群臣也害怕承担放弃国土的罪责，又不敢主动提出建议，瞻前顾后，坐视农民军将北京城围得水泄不通。农民军对北京城完成合围那天，"黄沙障天，忽而凄风苦雨，良久，冰雹雷电交至，人情愈加惶惑"。

朱由检在生命的最后几个月一直在思考，自己勤政图治十多年，怎么还是落入了走投无路的困境。朱由检登基伊始的巨大成功促使混沌已久的明朝政治一时清新，臣民仰望。人们都认为出现了难得的圣主，但朱由检的运气实在是不好，他继承的天下是一个危机四伏的天下。崇祯初年，西北发生特大旱灾，庄稼颗粒无收，人民流离失所，饿殍遍野，陕西甚至发生了人相食的惨剧。官府非但不予救恤，还催租逼税，筹措改革的资金，结果逼反了灾民。安塞人高迎祥号称"闯王"，最先打出了反明的旗帜。不久，张献忠在米脂起义，响应高迎祥。高迎祥牺牲后，李自成称为新"闯王"，聚集刘宗敏、田见秀、郝摇旗等战将，成了明朝内部的大患。朱由检自幼生长在深宫，不了解战场排兵布阵、杀伐攻略。他凭着中兴的决心和必胜的信心，频繁指挥战事，就差亲自披挂上阵。结果农民军非但没有剿灭，反而越剿越多。

屋漏偏逢连阴雨。在国内农民起义四起的同时，明朝的东北边境外兴起了更加强大的后金。后金蓬勃兴起后，频繁侵略明朝北方地区。崇祯初年，东北局势全仰赖辽东巡抚袁崇焕勉力维持。崇祯三年（1630年），已建立清朝的皇太极使用一条并不高明的反间计，诬陷袁崇焕通敌，图谋与后金灭明后平分天下。多疑性急的朱由检不辨真假，随即将袁崇焕逮捕下狱，凌迟处死。袁崇焕死后，东北边防江河日下，形势危急。崇祯十四年（1641年），明朝和后金在辽东地区展开了最后的决战。这一年，清兵围攻锦州城。明蓟辽总督洪承畴率八部总兵计十三万人救援。当年夏，明军在决战中大败，洪承畴率残部退入松山。崇祯十五年（1642年）三月，松山被攻陷，洪承畴降清；第二个月，锦州失陷，总兵祖大寿投降。松锦之役后，明军不仅东北主力尽失，元气也大伤。

大胜后的清朝在1643年完成了权力交替，皇太极的儿子福临即位，年号顺治，睿亲王多尔衮辅政。清朝上下壮志勃勃地将目光投向了中原。半年之后的1644年，李自成在西安建国称王，建立大顺国，年号永昌。同年，张献忠在四川称王，国号大西，年号大顺。1644年，李自成率军渡河北伐，取道山西，一路势如破竹，由居庸关直逼北京。一个月后，朱由检在北京城就听到农民军的炮声了。

回天乏力的皇帝和久病的王朝结合的后果现在终于显现出来了。三月十八日，农民军对北京发起总攻。一夜之间，北京外城被攻破。十九日，闯王李自成率军从承天门进入北京城。

朱由检对于内城已经陷落似乎将信将疑,带领心腹太监王承恩跑到煤山(景山),四处瞭望,但见烽火连天,确信内城陷落无疑,才返回乾清宫布置应急善后事宜,他要在自己殉国之前,命令家属先殉国。

在大明王朝的最后时刻,朱由检在陪侍太监王承恩的陪同下登上煤山,在寿皇亭旁上吊自杀,时年三十四岁。王承恩也吊死在他对面。

崇祯十七年(1644年)三月,统治中国两百七十六年的大明王朝结束了。农民军发现朱由检尸体时,只见他披发掩面,身穿蓝衣,左足赤露,右着朱靴。他死前在衣襟上写道:"朕凉德藐躬,上干天咎,然皆诸臣误朕。朕死无面目见祖宗,自去冠冕,以发覆面。任贼分裂,无伤百姓一人。"在这份遗书中,朱由检还是将自己和王朝的失败归结为大臣们误国误民,没有执行自己的政策和主张。面对祖宗基业的完结,朱由检痛心异常,觉得没有脸面去见列祖列宗,因此自己摘去了皇冠,用头发将面容覆盖起来。

朱由检与周后一起由清廷用柳木棺成殓,寄于寺庙,后被农民军葬在昌平普通墓地里。清朝多尔衮入关后,下令以皇礼安葬朱由检,并允许明朝遗老遗少哭临祭奠。祭奠完后,遗老遗少们决定将朱由检夫妻殡入田贵妃的陵墓。一计算,开掘墓道、建立碑亭需要大约三千多两白银。清廷只同意从十三陵陵租中拨给一千五百两,其余由曹化淳等前明太监和明朝遗老遗少自筹。朱由检毕竟是前朝的皇帝,清朝官府对他的葬礼并没多放在心上。曹化淳多次上奏催促,多尔衮也数次责成有司速速完工。一直拖到顺治元年(1644年)十一月二十九日,开掘墓道的工作方才开始,年底,墓道修好,田妃陵墓被打开。好在陵墓里原来安放田贵妃棺椁的陵床非常宽大,还可以放下朱由检和周皇后的两具棺椁。于是田贵妃的陵墓就成了安葬明朝末代皇帝的思陵。思陵安放着一皇一后一妃,并非预定帝陵的独特皇陵。朱由检安葬当天,清朝"令臣民服丧三日"。

崇祯年代的人物服饰　万国人物图卷轴中的大明人。

图书在版编目（CIP）数据

藏在古画里的大明史 / 于洁著 . –– 北京：台海出版社，2023.9

ISBN 978–7–5168–3624–8

Ⅰ . ①藏… Ⅱ . ①于… Ⅲ . ①中国历史—明代—通俗读物 Ⅳ . ① K248.09

中国国家版本馆 CIP 数据核字（2023）第 154229 号

藏在古画里的大明史

著　　者：于　洁

出 版 人：蔡　旭　　　　　　　　封面设计：湜　予
责任编辑：赵旭雯　　　　　　　　版式设计：马宇飞
策划编辑：仪雪燕　　　　　　　　图片提供：大禹文化

出版发行：台海出版社
地　　址：北京市东城区景山东街 20 号　　邮政编码：100009
电　　话：010-64041652（发行，邮购）
传　　真：010-84045799（总编室）
网　　址：www.taimeng.org.cn/thcbs/default.htm
E - m a i l：thcbs@126.com

经　　销：全国各地新华书店
印　　刷：三河市嘉科万达彩色印刷有限公司
本书如有破损、缺页、装订错误，请与本社联系调换

开　　本：710 毫米 ×1000 毫米　　　　1/16
字　　数：400 千字　　　　　　　　　印　张：24
版　　次：2023 年 9 月第 1 版　　　　印　次：2023 年 11 月第 1 次印刷
书　　号：ISBN 978-7-5168-3624-8

定　　价：68.00 元